Shitou Cheng De Lishi Mima

Qieshi Guan Liang An

"石头城"的
历史密码

且十观两岸

顾祖华 著

华东师范大学出版社

上海

图书在版编目（CIP）数据

"石头城"的历史密码：且十观两岸/顾祖华著. —上海：华东师范大学出版社，2021
 ISBN 978-7-5760-2228-5

Ⅰ.①石… Ⅱ.①顾… Ⅲ.①台湾问题—文集 Ⅳ.①D618-53

中国版本图书馆 CIP 数据核字（2021）第 219299 号

"石头城"的历史密码
且十观两岸

著　者	顾祖华
责任编辑	朱妙津
责任校对	王丽平
装帧设计	储　平
出版发行	华东师范大学出版社
社　址	上海市中山北路3663号　邮编 200062
网　址	www.ecnupress.com.cn
电　话	021-60821666　行政传真 021-62572105
客服电话	021-62865537　门市（邮购）电话 021-62869887
地　址	上海市中山北路3663号华东师范大学校内先锋路口
网　店	http://hdsdcbs.tmall.com
印刷者	苏州工业园区美柯乐制版印务有限责任公司
开　本	787×1092　16开
印　张	26
字　数	335千字
版　次	2021年11月第1版
印　次	2021年11月第1次
书　号	ISBN 978-7-5760-2228-5
定　价	88.00元

出版人　王　焰

（如发现本版图书有印订质量问题，请寄回本社客服中心调换或电话 021-62865537 联系）

序

祖华嘱我给他的第二本评论集《"石头城"的历史密码：且十观两岸》作序，乃欣然动笔。

祖华的这本评论集收录了他自2018年7月至2020年8月两年间发表的129篇文章，几乎每个星期都能看到他对台海事务的最新评论，他应该是排名靠前的大陆最勤奋的两岸事务评论家了。

民进党当局二次上台以来拒不承认"九二共识"，置中华民族整体利益于不顾，在"台独"道路上越走越远。在岛内，通过一系列的"去中国化"手段，企图割断两岸的历史文化联系，塑造"台独"社会意识。在对外关系上，竭力迎合美国的"印太战略"，誓言站在美国遏制大陆的"最前沿"，以换取美国对"台独"的保护。特别是最近两年，民进党先是在"九合一"选举中惨败，丢失大部分县市，而后争取连任的蔡英文又受到民进党党内挑战。为了保住执政地位，民进党当局进一步配合美国对大陆的"贸易战""科技战"和"意识形态战"，充当美国的棋子，高举"反中抗陆"大旗，在岛内掀起"反中"民粹浪潮，把岛内民意引导到"倚美谋'独'"的分裂道路上。民进党当局的倒行逆施使台海局势更趋复杂严峻，也将进一步置台湾于危险境地。

在同民进党当局及岛内各种"台独"势力的斗争中，大陆的许多涉台工作者都作出了积极的努力，祖华就是他们中杰出的一员。我很喜欢看祖华的评论，也从中得到很多有益的启示。有时，他的评论仿佛是一篇历史散文，在两岸历史间纵横捭阖，告诉你两岸必将统一的大势；有时，他的评论像一把把匕首，把民进党当局的"台独"伎俩，一缕缕地剖析开来，使"台独"图谋无处遁形；有时，他的评论又透出万般柔情，以血脉相连呼唤台湾同胞觉醒。在两岸关系严峻复杂的当下，读祖华的评论确有醒脑静心、提气振作之感！

两岸统一是中华民族伟大复兴的必然要求，完成这个任务还有艰苦卓绝的工作要做，希望看到祖华更多更及时更敏锐的评论。

国务院台湾事务办公室新闻局局长
国务院台湾事务办公室新闻发言人

马晓光

2020 年 9 月

目录

《富春山居图》回来看雪吧 1

"石头城"的历史密码 3
让《富春山居图》回来看雪吧 6
旗袍云裳,两岸共美 9
大陆才是台湾故事的源头 12
两岸同胞应携手创造中华民族复兴的历史
　　——写在中国改革开放40周年之际 15
台湾人从来没有自外于中国 18
大陆对两岸统一的坚定意志才是两岸关系的决定力量 21
台北故宫博物院,你知道1933年山海关城头那个哭泣的月亮吗? 25
我们有共同的历史,应该奔向共同的未来 29
未来已来,台湾还有时间蹉跎吗? 32
"双城"又来　两岸花开? 35
我们有共同的历史,我们就是一家人
　　——"双城"归来话两岸 38
台湾,你应该回家了 41
台湾,你要记住回家的路 44
近代中国的苦难,是两岸共同的历史 47

中国年，两岸人民共同的味道 50

让元宵的灿烂铺就两岸团圆之路 53

让五四精神照亮两岸未来之路 56

参拜了竹山紫南宫的郭台铭，对两岸关系有新想法吗？.... 59

台湾的新历史关口 62

双城十年，两市共荣 65

因弱乱而丢的台湾，必将随着祖国的强大而回归 68

革命妈妈的农民儿子与民进党的酬庸政治 72

台湾，你还不来加入大陆经济的海洋吗？.... 75

欢迎台湾同胞来敲长三角区域一体化之门 78

新年里对两岸关系的寄语 81

两岸民族富强梦，是任何人都阻挡不了的！.... 84

两岸统一才是对甲午海战的最好祭奠
　　——写在《马关条约》签订 125 周年之际 88

瞻仰台北"梅庭"，先生问我——几时收复山河？.... 92

台湾人民，要站在历史正确的一边
　　——写在《反分裂国家法》颁布 15 周年 95

台北城门往事 98

蔡英文的两岸题答错了 101

蔡英文的两岸题，答错了 103

在华盛顿"亲台"基金会演讲的是"陈主委"还是"陈教授"？.... 106

台湾不是"金丝雀"，"台独"才是毒瓦斯 110

"爱台湾"，不是绑架台湾青年人的理由 113

不去"黄昭堂公园"的蔡英文是要与"急独"切割吗？.... 116

越跳越欢的陈水扁，是为自己在"台独"史上的卡位 120

把"孙立人"扫地出门？民进党过河拆桥动作也太快了吧 123

台北故宫博物院文物"东亚"化？政客们的算计淹没不了中华文明的光芒 126

看"大侠"韩国瑜高雄掀"韩流" 129

不用这么"抬举""台独"艺人，封杀他就行了 132

"跛脚"蔡英文的连任之路 134

消失的"最后一里路"和执政的"第一里路" 137

蔡英文要努力搬掉压在身上的"三座大山" 140

"太阳花"，台湾"又老又穷"的祸根？ 143

警惕民进党开始比"独" 146

赖清德能是民进党的"解药"吗？ 149

台湾已经没有了对中华文化的敬畏之心 152

卖萌当网红，民进党挽救执政不力的"灵药"？ 155

苏贞昌想把台湾扫到哪里去？ 158

民进党内"震撼弹"，赖清德对决蔡英文 161

"台独"分子赖清德的焦虑 164

蔡英文的"执政价值"是个什么东西？ 167

郭台铭会是台湾版的"特朗普"吗？ 170

民进党在"恶"的路上越走越远 173

国民党党内初选，切不可上演武打片 176

双城论坛，塑造台湾政治格局 179

民进党舞剑，意在吃"瑜" 183

国民党不能只是一群"残兵"相 186

蔡英文的一次"走私"之旅 189

不要两岸交流，还享陆客"红利"？蔡英文你想得美 192

民进党只是一个急于分赃的利益集团而已 195

柯文哲的"一箭三雕" 198

郭董的大义能成就韩国瑜的胜选吗？ 201

蔡英文的傲慢，经得起台湾人民"闻香"吗？ 204

从"私烟"案看蔡英文如何与"国军"同心 207

"蔡赖配"？充满算计的政治演出 210

蔡英文会选赖清德配吗？ 213

辜宽敏领着"独派"大集结，是要把台湾往危险的道路上逼 216

蔡英文的"枪" 219

说蔡英文无缺点，赖清德是真的从了蔡英文？ 222

"网军司令"蔡英文 225

强行通过"反渗透法"？蔡英文要彻底阻绝两岸交流之路 228

用"反渗透法"阻挡两岸统一？别忘了大陆还有《反分裂国家法》在 231

看清民进党的"台独"狰狞面目 234

没几天就要投票了，台湾的青年人还要选这个"政府"吗？ 237

帮韩国瑜，国民党该行动了 240

想搭新型冠状病毒参加世卫大会？蔡英文想多了 243

操弄"反中抗陆"，蔡英文要把台湾带往一条不归路 246

"洪酬庸"？民进党派系分赃的序曲 249

平衡民进党内派系，"水牛伯"出手了 252

武汉解封了，滞留当地台胞的回家路还有多长？ 255

民进党当局，不要让岛内的政治霸凌手段到国际社会现丑 258

"太阳花"们有罪了，煽动他们犯罪的民进党呢？ 261

蔡易余"干话"后面的"台独"大愿 264

"罢韩"，台湾政治由民粹向"郊拼"发展 266

台湾社会的那一抹"残绿" 269

靠制造"走路工"事件的陈菊保护台湾"人权"？ 272

蔡英文要的"蓝绿"携手终于来了，干了票大的 275
"两次踏入同一条河流"的民进党 278

台湾人会比库尔德人好运吗？ 281

台湾人会比库尔德人好运吗？ 283
美国军舰过台湾海峡？来吧，没什么大不了的 286
会有一道"冷战"铁幕让"台独"喘息吗？ 289
蔡英文的"美国牌"能打响吗？ 292
别让美军科研船"汤普森"号这个"屁"吹乱台湾海峡的水 295
美国军舰过台湾海峡，只是一次"护镖"行动而已 298
美国在介入台湾选举 301
台湾应该摆脱"擦屁股"的命运了 304
蔡英文的"投美制陆"不可能成功 307
美械装备救不了蔡英文 310
大陆军机过"中线"？打"独"警美！ 313
蔡英文别玩太嗨了，当心"后山"变"前线" 316
美国永远带不来台海和平 319
中美贸易战，绝不是"台独"的机会 322
美国正把台湾绑上"印太"战车 325
台湾问题是中国人的事，美国该收手了 328
美国"挺台"还能走多远？ 331
蔡英文正在争当美国的"儿皇帝" 334
特朗普打"台湾牌"？废"棋"一枚 337
要遏止美台军事关系的进一步发展 340
"台北法案"，美国的"外交恐怖主义"？ 343

加入"印太战略"？台湾正走在一条危险的道路上 346
紧抱美国，台湾经得起"印太"风暴吗？ 349
"友台法案"？是美国给蔡英文设定"反中"路标 352
"以疫遏中"，警惕美台勾连升级 355
警惕，美国正在成为两岸麻烦的制造者 358
美国"枪骑兵"来台海，不是给民进党当局护航的 361
用"美国"威吓大陆？"台独"心虚了 364
民进党当局不要把台湾玩成美国"印太战略"的炮灰 367
且看美国把"台湾牌"出尽 370
"军购"可能是压垮台湾的最后一根稻草 373

台军兄弟，你不要误认同胞 377

台军兄弟，你不要误认同胞 379
"台日关系"？你就是日本的一盘"菜"而已 383
台湾永远是日本眼里的那条"比目鱼" 386
蔡英文要把台湾带回到日本殖民时代吗？ 389
拉殖民者对抗祖国，当年被日军砍头的台湾人答应吗？ 392
从昭和到令和，台湾需要怎样的日本观？ 395
没有"台日亲善"，日本只要利益 398
且看民进党当局的"小妾""外交" 401

后记 404

《富春山居图》回来看雪吧

《富春山居图》这幅由江南山水孕育,在江南风雪中诞生的传世巨作,一经诞生便命运多舛。一把大火把它分成《无用师卷》和《剩山图》。1949年,《无用师卷》到了台北,后来成为台北故宫博物院的镇馆之宝。而《剩山图》则被浙江省博物馆收藏,一条海峡成了阻碍它们相聚的天河。《富春山居图》这件国宝的遭遇,何尝不是中华民族的艰辛象征。海峡两岸的人民,我们有着共同的血脉、共同的历史沧桑、共同的文化传承,我们都是中国人。因弱乱而丢的台湾,必将随着祖国的强盛而回归,这是不可阻挡的历史大势!

"石头城"的历史密码

7月底的一天,冒着暑气到南京出差,就对台工作向江苏的同行取经。紧张的行程让我们无暇顾及南京越来越漂亮的市容。好在我曾在南京短暂地求学培训过,对南京的历史还是了解的。

是的,这虎踞龙盘的南京与台湾有着悠久的渊源。

东汉末年,黄巾军起义,一时天下群雄并起。孙坚、孙策及孙权父子在江东打下一片天地。公元210年,孙权正式把权力中心迁到秣陵,并改名建业。南京号称"十朝古都",而东吴就是历史上第一个在南京建都的政权。定都南京后,孙权在秦淮河口修建了石头城,这也是称南京为"石头城"的由来。孙权领导下的东吴,一方面与曹魏及刘备的蜀汉抗衡,一方面派兵经略东南,眼光放到了辽阔的大海。公元230年,孙权派大将卫温、诸葛直率一万将士横渡台湾海峡,来到台湾。"黄龙二年春正月,吴王孙权遣将军卫温、诸葛直将甲士万余浮海求夷州,但得数千夷州人还。"这是《三国志·吴书》孙权传中的描述。后人考证公认,夷州就是指现在的台湾。这也是历史上台湾与大陆关系的最早记载和描述。这可是将近1800年前的事了。

如果说,1800年前的事,只是历史长河中的一瞬的话,那么,360年前，郑成功进攻南京，功败垂成后，转而收复台湾，则是台湾命运的重大转折点。崇祯帝煤山吊亡后，明朝在南方先后主要有三个政权，即1644年福王朱由崧在南京建立的"弘光政权"，1645年唐王朱聿键在福州建立的"隆武政权"，以及1646年桂王朱由榔在广东肇庆建立的"永历政权"。郑成功的"国姓"，就是隆武帝赐的，"延平郡王"则是永历帝封的。郑成功是一个忠君之人，在南明小朝廷江河日下之时，面对已投降清廷的父亲的劝降，依然不改光复大明之志。顺治十五年（1658），郑成功统率水陆大军十万余人北伐，入长江、克镇江，大军围困南京，似乎就可以"谒明太祖陵"了。关键时刻，郑成功犯了致命错误，"以陆师急攻南京"，殊不知，郑军的精锐是水师，水上作战才是其长项，结果"诸军皆奔溃"，郑成功被迫退回金厦一带。此时，"弘光""隆武"政权早已灭亡，"永历政权"也退入缅甸境内。郑成功环顾金厦，深知这个战略纵深有限、缺少腹地支撑的地方难以抵挡清军的进攻，于是，他将眼光放到了被荷兰人占据的台湾。1661年，郑成功的水军占领澎湖后，一举直捣荷兰人在台湾的巢穴大员（今台南）。荷兰人投降后，郑成功建"东宁王国"，设"承天府"，改台南为"东都"，以示坚持抗清候明朝皇帝"东来"。从此，大陆王朝的统治真正地及于台湾。

从230年吴王派兵远航台湾，到1658年郑成功在南京兵败。这"石头城"似乎隐藏着一个历史密码，等待着那个使者。郑成功没有打下南京，南明王朝失去了最后一个反清复明的机会，但这只是一个王朝的命运而已。而郑成功转而收复台湾，却是替中华版图拼满了东南方向最后一块拼图，这是中华民族的大幸。

南京还长眠着中国革命的先行者孙中山先生。先生一生以"驱除鞑虏，恢复中华"为使命，推翻了清王朝的统治。在他革命的一生中，从来都没有忘记被日本殖民的台湾。甲午战争后，先生在檀香山创立"兴中会",提出"恢复台湾,巩固中华",收复台湾是先生革命政策的重要组成部分。先生一生三次来到台湾,每一次到来都给处于日本殖民统治下的台湾同胞以巨大鼓舞,罗福星、林祖密等台湾同胞正是在先生的鼓励下回到祖国参加辛亥革命,后又返回台湾组织抗日运动的。先生在北京病逝后,一群在北京求学的台湾学生写下了这样一副挽联:"三百万台湾刚醒同胞,微先生何人领导?""四十年祖国未竟事业,舍我辈其谁分担?"孙权、郑成功触碰过的历史密码正一代一代往下传。

前几天,台湾传来消息,8月上路的高中历史课本,竟然说"台湾主权未定"。这几十年来,台湾的"台独"分子一直在为"台独"制造各种历史、理论依据,贻害最大的莫过于历史教科书的改造。民进党当局妄图通过"去中国化"的教科书,培养所谓的"天然独"。民进党的手段虽然恶毒,却忘了中华文化渊源流长,割断、清除、改造文化基因,那是妄想!

从历史长河看,中华民族的每一块土地,都与它的母亲——中华民族有一个文化密码联结着。历史可以曲折,文化却永远也不会割断。历史的机缘总会赋予那些重要人物历史责任,让他们去触动那个文化密码。从孙权到郑成功,现在,这个人可能就站在我们眼前!

2019年8月10日

让《富春山居图》回来看雪吧

春节期间,一场大雪自北而南飘洒神州,给节日增添了浓浓的年味。望着窗户外飞扬的雪花,我突然想到了670年前正月里的那场雪。

1349年正月,时年81岁的黄公望为友人班惟志画了一幅雪山图。巧的是,黄公望刚起笔,屋外就开始下雪,如此两三次,直到画完成,雪也停止了。这幅现收藏于北京故宫博物馆、被尊为《九峰雪霁图》的画上,还记着这次奇缘,黄公望在题记中写道:"至正九年春正月,为彦功作雪山,次春雪大作,凡两三次,直至毕工方止,亦奇事也。大痴道人,时年八十有一,书此以记岁月云。"

黄公望是元代著名画家,为"元四家"(另三家为吴镇、王蒙、倪瓒)之首。他工书法、善诗词,50岁后始画山水。然而,在画画上大器晚成的黄公望道法自然,足迹遍及苏杭山水之间,终在绘画史上独树一帜,对后世产生重大影响。他的画充满了他对自然山水的理解,是他的内心情感在山水景物上的投射,物我一体是他的山水精髓。我们大可想象,在1349年正月一个晚来天欲雪的下午,黄公望开始构思一幅雪山图,他落笔了,雪也下起来了。这是大雪来应和他的创作,还是他画笔下的雪景在呼唤自然?我感到是江南山水成就了黄公望,黄公望创造了中国山水的高境界。

其实，黄公望留给我们的何止是一件《九峰雪霁图》？与《九峰雪霁图》同时创作的《富春山居图》，更是给后世留下的一座中国山水画高峰。这幅始于1347年，成于1351年的山水巨作，历时四年才完成。《富春山居图》一经问世，就被历代收藏家视为至宝。也正因为它是山水世界一个难以逾越的高峰，铸成了它必定坎坷的身世。最后竟然被烧成两节，长的那部分被称《无用师卷》，1949年到了台湾，收藏于台北故宫博物院，短的那部分被称为《剩山图》，现藏于浙江省博物馆。

今年新春的第一场雪后，人们踩着积雪在上海博物馆门前排起了长队。他们是来观看"丹青宝筏——董其昌书画艺术大展"的。董其昌，中国明代又一个山水画集大成者。而董其昌当年能突破创作瓶颈，就是师法黄公望的结果。据说当年董其昌见到《富春山居图》后发出惊呼："吾师乎！吾师乎！一丘五岳都具是矣！"从此，董其昌不再拘泥于真山真水，不再是自然的奴隶，形成了真正属于自己的艺术风格。

为了使人们能全面理解董其昌的艺术生涯，上博馆循着董其昌的成长轨迹，把影响董其昌艺术创作的大家作品展示一堂，使这个展览成为名家汇萃之所。浙江省博物馆的《剩山图》也来了这里。

人们在《剩山图》前流连，想象着富春江的美丽，体会着这位元末伟大画家当时的心境，仿佛看到一个白发苍苍的老人，背着画囊走在春天的富春江畔，看他戴着斗笠乘着小舟在江上垂钓，看他顺着进山的小径走向山的深处，看他踩着冬天的积雪向远处的山峰眺望。这些景象在老人的头脑里形成了一幅幅壮阔的图景，《富春山居图》是大自然与黄公望的相互成就，《富春山居图》离不开这江南的山山水水。

《无用师卷》和《剩山图》分离后各自走了一条艰难的道路，它们阅尽人间世态炎凉，现在都有了一个好归处。只是，两岸人民关心的是，它们何时再合璧而成《富春山居图》？

2011年，在两岸的共同努力下，《无用师卷》和《剩山图》在台北短暂相会，创造了两岸交流史上的盛事。然而，两岸的分离，《无用师卷》和《剩山图》相隔的何止是一个浅浅的海峡？近年来，台湾的民进党当局拒不承认两岸同属一个中国的"九二共识"，在文化历史方面全面推行"去中国化"，妄图割断两岸联结，给两岸交流划上了一道银河。艺术的命运从来都是人类命运的投射，就像《富春山居图》是江南山水与黄公望心有灵犀而成的传世杰作一样，《无用师卷》与《剩山图》的合璧也必须等待两岸人民的心灵相通。

希望这一天早日到来，让完整的《富春山居图》聆听这江南风雪飘洒的声音，让它与江南的山水一起在江南的风雪中孕育更多的美丽画卷。

2019年2月12日

旗袍云裳，两岸共美

近日，有台湾收藏家将一批海派旗袍捐赠给上海博物馆，让它们回归故乡。

上海是海派旗袍的诞生地，海派旗袍也是上海海派文化的重要象征。这件由满族旗女之袍脱胎而来的美衫，之所以出生在上个世纪二三十年代的上海，其实是由上海处在中西文化交汇的风口而决定的。1927年8月7日，在上海卡的路（今石门二路）静安寺路（今南京西路）路口，一家名为"云裳"服装店开幕了。这家由沪上众多文人和社交名流、美术家合作的公司开启了最能体现上海女性之美的旗袍之旅。有资料说，徐志摩、周瘦鹃、胡适等社会名流都是"云裳"的股东，张幼仪、唐瑛、陆小曼等沪上名媛都是旗袍之美的引领者。沪上画坛名流叶浅予、方雪鸪、张乐平、江小鹣都曾做过旗袍设计。叶浅予曾担任过"云裳"公司的设计师。其时，旗袍在上海风靡一时，当年上海滩的四大百货公司橱窗里陈列着旗袍，月份牌上更是印着身着旗袍的曼妙女性，旗袍也就成了那个时代上海女性的象征。

上海的旗袍风，也很快地吹过海峡，成为台北女性的选择。1936年，台北京町三丁目西侧二十三番地（大约是今博爱路52号）的缝纫店老板陈杏村，到上海考察学习风靡上海滩的旗袍制作。台北的报纸追踪她的行程，对她的出发日期、乘坐的船名都作报道。考察三周回来，陈杏村就在报上发表长篇文章，介绍上海旗袍的款式，为人制作旗袍。由此，她登上了1930年代台湾名人录，被称为"洋装店主""设计师""流行界的先驱"。陈杏村出生于台南，1930年代到东京银座学习洋裁，1935年从东京FASHION SCHOOL学习服装设计毕业后，回台北开服装加工店。陈杏村为台北妇女制作了多少件旗袍已不得而知，但她的旗袍事业生不逢时，在日本殖民者开展的"皇民化"运动中，旗袍因是中国象征，而与其他中国文化一样被禁止。陈杏村也再次来到上海，利用与日本人的关系，改行贩卖香烟而大发其财。

1945年，日本战败，台湾回归祖国。10月17日，奉命接收台湾的中国军队在基隆登陆。台湾人欢欣鼓舞，许多妇女找出压在箱底的旗袍，举着旗子到基隆欢迎祖国的军队。旗袍成为了与祖国联结的文化象征。

旗袍既能体现满族旗女的端庄，又展现出受过西方文化熏陶的上海女性的婀娜。据说旗袍与旗女之袍的最大区别是旗女之袍里面是要穿裤子的，而旗袍则类似于西方的onepiece dress，里面是不穿裤子的。一件旗袍是民族融合、中西文化融合的象征。这批捐赠的旗袍多是当年上海、台北妇女的日常穿着，里面就有一件半长式旗袍与叶浅予设计的一款相近。哦，里面是否还有当年台北"流行界的先驱"陈杏村设计制作的款式？这些旗袍中哪些是上海女人穿过的，又有哪些曾经被台北女人穿着站在欢迎中国军人的基隆街头？

海派旗袍回故乡，应该是两岸交流中的一件盛事，这些旗袍，每一件都承载着某个上海或台北女人的悲欢情仇，她们或许出入过写字楼，或许目睹过主人在牌桌的紧张娇笑，或者为躲避日本警察而藏入箱底。

在旗袍诞生近百年后的今天，它们仍是两岸女人的最爱，一袭旗袍是女人最高贵的礼服。

台北的海派旗袍回故乡了，希望台北的女人穿着旗袍，带着你的先生、带着你的恋人、带着你的"小主"们也来上海看看。它仍是东西文化交汇之地，这里的大楼透着大陆改革开放的风，浦江两岸的霓虹闪着娇媚的眼，在新天地的红酒与和平饭店"老克勒"们的合奏中，我们再续一段新时代的旗袍之旅。

或者，我们携手，再创一个共美两岸的未来之服？你说，可好！

2018年8月11日

大陆才是台湾故事的源头

不出所料，台湾的教育部门课审大会8月13日通过，高中历史课纲分台湾、东亚及世界三个部分，并明确规定"中国史纳入东亚史的架构下讨论"，在台湾的高中历史教学中，中国史不再单独存在了。至此，台湾高中历史教学，"台湾史"从一个章节，到变成一本书与中国史并列，到现在无中国史，"去中国化"终于正式走完最后一里路，"台独"课纲形成。

其实，台湾从李登辉时代开始就在消解中国历史，妄图抹除大陆对台湾的历史印记，割断两岸的历史联结，以凸显"台湾主体性"，培养所谓的"天然独"。以台湾现行的初中历史教科书来说，中国史虽然还独立成册，但内容几经改造，课文早已偷梁换柱，商周至隋唐只强调民族与文化互动，宋元则着重于国际互动和商贸文化交流，明清更是在东亚世界的变动格局探讨商贸文化与东西接触的挑战。而在所谓的"台湾史"中，明郑的踪迹隐隐约约，迄今仍深深影响台湾社会的郑成功仿佛只是东亚海域的一股势力，是台湾少数民族与外来者相遇的一个片段而已，中国的主体性早已踪影难寻。民进党的"台独工作者"们，对"去中国化"可谓苦心孤诣，用尽了法子，现在终于完成了最后一步。

从李登辉至今二十多年来，经岛内"独派"的努力，"去中国化"似乎很有成效，青年人中下意识里"台湾是台湾""中国是中国"的观念建立起来了，"反中抗中"的情绪也时有发泄，蔡英文称他们是"天然独"。

然而，"台独"教科书能把这些"天然独"苗苗变成大树森林吗？那还真是绝对不可能的。

前几天陪台北来的朋友去古都洛阳。我们去了龙门石窟，被伊河两岸那些伟大的雕像深深震撼。我们去了白马寺，知道了汉明帝梦见闪闪发光金人的故事，知道了佛教如何传至中土，知道了白马寺在中国佛教中许许多多个"第一"。其实，白马寺何止是中国佛教的"祖庭"，它当然更是东亚佛教的"祖庭"和"释源"。我们边走边议论，台湾佛教四大山门，在教化人心上都有创造，但只有到大陆才能深入了解佛教在中国文化中的成长和在东亚的普及。依照"台独"历史教科书"从东亚看中国"的路径，台湾的高中生会看到什么？看到台湾辉煌的宗教向大陆传递，还是看到白马寺才是东亚佛教的乳水？

那天，我们一行在龙门香山的白居易墓园盘桓很久，绕着大墓似乎在与这位伟大的诗人对话。白居易一生坎坷，晚年在洛阳的履道里第度过，笃信佛教，号香山居士，时常游历龙门一带，作《池上篇》《醉吟先生传》自况。他去世后，唐宣宗李忱写诗悼念："缀玉联珠六十年，谁教冥路作诗仙？浮云不系名居易，造化无为字乐天。童子解吟《长恨》曲，胡儿能唱《琵琶》篇。文章已满行人耳，一度思卿一怆然。"不愧是唐朝皇帝，文才如此之好。其实，白居易何止是中国的诗仙，他的影响早就及于东亚各国。在墓园四周立着新加坡、韩国等爱白人士树的碑。有一块日本人士立的碑上写着"伟大的诗人白居易先生您是日本文化的恩人，您是日本举国敬仰的文学家，您对日本之贡献，恩重如山万古流芳，吾辈永志不忘"。看着碑文，我突然想，中国文化是由白居易这样的一颗颗灿烂巨星组成的，当世界都用敬仰的目光看他的时候，台湾却要与他割断衣袍，这是明智的做法吗？没有了中国文化，台湾人还能知道自己是从哪里来的吗？在中国文化浸润中长大的台湾人能断了中国文化的基因吗？

民进党当局，无论你们用什么理由去改造教科书，但是用政治去改变文化，只能得逞一时，文化不息的生命力自会拨乱反正。"去中国化"去掉的只是台湾成长的根基，"在台湾看世界"只能是一叶障目，"从东亚看中国"只能看到历史的残片，或许，这些灿烂的残片，会激发台湾青年人血液中的中华文化基因，促使他们去了解去学习去研究中华文化，他们会明白大陆才是台湾故事的源头。

那时，"台独"们用"去中国化"培养"天然独"的梦想破功，搬起石头砸了自己脚。不是吗，现在来大陆求学就业旅游的台湾青年越来越多，中国，是你们"去"得了的吗？

2018 年 8 月 15 日

两岸同胞应携手创造中华民族复兴的历史
——写在中国改革开放 40 周年之际

黄紫玉董事长是全国政协第一位台商委员。认识她，很偶然。那天，我们一行人坐在她台北的办公室里，她泡茶给我们喝，讲话语速很快，一看就知道是一个思维敏捷、精干果敢的人。同行的女同胞私下嘀咕，这 60 多岁的人竟然有这么好的身材。

再次见到她是在上海了。那天，她兴奋地对我说，今天带你去找我妈妈。我们一行来到刘海粟美术馆，在刘海粟雕像后的墙上，刻着当年学校在册学生的名字。黄紫玉一眼就在雕像上方找到了她妈妈的名字——黄汉卿，激动的眼里泛着泪光。于是，我们便知道了她妈妈的故事。黄妈妈黄爸爸都是福建人，受五四新文化熏陶，他们自由恋爱了。由于都姓黄，虽然早出了五服，却遭到双方父母的反对，于是 17 岁的黄妈妈毅然携夫私奔，到上海后考取刘海粟美术学校。原来黄紫玉身上的热情果敢有来自妈妈的基因呀。

是的，黄紫玉身上就是有一股看准了就不回头一往无前做下去的勇气。1979 年，大陆发表《告台湾同胞书》，黄紫玉就决定开拓两岸贸易。当时台湾当局严禁商人赴大陆投资，她父亲还是"民意代表"，家里都反对她这么做，但她决然而行，成为两岸贸易往来的第一个吃螃蟹者。

今天的她谈起当年怎么把货物运到香港重新包装再运到大陆时还兴奋不已。后来她投资房地产，竟然舍得花20多年时间打造多个在联合国获奖的精品。北京的紫玉山庄，原来是一座垃圾山，她移山造湖，把它变成了一个人和自然和谐相融的社区。长白山紫玉秋沙河谷生态社区，在中华秋沙鸭的栖息地，她借山为景，用绣花般的功夫，在原始森林中"种"出了一个美丽家园。这是怎样的毅力和果决呀。

看着黄汉卿、黄紫玉母女两人的名字，我忽然想起另一个黄姓福建人——黄淑仪，又名黄英，笔名庐隐。这位五四时期的著名作家，与冰心、林徽因并称为福州三大才女，美国哥伦比亚大学把她与萧红、苏雪林等人并列为18位重要的现代中国女作家。这位被苏雪林誉为"亚洲侠少气更雄，巨刃直欲摩苍穹。夜雨春雷茁新笋，霜天秋淮博长风"的雄而有侠气的现代女性，写就了大量追求女性解放的小说。黄妈妈黄爸爸当年自由恋爱毅然逃婚，是不是看过庐隐的小说，受到过这位同姓同乡的影响？

福建是一个很特别的地方。翻看一下台湾的移民史，福建是绝大多数台湾人的祖宗之地。如果你再看下中国近代历史，福建人更是伟大的参与者。福州马尾的船政学堂，曾为北洋、南洋海军培养了一大批骨干人才。你到三坊七巷看看，光禄巷纪念1840年虎门销烟的林则徐晚年放鹤的"鹤磴"仍在；住在宫巷的沈葆桢率南洋海军处置了日本第一次侵台的"牡丹社"事件，在台南修建了海防炮台"亿载金城"，加强了台湾的防务；"睁眼看世界"第一人严复翻译的《天演论》开启了中国近代看世界的新视野，他在朗官巷的故居仿佛还在邀你去领略世界之风云；杨桥巷林觉民的《与妻书》使人体会到改变历史必有壮烈的牺牲；也令人体会到在这林家屋檐下成长起来的冰心文字的温暖。是的，福建是人文荟萃之地，轰轰烈烈的近代史他们没缺席，绘上了灿烂的一笔。

如果说，林则徐、严复、林觉民他们早已融入了中国近现代历史，那么黄紫玉他们这一代台商则是中国改革开放的参与者，他们和大陆人民一起书写了中国改革开放的历史。与大陆改革开放的历史进程一样，他们的道路有曲折，但事业有成。他们给大陆带来了先进理念，大陆这块土地也给予他们丰厚的回报。他们的历程说明，大陆是台商成长的丰腴土壤，融入中华民族复兴的伟大进程，才能有台商光明的前途。黄紫玉在接受人民日报采访时说，大陆改革开放40年，她是见证者、参与者、推动者、受益者，她对改革开放充满信心。

老一代台商如此，台湾的青年一代也有越来越多的人向往大陆广阔的天地。这些曾经被蔡英文贴上"天然独"标签的青年人不断地奔向大陆求学、就业、创业。大陆也不断地创造各种便利条件让他们分享不断成长的机会。我们相信，有"31条"措施保障，有台胞居住证提供的各种便利，台湾的青年人在大陆也会如鱼得水，开创出他们的事业。

两岸人民是血浓于水的一家人，中华民族伟大复兴的历史进程，是我们共同创造美好生活的舞台，希望台湾的青年人像老一辈台商融入大陆改革开放的历史进程一样，到这个舞台上与大陆的青年人一起创造更加辉煌的历史！

2018年8月22日

台湾人从来没有自外于中国

"一栋林家宅,半部台湾史",台湾雾峰林家大院,这座始建于19世纪中期的大宅子,集闽南、苏式、北京、日本、西洋等各类建筑风格,被誉为"台湾传统建筑的百科全书"。然而,这偌大的林家大院记载的何止是林家在台湾的兴衰,它更是林家乃至台湾人民创业台湾心系祖国的象征。

在林宅"宫保第"第二进的大门上方悬挂着一块"春秋又八千"金色牌匾。这是1928年,林家老太太、林朝栋夫人杨水萍八十大寿时,台中中华会馆送的贺匾。杨太夫人出身漳州富家,20岁时嫁入正在落难中的林家。人们只知道1884年林朝栋自备粮饷,率领被称为"栋军"的乡勇,协助刘铭传抗击法军侵台有功,很少有人知道,这位杨水萍也是一位穆桂英式的巾帼英雄。林朝栋前线吃紧时,杨水萍率领家丁乡勇,助夫守住狮球岭防线。

1884年9月,法国海军远东舰队挟在福州马江一举消灭南洋海军之勇,在孤拔指挥下进攻台湾。法军以一部进攻基隆,一部窥视沪尾(淡水)。刘铭传在基隆取得反击胜利后,主动焚毁基隆15000吨储煤,拆毁矿井机械,撤出基隆,仅留林朝栋的五百义军驻守狮球岭,主力回师淡水，取得抗法战争的"沪尾大捷"，保护了台北城。在其后近半年的北台湾守卫战中，林朝栋率栋军在狮球岭月眉山一线与法军反复拼杀。1885年3月，法军截断清军防线，攻占月眉山顶，以大炮轰击林朝栋阵地，在清军溃退之际，杨水萍率家丁、佣人等义军杀到，栋军士气大振，迅速稳住阵脚，将法军杀下山去。此后，直到1885年6月法军撤离台湾，林朝栋与清军一起牢牢守住了防线。

在这次抗击法国侵略的战争中还有一位梨园英雄。淡水之役中，有一位叫张李成的梨园花旦，在法军登陆后，率土勇三百截其后路。是时，张李成率众埋伏在炮台附近的草丛中，他们一部分人用长柄铁钩钩住法军衣服击杀之，一部分人用长枪瞄准射击敌人，法军陆战队司令方丹就被他们割下了首级，为"沪尾大捷"立下大功。"李成小名阿火，为梨园花旦，姿质妩媚，顾迫于义愤，奋不顾身，克敌致果"，后授千总，以功至守备。

台湾军民的抗法行动是1880年代中法战争的重要组成部分，在越南战场清军失利，福建南洋海军几被全歼的时候，台湾抗法战争的胜利，有力打击了法国侵略者的嚣张气焰，把法国远东舰队牢牢地牵制在台湾海峡，减轻了大陆沿海的压力。

台湾抗击法国侵略的胜利，是清军与台湾人民同心协力共同战斗的结果。没有张李成的义军配合冲杀，清军的淡水保卫战可能打得更加艰苦。没有林朝栋、杨水萍的栋军，清军很可能守不住狮球岭月眉山一线。

其实，在中国近代史上，每一次抗击外敌侵略的战场上，台湾人民都没有缺席过，第一次中英鸦片战争中，台湾军民就大败侵台的英国舰队，台湾军民"三战三捷"，台湾是第一次鸦片战争中中方唯一不败之地。中法战争，台湾军民血战大半年守住台湾本岛。甲午割台，台湾更是牺牲20万军民，抗击日本占领台湾，其间，涌现出无数的张李成、杨水萍，真是可歌可泣。所以，台湾从来就是与大陆一体的，那些先烈先贤们从来没有自外于中国，他们就是中国人，在他们心里，保台湾就是保中国。

现在，台湾有些人否认自己是中国人，甚至把中国人与台湾人变成互不相容的两个选项，历史教科书也把中国史并入东亚史。他们假装不知道那个养育了他们的祖先，管理了他们几百年的大陆与他们的关系，然后就真的像与大陆没了关系一样，这种掩耳盗铃的做法实在是幼稚可笑。

雾峰的林家花园已成为一处游人如织的景点，人们在这里感受"国比家大"的林家家训，欣赏那幅"春秋又八千"金色牌匾。我不知道，没有了中国史，台湾将如何介绍这座百年巨宅，又将如何说清楚这个百年世家？

2018年9月8日

大陆对两岸统一的坚定意志才是两岸关系的决定力量

近日,被誉为"台独"靠山的美国直接打脸民进党当局。9月12日,"美国在台协会"(AIT)主席莫健在华盛顿智库"全球台湾研究中心"(GTI)举办的"确保和加强美台关系"年会上发表主旨演讲时表示,美国对台做任何事情都要权衡利弊得失,如果一个步骤代价超过好处,或许就不是做的正确的时机。他举例,美国航母去高雄停靠就是这种实际得不到好的没有意义的行动,"反而可让大陆趁机触发'武统'正当性,'受害者'首先是台湾"。无独有偶,美国国防部近日以"资源有限"回绝了美国国务院派海军陆战队进驻AIT台北办事处的请求。在中美贸易战激烈、中美双边关系经受重大考验的当下,美国突然放下高举的"台湾牌",台湾的民进党当局、那些顽固"台独"分子,可谓心碎了一地。

美国是两岸关系中的一个重要因素,有时甚至影响两岸关系的走向。但是,熟悉两岸关系历史的人都知道,美国从来也不是两岸关系中的决定因素。

1953年,抗美援朝战争结束,大批经过战争考验的人民解放军回到东南沿海,解放东南沿海岛屿列入大陆议事日程。1954年8月23日,人民日报发表社论《一定要解放台湾》,9月3日,人民解放军炮击金门,给国民党军队重创。当时,美国第七舰队游弋台湾海峡,妄图遏制年轻的中华人民共和国,而蒋介石也知道,要阻挡大陆攻占沿海岛屿,唯有依靠美国的支持。1954年12月2日,经过几个月的讨价还价,美台"共同防御条约"签订。然而,这一纸协定并没有为国民党军队带来共同防御的盟友。1955年1月18日,华东军区发动一江山岛战役,经过三个小时激战,全歼一江山岛国民党守军。解放军进攻一江山岛时,原来在大陈岛附近海面的美国军舰都不见了。蒋介石知道美国人靠不住,于1955年2月7日,发表《为大陈撤退告海内外军民同胞书》,宣布撤出大陈岛。大陈岛撤退不仅使国民党失去了反攻大陆的一个重要基地,也彻底失去了东南沿海的战略主动权。2月25日,继大陈岛撤退后,四千国民党军队撤出南麂山岛。至此,国民党彻底退出了浙江沿海。

上世纪50年代的这次台海危机充分表明,美国介入两岸的深度,是由美国的利益决定的。抗美援朝战争后,东西方冷战的大幕已起,处在第一岛链枢纽位置的台湾当然是遏制大陆的一张最有分量的牌。蒋介石知道台湾在美国全球战略中分量加重,妄图将美国拖入两岸争斗的火坑。蒋介石对美国表示:"我控制下之大陆沿岸岛屿,计有三十余个。最主要者为大陈、马祖及金门三个地区。我望美至少将此三地区各岛之防卫,包括于第七舰队责任范围之内。"但美军只同意协助防御台澎,经过不断游说,最后在"共同防御条约"中加上"经共同协议所决定的领土",以为可以拉美军协防金马及浙江沿海。然而,不直接与大陆对抗是美军底线,蒋介石拿着墨迹未干的协议,看着解放军占领了浙江沿海岛屿。这纸协定,是救不了火的。

今天的台美关又何尝不是这样。这几年,无论是奥巴马"东亚再平衡"战略,还是今天特朗普的"印度太平洋"战略,美国遏制中国的力度在增大，台湾再度成为美国手中一张"最好用最廉价"的牌。台湾的民进党当局以为中美竞争是"台独"的机遇，采取"倚美抗陆"的一面倒战略。在台湾的游说下，美国国会的亲台议员们也确实给了台湾许多久盼未至的甜头。"台湾旅行法"要开启美台各层级官员互访，两个年度的《国防授权法》要开启两军互访军舰互停这些严重冲击大陆底线的恶例。"台独"们欢呼雀跃，仿佛美军会立马帮助他们实现"台湾独立"的春秋大梦了。然而，莫健的发言，其实是宣布《国防授权法》像当年的"共同防御条约"一样，只能看，不能用，让你爽一下而已。拒绝陆战队进驻台北，更是表明，在两岸关系上，美国并不想挑战中国的底线。

其实，中美是老对手，美国遏制中国的发展，是美国霸权的本质要求。但是能否遏制中国则是由中国的力量决定的。美国遏制中国的最坏结果是中美重新走上"冷战"的老路。但是，这肯定不是美国想要的结果。因为，美国要这个结果很简单，只要在台湾问题上突破中国底线，中美关系立即发生质变。美国要的是霸权，当美国发现它的力量并不能使中国屈服，甚至，遏制反而在壮大中国力量的时候，中美合作的时代又会来临。

所以，台湾的一些人，妄图在中美竞争中渔利，大概会打错算盘。美国会给你甜头，我相信在你们的游说下，后面还有各种名目的好处，但是，美国绝不会突破大陆底线，除非美国想把台湾掀翻。就像当年美国国家安全委员会决议"总统授权第七舰队部分舰只在对台湾海域进行例行巡逻时，可以对中国沿海的大陈岛进行友好访问，目的是为了向中国共产党显示力量，阻止他们对这些岛屿发动攻击"一样，美国的各种友台动作，更多的时候只是显示美国在台湾问题上的分量，打一张牌而已。

在两岸关系上，过去力量弱小时，大陆没有退让，现在，更不会让任何人恣意妄为。大陆统一的坚定意志过去是，现在更是两岸关系的主导力量。

2018 年 9 月 18 日

台北故宫博物院，你知道1933年山海关城头那个哭泣的月亮吗？

今天是中秋节，望着一轮明月，另一个月亮从我的心灵深处缓缓地钻出来。那是1933年山海城头、丰子恺先生笔下那个哭泣的月亮。

1933年1月，山海关城头战云密布。"九一八"事变后，日本关东军已彻底占据东北。1932年1月日本扶持建立的伪满洲国把边界推进到山海关。然而，日本侵略者要的何止是东北，它是要我中华亡国灭种，山海关成为中日两国军队对抗的前线。

1933年1月2日，日本关东军精锐第8师团3000多名士兵在飞机、军舰、大炮的掩护下，向山海关发起攻击。当时，驻守山海关的是东北军第九旅626团1300余名将士。尽管双方兵力悬殊，东北军没有重武器，但是，626团将士抱着以死报国、一洗"九一八"不抵抗耻辱的决心，与日本军队反复冲杀肉搏三昼夜，最终全团阵亡412人，负伤174人，日军以优势兵力占领山海关。山海关失守了，东北通往关内的大门大开，全国人民心痛不已，漫画家丰子恺先生创作漫画《关山月》表达了全国人民悲痛的心情。画面上，"天下第一关"城楼上飘着日本国旗，它的上面，一弯月亮流着悲愤的眼泪。

这个流着悲愤眼泪的月亮，唤起了中国军人的血性，山海关抵抗战斗成为长城抗战的先声。它唤起了中国人民的危机意识,"国家灭亡总有复兴之日,文物被毁永远不可复得"。1933年2月6日起,19557箱包括书画近9000幅,瓷器27000余件,铜器、铜镜、铜印2600余件及《四库全书》等各种文献文物的故宫文物南迁开始了,20名故宫人立下"人在文物在"的誓言,踏上迢迢南迁路。

这场史上最大规模的文物迁徙路,曲折惊险。漫漫山路上的车队,滚滚激流中的竹排,伴随着轰炸的硝烟、大自然的蛇虫鼠蚁,故宫文物终于躲过日本侵略者的魔爪,并于抗战胜利后重返南京。然而,国共内战再起,故宫文物又随国民党来到台湾,这才有了这享誉世界的台北故宫博物院。

台北故宫博物院,确实是台北乃至台湾的一张亮丽的名片,是台湾传承中华文化的象征。人们到台北,故宫博物院是必去的地方。多少人都是带着一种朝圣的心情,到台北这个原本文化贫瘠之地来探寻中华五千年文化。她也是台湾人的骄傲,有客来台北,他们推荐的第一个景点总是台北故宫博物院。

然而,就是这么一个热爱中华文化之人的朝圣之地、台湾人的骄傲之所,现在却成了民进党当局眼里的沙子。民进党当局新任命的台北故宫博物院院长陈其南宣示要让台北故宫博物院"台湾化""在地化",让所有人都可以认定这是"台湾的故宫",台北故宫博物院成了民进党当局"去中国化"的一环。其实,在博物馆"去中国化",民进党当局已经在实践了。位于台北南海路的台湾历史博物馆今年7月1日起罕见的闭馆整修三年。台北历史博物馆所藏的青铜器、唐三彩等文物都是当年河南省博物馆馆藏,同样是1949年蒋介石带到台湾的。现在这些文物被寄存到台北"中研院"等单位,三年后这些来自大陆承载中华五千年文明的文物是否展出、如何展出,已是一个谜。

是的，在民进党当局修改历史教科书，把中国史归入东亚史，通过"去中国化"塑造"台独"史观的时候，象征中华五千年文明的台北故宫博物院，确实是"文化台独"的巨大障碍，有她在，时时都在打脸当局的历史教科书，打脸"台独"苦心孤诣搞了几十年的"台独史观"。对媚日的民进党当局来说，台北故宫博物院文物还在时时打日本主子的脸。说起台北故宫博物院的文物，怎能不说到日本对中国的侵略，不说到东北军的山海关抗战，不说到为保护五千年中华文明的故宫文物南迁？

当年，故宫文物南迁，故宫人心里想的是"只要文物在，中华文化的根就不会断，中华民族的精神就不会亡，中国人就不会做亡国奴"。1949年蒋介石将这些文物运到台湾，他心里想的是有这些文物在，他就是中华"正朔"。所以，台北故宫博物院的建筑都是中国元素，甚至，他对台北故城南门、东门的改造也都是旧王朝的皇家风格。他没有想到的是，这一切都成了"台独"们眼里的沙子，必欲除之而后快。

台北故宫博物院的文物当然与台湾有联结。这个联结，不仅仅是这些文物在台北，是台湾人的骄傲，这个联结更体现在台湾从南到北、从东到西的一座座宫庙里，体现在清朝时台湾的那些状元进士身上，体现在14年抗日战争中5万台湾青年越海参加祖国抗战的大潮中。当年望着山海关城头哭泣的月亮而哭泣的，何止于大陆人民，它还有心向祖国的台湾人民。

民进党当局如果真要改造台北故宫博物院，搬开这个挡住"去中国化"去路的巍峨大山，我想，台北故宫博物院的上空也会出现一个哭泣的月亮，她为当年日本殖民者在台湾培养的皇民文化又一次践踏了中华文化而愤怒悲伤。然而，就像当年日本侵略者不能使有五千年文化传承的中国灭亡一样，"台独"们能否定台北故宫博物院的馆藏来自大陆，它们是夏商周以降中华文明的象征？能否定台湾是中国的一部分？

你们不能，永远也不能！

2018年9月24日

我们有共同的历史，应该奔向共同的未来

首届两岸新媒体大陆行联合采访团来到上海。媒体朋友来到浦东滨江，在由老厂房改造而来的市民空间流连忘返，在上海中心119层观光大厅欣赏陆家嘴的高楼美景，来到洋山深水港看现代化的全自动码头的壮观景象……日新月异的上海让朋友惊叹连连。

晚上，与意犹未尽的台湾媒体朋友喝茶，我们聊上海聊台北，聊经济聊发展。突然发现，上海与台北有着许多相同相近的历史，更有着许多相关两岸未来的憧憬。

令台湾朋友喜欢的浦东滨江艺文空间，是由有156年历史的上海船厂老厂房改造而来的。而上海船厂是1952年上海市接管英联船厂改造而来。

清同治元年（1862），英商尼柯逊、包德义在上海陆家嘴开设祥生船厂。建厂初期制造军火，曾为清朝政府建造过两艘江防炮艇及其他船舶。赢利后的祥生船厂不断增资扩建，兼并其他船厂。以后为了垄断和避免竞争，与瑞镕船厂合并成立英联船厂股份有限公司，简称英联船厂。

其实，英联船厂在上海的发展只是19世纪60年代中国社会发展的

一个缩影。在第一次鸦片战争开放东南五个口岸的基础上,1858年第二次鸦片战争又促使中国进一步开放了更多的通商口岸,外国资本源源不断地进入中国,他们大赚其钱,也在深深地改变中国社会。

中国的这种社会变革当然也包括大清福建省台湾府。

1865年,厦门英商怡记洋行的掌柜,厦门人李春生来到第二次鸦片战争后对外开放的台北,担任英商杜德设于台北万华的宝顺洋行的总办。1867年,因租屋纠纷,宝顺洋行搬至台北稻埕。令艋舺人想不到是,一个改变台北乃至台湾经济地图的转折点开始了。李春生引进了福建安溪的铁观音茶种,招聘安溪炒茶师傅来台北。1870年,宝顺洋行以两艘帆船满载2131担茶叶来到北美纽约,大受欢迎,从此开启了台湾辉煌了半个多世纪的"茶香岁月",台北的茶叶出口一举超过厦门,成为中国茶叶出口的重要口岸。茶叶也成为台湾的主要出口产品,茶叶税收成为台湾府的主要财政收入。台湾的经济重心由南向北转移,大稻埕成为茶商云集之地的"茶叶之城",李春生被誉为"台湾茶叶之父"。1889年,李春生联合板桥林家成立建昌公司,在建昌、千秋两街即现在的贵德街一带建造洋楼店铺,出租给洋商,大稻埕进一步繁荣起来。今天,人们漫步大稻埕街区,看着满街的年货,偶尔还有茶楼里飘出的茶香,昔日的繁华从一幢幢经典的老房子里展示出来。

是的,上海和台北都是在历史的机缘中成长起来的城市,台北人走在上海街头都有一种亲近感,上海人来到台北,也能感觉到那种从历史深处飘来的呼吸。

历史并没有停止脚步。当台北"101"新年夜狂欢的灯光还在闪烁的时候,上海陆家嘴金融城的高楼也拔地而起,它与浦西外滩的万国博览建筑相映成趣。它们一个是19世纪上海发展的缩影,一个是上海改革开放40年发展的象征。可喜的是,台湾的投资者是上海改革开放的参与者、贡献者，他们与上海这座城市共成长、共繁荣，上海是他们的福地。

　　现在，来上海的远不止是那些创业有成的台商，大批台湾青年也跨海而来，他们在上海求学、就业、创业，他们都怀着一个幸福之梦在上海寻觅。上海也敞开胸怀迎接他们、吸收他们，希望他们能在这里实现他们的梦想。

　　上海只是台湾青年人跨海西进的一个缩影。

　　是的，我们有共同的历史，我们有共同的文化，我们有共同的历史遭遇，我们血脉相连。所以，我们有责任去创造共同的未来。

　　夜深了，我们有说不完的话，也感到了两岸媒体人肩上沉甸甸的责任。

2018 年 10 月 26 日

未来已来,台湾还有时间蹉跎吗?

10月5日,世界上第一个以"进口"为主题的国家级展会——首届中国进口商品博览会在上海开幕。国家主席习近平在开幕式演讲中宣示了中国进一步扩大改革开放的决心,表明了中国支持和维护世界多边贸易体制、推动发展自由贸易的一贯立场,宣布了中国推动新一轮高水平对外开放的决策部署。

这个由172个国家、地区和国际组织参会,3600多家企业参展,超过40万名境内外采购商到会的盛会,是中国这个全球第二大进口国向世界推出的又一个中国机遇。上海虹桥商务中心巨型的"四叶草"内人头攒动,来自世界各地的参展商与中国各地各行业的专业采购团洽谈业务。

幸运的是,如同台湾的投资者没有缺席大陆改革开放的大潮一样,来自台湾的近百家厂商克服重重困难,在广阔的展位中占了一席之地。是的,大陆的发展就是台湾的机遇。习近平主席宣示大陆进一步改革开放的措施,既是世界经济发展的动力,同样也孕育着台湾经济的无限机会。

顺应国内消费升级的趋势,大陆将采取更加积极有效的措施,促进居民收入增加、消费能力增强，培育中高端消费新的增长点，持续释放国内潜力，扩大进口空间。未来 15 年内，大陆进口商品和服务将分别超过 30 万亿美元和 10 万亿美元。大陆是台湾的第一大出口市场，最大贸易顺差来源地，台湾的制造业和商人们难道不想多分一杯羹？

大陆正在稳步扩大金融业、服务业开放，农业、采矿业、制造业的开放也在不断深化中，将放宽教育、医疗等领域外资股比限制，通过减少投资限制提升投资自由化水平。大陆将尊重国际营商惯例，保护境外企业的合法权益，严格保护知识产权，在海南岛分步骤、分阶段建设自由贸易港，形成更高层次改革开放新格局。台湾在服务业、教育医疗领域等方面相对大陆还有一定的优势，台湾的投资者现在不跨海西进加入大陆的产业链，更待何时？

大陆将与更多的经济伙伴签订贸易投资协定，推动共建"一带一路"，联手更多的国家推进重大项目建设。前段时间，日本首相安倍访问北京，两国就签订了联手开辟第三方市场的协议。台湾的企业家们要开拓世界市场，不加入大陆的"一带一路"，不联手大陆的企业，还有他途吗？

现在的问题是，台湾的企业家们如何才能抓住大陆进一步扩大改革开放的机遇？民进党当局拒不承认"九二共识"将是台湾企业跨海西进的最大障碍。特别是民进党当局为了"台独"理念，在经济上企图"脱陆向南"，以"新南向政策"来对抗大陆经济发展的引力。

只是"新南向"能卖掉台湾的水果吗？能带火台湾各地的夜市吗？能保护台商的投资权益吗？能增加台湾产品的出口吗？民进党上台两年多来的实践证明，这些事关台湾人民福祉，事关台商投资安全，事关台湾发展的问题，"新南向"都没有办法解决。岛内的民众也在日益看透民进党当局经济建设无能，处理两岸关系无力的真相。最近，岛内"九合一"选举中的"北柯南韩"现象，就是岛内民众对民进党当局"两岸政策"不满的真实写照。民进党企图抹黑"两岸一家亲"的柯文哲，但年青人对柯文哲的支持度却越来越高。甚至，岛内有民调说"天然独"的年青人并不排斥统一选项。韩国瑜喊出要让"又老又穷"的高雄"人进得来，货卖得出去"，激起"北漂"们的共鸣，竟然在被誉为"搬个西瓜出来选都能赢"的高雄，与民进党候选人打成"五五波"。岛内有评论说，这不是韩国瑜在跟民进党斗，而是高雄人民、台湾的年青人对民进党执政的不满。民进党当局是不是该清醒了？到了改弦易辙的时候啦？

这次进博会主题是"新时代，共享未来"，而这几天，在上海最流行的话是"未来已来"。改革开放促进了大陆40年的高速发展，而发展又促进大陆更高水平的改革开放。如果过去40年大陆担起了世界经济发动机的角色，那么，更高水平的改革开放是大陆回馈世界的又一个机遇。民进党当局不要指望美国的贸易制裁会影响大陆发展的脚步，而要早日回到"九二共识"的轨道，引导台湾经济投身大陆经济发展的海洋。

未来已来，台湾还有时间蹉跎吗？台湾人民会用选票来作出他们的选择。

2018年11月6日

"双城"又来 两岸花开?

2018年,上海台北"双城论坛"即将召开。论坛放在岛内"九合一"选举之后进行,充分体现了大陆不干涉岛内选举,尊重台湾人民行使权力的善意。

2014年,岛内"九合一"选举,民进党一举夺得22个县市中的13个,台湾一夕"蓝天变绿地"。自称"墨绿"的台大医院急诊部医生、无党籍人士柯文哲在民进党的支持下当选台北市长。柯文哲上任表示"两岸一家亲",在市政府内设置"大陆小组"处理两岸事务,行之有年的上海台北"双城论坛"继续举办。2016年,蔡英文当选台湾地区领导人,民进党在台湾全面"执政"。在民进党拒不承认"九二共识",两岸高层接触全面中断的情况下,"双城论坛"俨然是寒冬里的一朵梅花,成为两岸官方往来的一缕余香。

然而,年年花相似,今岁有不同。今年的"双城论坛",继续聚焦经济民生,把"循环经济"作为论坛主题。更重要的是,在岛内上个月的"九合一"选举中,民进党惨败,执政版图从原来的13个县市骤降为6个,被誉为民进党的"铁票仓",民进党连续执政22年的高雄市都丢了。民进党的惨败,当然是多种原因造成的,但是,民进党当局无力处理两岸关系，是一个重要因素。选举之后，国民党当选的16个县市相继喊出"九二共识"，开始作出改善两岸关系的努力，民进党执政的桃源、台南等市也提出希望改善与大陆的交流。推迟到这个冬天召开的上海台北"双城论坛"，仿佛是给春天探路的梅花，预示着两岸交流即将掀起一个新的热潮？

改善两岸关系是岛内的主流民意。民进党当局全面执政两年多来，拒不承认"九二共识"，致使两岸关系急速倒退，台湾连丢五个所谓的"邦交国"。不认一家人，极大地伤害了大陆人民的感情，大陆到台湾旅游的人数断崖式下跌，重挫岛内经济，绿色执政的南台湾更是重灾区。高呼"人进得来，货卖得出，高雄发大财"的韩国瑜，"九二共识"已不是他的票房毒药。高雄人让他高票当选，就是寄希望他高举"九二共识"大旗，把陆客引进来，把货卖到大陆去。民进党连续执政22年的高雄如此，其他地方不更是如此吗？民进党这次选举失败，表面上看是蔡英文执政后经济民生不彰造成的，但是更深层次看何尝不是对蔡英文的两岸政策投票？台湾人民用选票教训了民进党。

改善两岸关系的钥匙还在民进党手里。民进党当然知道两岸关系的症结在哪里。但从民进党败选后的检讨来看，显然是找错了病灶开错了方子。民进党说这次失败是败在经济民生的所谓"内政"，人民并没有对两岸关系投票，甚至说不能为发展经济就丢掉"主权"和尊严。这真是睁着眼睛说瞎话，这次选举过程中，民进党本就想借"统独"议题，动员绿营归队，但即使是在最"绿"的高雄，民众也不理民进党的茬，绿营民众也故意忽略了韩国瑜的"九二共识"立场。我们当然不会幼稚地认为高雄民众把票投给韩国瑜，就是选择了"九二共识"，但可以肯定的是，高雄人民希望改善两岸关系，对能从根本上改善两岸关系的"九二共识"不持反对态度。所以，民进党的检讨不能是浅层次的东西，要看到岛内经济发展与两岸政策的关系，看到岛内民生改善与两岸发展的关系，看到这次选举为什么"统独"议题挑不起绿色民众的投票热情。台湾人民经过上一轮"反中反陆"宣泄，又发现两岸好，台湾才能好，"台独"怎能催出票？回应人民的意愿，重新做完那张"未完成的答卷"，才是民进党最应三思的。

不改善两岸关系，民进党当局在岛内将进一步陷入困境。现在国民党即将在岛内16个县市执政，加上柯文哲任市长的台北市，下一步各县市与大陆的交流当然会多起来，赴大陆寻商机、推销商品、吸引游客将是深得民心的大事。民进党当局如果运用手中的执政权力进行阻挠，只会加速执政"跛脚"，在下次选举中彻底失去政权。而如果不思在根本上改善两岸关系，只是被动开门，想顺势收割蓝营县市与大陆交流的成果，恐怕也会被台湾人民看破手脚。

我们当然知道，要民进党承认"九二共识"的难度，但是，民进党更要知道大陆坚持原则不破底线的意志，顺应民意，拿出检讨反省的勇气。2012年民进党败选，还在思考两岸关系的"最后一里路"，九场"华山论剑"还有人提出冻结"台独"党纲，这次败得这么惨，难道不更应该反思两岸政策？

民进党当局全面执政两年多，两岸关系进入严冬。然而，冬天来了，春天还会远吗？民进党要在两岸关系上拿出诚意，从上海台北"双城论坛"开始，让这缕两岸交流的余香，引来两岸发展的满园春色！

2018年12月17日

我们有共同的历史，我们就是一家人
——"双城"归来话两岸

参加2018台北上海城市论坛后去机场，热情的主人嘱司机绕行北门。台北北门建于清光绪年间，因面向京城，朝廷派驻台湾的官吏都由此入城，故名"承恩门"。送行的台北市府工作人员向我们介绍，前些年北门被几条高架桥包围，难见真容，2014年无党籍的柯文哲当选台北市长后，上任的第一件事就是拆了周边高架，修建北门广场，让北门静静地耸立在台北人面前。

听着工作人员的介绍，我不禁想起这两天论坛的情景。论坛期间，柯文哲市长不仅重申"两岸一家亲"，更说出了"两岸同文同种，有共同的历史和文化"等理智话语，与上海市官员们谈笑风生。可是，就在论坛的前几天，他与台湾地区领导人蔡英文也在北门相会，这场本以为互谈"白绿"合作的会面，却成了一场互摆"臭脸"的对峙。

一个大力推行"去中国化"的地区领导人，与一个有"两岸同文同种，有共同的历史和文化"认知的台北市长，在具中国历史象征的清代北门相会，谈不拢，大概是冥冥之中注定的事。

其实，民进党在刚刚过去的台湾地区"九合一"选举中惨败，蔡英文不承认自己是中国人，何尝不是一个重要因素。

在江苏南通市的长江边上，兀立着五座山峰，其主峰狼山有"佛教八小名山之首"的美誉。狼山广教寺始建于唐总章二年（669），当时狼山还是江中孤岛，民众上山烧香须乘船前往，号慈航院，后改"广教寺"。然而历史上狼山更是一个军事重镇。唐乾符二年（875）设狼山镇，"镇"在当时是一个军事建制。而后的一千多年间，狼山江面成了各路人马你来我往厮杀的战场。唐末吴越两军在狼山江面纵火焚船。元末朱元璋的水军把张士诚的义军消灭在狼山江面。明正德年间刘六刘七起义，从长江中上游退到狼山江面，刘七兵败"遂赴水死"。明朝倭乱时，狼山还是抗击倭寇的重要战场，今日狼山上还有一块"抚台平倭碑"。这风起云涌的狼山镇，也是猛将倍出的地方，既有在鸦片战争中守卫镇海金鸡山阵地英勇战死的谢朝恩（时任狼山镇总兵），历史上还曾有两任狼山镇总兵与台湾林爽文起义有关。

乾隆末年，台湾发生林爽文事件。林爽文及其他武装迅速攻占台湾大部分地区。乾隆命大学士福康安率兵平定。福康安率领浙江提督许世亨、四川松潘镇总兵穆克登阿，及平定金川的旧部狼山镇总兵袁国璜等人渡海赴台。福康安大军平定了林爽文事件，袁国璜在老衢崎生擒林爽文，战后授"坚勇巴图鲁"，图列紫光阁。袁国璜以狼山镇总兵身份出战，而此次事件中另一个人也成为了狼山镇总兵。

蔡攀龙，福建同安人，林爽文事件初，时任澎湖右营游击，受命率部赴台增援。蔡攀龙协助台湾镇总兵柴大纪守住台湾府城（今台南），在收复凤山立功，被任命为台湾北路协副将，后又升为福建陆路提督，赐"健勇巴图鲁"，图列紫光阁，列平台 20 功臣。然而，战事刚结束，蔡即因谗言，左迁狼山镇总兵，嘉庆三年（1798），卒于任上。

蔡攀龙，这个死于狼山镇总兵任上，现葬于金门径林的清朝将军，就是台湾地区领导人蔡英文的第一代迁台始祖。

蔡英文上台以来，口称"维持现状"，实则推行了一条以"去中国化"为目的的"渐进台独"路线，甚至把自己的祖籍搬到屏东枫港，以割断与大陆的联系。这种掩耳盗铃、背祖忘宗的做法当然不能否定两岸同文同种，有共同历史的事实。其实，现在在台湾搞"台独"的人，哪个人的第一代来台祖宗不是从大陆来的？他们只是从福建的漳州府、泉州府搬到福建的台湾府而已，统治他们的政府都是同一个朝廷。所以清朝对台湾来说绝不是与荷据、日据并列的外来政权。

两岸同文同种，有共同的历史，台湾是中国的一部分，这是任何人也改变不了的。台湾的命运系于大陆，在大陆日益强大的今天更是台湾无法回避的现实。台湾与大陆的关系是台湾任何一个政党、任何一个政治人物都必须回答的必答题，而它的答案又因政党、政治人物在岛内的位置，而对台湾的前途命运产生影响。这次台北上海双城论坛在岛内顺利举办，不正是台湾岛内绝大多数人渴望改善两岸关系的真实写照吗？

台湾岛内政客们因个人利益不断翻转立场是常态。但是，如果这种翻转是以台湾人民的福祉为赌注，劝你们还是好自为之，一来台湾人民会用选票惩罚你，二是大陆的原则和底线会让你头破血流。

2018年12月22日

台湾，你应该回家了

去年 8 月，台湾慰安妇人权平等促进协会在台南国民党党部门前树起台湾首个慰安妇塑像，控诉当年日本军国主义强征"性奴"的罪行。不知是巧合，还是冥冥之中注定，在这个地方立一座慰安妇的塑像，何止是对日本军国主义的控诉，更是日本强占台湾，造成台湾人民被奴役被欺凌的特殊际遇的写照。

台南国民党党部所在地，是台南的繁华之地。它的对面，就是日本殖民台湾时期蜚声全台的林百货。1932 年，台南第一间大型百货商店林百货落成，成为那个时代的摩登象征。那时，来到林百货大门口转身回望的话，会看到对过街转角树立着一块"北白川宫能久亲王御舍营所址"纪念碑，纪念 1895 年率军侵台，死于台南的日本近卫师团长北白川宫能久亲王。这个位置就在国民党台南党部大楼的旁边，离现在的慰安妇塑像近在咫尺，基本上是同一个地点。

说到日本殖民台湾，北白川宫能久是一个绕不开的人物。1895 年 5 月 29 日，北白川宫能久指挥日本近卫师团在台北澳底登陆，开启了日本殖民台湾之旅，6 月 7 日，北白川宫能久以骑马之姿率军进入台北府城。尔后，北白川宫能久踏着中国军民的鲜血攻向南台湾。然而，侵略者的屠刀也激起中国军民的顽强抵抗,10月,北白川宫能久被抗日义军击伤。日军把高烧的北白川宫能久送进台南城,先安置于安海街的张恺臣家(今天富华大饭店所在,后来日本殖民当局也在此立了"安海街御舍营所"纪念碑),然后又转入庄雅桥街的吴汝祥家。10月28日,北白川宫能久伤重而亡。

北白川宫能久亲王是日本第一个死于海外侵略战场的皇族。在日本殖民台湾的五十年中,殖民者把他宣扬成"平台之神",在今天台北圆山饭店这个地方为他建了神社。你可别小看了这个名为"台湾神社"的场所,它是日本殖民者在台湾的唯一官币大社,凌驾台湾200多座神社之上,是日本殖民台湾的象征,在"皇民化"运动中更是"皇民化"教育的课堂。

日本殖民台湾五十年,造成了台湾人的特殊记忆,有很多就是北白川宫能久的"台湾神社"灌输的。"皇民化"时期,全台湾的人,在殖民警察的驱使下,沿着敕使大道,跨过明治桥,到"台湾神社"参拜北白川宫能久。他们被迫砸了祖宗牌位,改了日本姓名,许多青年人成为"台籍日本兵",几千名妇女被抓被骗成为日军泄欲的性奴。到今天,殖民者连一句道歉都没有。

北白川宫能久并不是他们家死于中国战场唯一的一个人。1940年9月4日上午,侵华日军在河北张家口举行超低空射击演练,30岁的炮兵大尉参谋北白川宫永久王不慎被军机螺旋桨卷入,右腿被切断,头部受重创,当晚就宣告不治。这个永久王就是北白川宫的继承人,北白川宫能久亲王的长孙。

北白川宫一家两人命丧中国,双手都沾满中国人民的鲜血。他们的命运也是近代日本侵略中国的写照。由于日本对中国的侵略,中国被迫割让台湾。然而,欲壑难填的日本并没有满足于此,尔后发动全面侵华战争，造成中国数千万生命的牺牲。

台湾，你的苦难也是祖国苦难的一部分。你的特殊际遇，正是祖国落后而任人宰割中的一页。我们不能忘记，近代中国历史，一页一页地写满了被侵略的血泪。但是，更重要的是，我们要擦干身上的血迹，共同奋斗去实现民族复兴的梦想。今天，在中华民族离这个梦想越来越近的时候，你有什么理由缺席这个进程呢？你的特殊，祖国大家庭当然应该想到，但是，特殊不是不回家的理由，而是应该成为祖国大家庭中一朵更鲜艳的花朵。

站在台南慰安妇塑像前想一想吧，这个曾经少年的阿嬷，她要控诉的就是曾经立在她旁边的北白川宫能久们，是他们的屠刀屠杀了中国的抗日军民，是他们把"台籍日本兵"送上了侵略的战场，是他们奴役了她们的青春，毁了她们的人生。

当殖民者进入历史垃圾堆的时候，台湾，你应该回家了！

2019 年 1 月 12 日

台湾，你要记住回家的路

台湾朋友游黄山后对徽州文化大感兴趣。黄山的奇景、宏村的精致、徽派建筑的白墙黑瓦，要让大家讨论好一阵子了。

徽州，我也去过两次。徜徉在宏村西递这样的古村落中，佩服徽州的先人们能这么科学地利用山水地貌安排自己的生活环境。村里的高墙大院也总是激起你走进徽州人生活的愿望。徽州的景是迷人的，徽州的人文是吸引人的。

是的，当你在南湖书院"以文家塾"的匾额下静听，那个年代徽州孩童朗朗的读书声从远古飘来，这里传承着徽州文化，培养了一代代徽州男人走出去闯天下的志向。当你走进一幢幢高墙深宅的徽州小院，站在雕刻精美的冬瓜梁下，你仿佛看到那些成功的徽州商人、考取功名的读书人、积攒了多年工钱的徽州小伙计，他们沿着徽杭古道，乘着新安江上的客船，奔回家来，把那些银两换回青砖黑瓦，请来方圆十里的木工瓦匠，这一座座高墙深院，何止是一座座庭院，它记载着徽州人闯荡世界的艰辛，记载着徽州人回馈故里奔向家乡的路。这里有多少欢乐的笑，有多少辛酸的泪。看徽州，就要看徽州的大小书院，看高墙深宅的明堂，它们才是徽州文化的载体和符号——走出去闯，永远也不能忘记回家的路。

徽州文化是一代一代的徽人创造出来的。徽州一府六县代有人才出，及至中国近现代史，徽州人更是留下了深刻的印记。胡适就是现代徽州人的代表。1891年出生的胡适，1893年来到父亲在台湾的任所。甲午战争爆发后，回家乡徽州绩溪上庄村进家塾读书。此后，胡适的一生一直随中国近代历史风云起伏，直至1962年病逝于台北。这位1949年后再也没有回到大陆回到徽州的文化思想大家，是不是也有强烈的思乡之情？我想这是肯定的，从徽州私塾走出来的胡适，怎能忘记回家的路？1955年，他给孙子起名胡复的时候，就有恢复中华复兴中华的寓意。

其实，牢记回家的路，何止是徽州的文化，它是包括台湾在内的中华民族文化的动力之源。看看台湾人崇敬的妈祖信仰，看看台北大稻埕的城隍，看看台南的关帝庙，台湾从南到北的这些文化印记，是一代代台湾人闯黑水沟到台湾的精神印记，也是台湾人开天拓地的精神寄托，更是台湾人不忘根本，指引回家的路。从最早与台湾少数民族易货的大陆商人，到教会台湾少数民族开荒种粮的大陆定居者，他们何偿不是像当年一代代外出闯荡的徽州人，为了过上好生活，抛妻别子，但是，吃遍千辛万苦，还是要回到那个曾经生长的地方。

由于中国近代的落后，让台湾走过一段特殊的历史，也导致今天台湾与大陆的分离。但是，台湾的历史文化不断地诉说着台湾是中国的一部分，台湾的历史文化也像徽州的祠堂书院、白墙黑瓦一样展示着一条台湾回家的路。

台湾是近代中国弱乱的悲伤，在中华民族走向复兴之路的今天，你怎能忘记回家的路？

今天的中国正在高奏民族复兴之歌，这个合唱中，台湾是一个重要的声部。台湾要站到那个队列的位置上去,与十四亿同胞一起,在中华民族复兴之路上共享荣耀!

2019年1月25日

近代中国的苦难，是两岸共同的历史

位于台北市敦化南路的私立复兴实验高级中学是一所从幼稚园一路读到高中的学校，据说这所学校是宋美龄主导的妇联会创办的。其实，追溯学校的历史，还可往前走得更远，甚至可以说，它曾经是中国近代历史的一个见证。

1900年，愚昧的慈禧太后利用义和团的反帝爱国热情，攻打北京的外国使馆区东郊民巷，向西方列强宣战。号称"刀枪不入"的义和团当然挡不住八国联军的枪炮，强盗们攻入北京，慈禧挟持光绪帝仓皇西逃至西安。这慈禧被洋人打怕了，翻脸屠杀义和团及主战的官员，指示李鸿章"量大清之物力结诸国之欢心"，1901年，把中国推入半殖民地火坑的《辛丑条约》签订。

在这次八国联军侵略中国的战争中，五年前刚刚夺得中国台湾省的日本出兵最多，自然分赃也不会少。有战争就有伤亡。1901年3月2日，日本一个名叫奥村五百子的妇人发动皇族、华族等上层社会妇女成立"爱国妇人会"，以照顾八国联军中伤残的日本士兵和遗属。"爱国妇人会"在日本各地设诊疗所、疗养院、幼稚园等社会设施，逐渐演变成一个半官方机构。1904年"爱国妇人会"在台北、台中、台南设置了三个支部，开始在台湾拓展地盘。1905年爱国妇人会整合台湾的三个支部在台北设置台湾支部并在19个地方设置干事，把事业触角伸到了台湾全境。1912年，爱国妇人会在当时的文武庙街四十三番地兴建模范养蚕所，以后又兴建了台北女子职业学校、台北幼稚园。1928年，因总督府收回学校用地，爱国妇人会又在当时的台北市表町一丁目五十四番地，即现在的襄阳路九号，重建台北爱国妇人会及校舍，1931年初落成后，台北女子职业学校、台北幼稚园也陆续迁入。1933年爱国妇人会再度扩大在台湾的活动，将台湾支部升格为"台湾本部"，并在台湾各州、厅设立支部，在各市、郡设立分会。太平洋战争爆发后，为适应战争需要，更好地服务日本对外侵略，日本爱国妇人会与"国防妇人会"合并为"大日本妇人会"，爱国妇人会台湾本部遂改名为"大日本妇人会台湾本部"。

台湾光复后，台北幼稚园改名为"复兴幼稚园"，由台湾省行政长官陈仪夫人古月芳担任董事长。1949年，宋美龄主导的妇联会接管复兴幼稚园，1952年升格为私立复兴小学。由于学生人数不断增加，学校不够使用，妇联会与国泰蔡家交换用地新盖校舍，于1960年搬到敦化南路现址。

私立复兴实验高级中学，现在是一所书声琅琅的学校，然而它的发展轨迹何尝不是近代中国弱乱的一个反证，也是近代中国被侵略被奴役的一个标志。爱国妇人会的成立，源于中国清王朝的腐朽和无知，源于帝国主义的贪婪。甲午战争后，中国被迫割台湾于日本，国家已处于风雨飘摇之中，然而，愚昧私心的慈禧太后为了巩固自己的权力，拒绝改革，残酷镇压了"戊戌变法"，在八国联军入侵的炮火声中把中国送进了半殖民地半封建社会。而日本通过掠夺中国不断地强大起来，爱国妇人会这个服务于日本对外侵略的组织就是随着日本侵略中国的脚步成长起来的。它成立于八国联军侵略中国之时，发展于日俄旅顺战争之中，壮大于日本全面侵华的全过程。它在台湾的每一个成就都与近代日本侵华的脚步相吻合，最后又与中国的内战相联。它的历史，就是中国被侵略的历史。

在台湾，证明中国近代弱乱的，何止是一所私立复兴中学，台湾本身就是近代中国弱乱被欺的一个例证。近代中国被列强侵略，割台湾不是开始，更不是结束。在那刻骨铭心的一百年中，中国被割的何止台湾，中国被杀的更不止是义和团拳民。不了解近代中国被侵略的历史，就很难理解中国人对民族复兴的渴望。台湾与大陆分离的时间太长了，在日本殖民者的"皇民化"教育下，在李登辉、陈水扁等"台独"分子的操弄下，台湾知道祖国历史的人太少了。

台湾同胞要认清，当年的"台北幼稚园"不是日本殖民台湾的成就，它只是服务于日本侵略战争的一个衍生物。近代中国的弱乱是我们两岸共同的历史，实现中华民族伟大复兴是两岸同胞共同的责任。一切妄图将台湾分裂出去的图谋，必将遭到两岸人民的共同反对。

2019年2月7日

中国年，两岸人民共同的味道

这两天，台湾的朋友不断发来过年的图片和视频。看他们一家人去大稻埕年货街采买，一起吃年夜饭守岁，一起走亲访友，那一股股浓浓的年味散发出来，让人好不心喜。噢，我们都在过年呀！

年，是全世界华人共同的节日。那股浓浓的年味里，是文化的基因，是一条认祖归宗的路，是精神原乡的密码。对两岸人民来说，过年，更是文同宗血同缘，两岸一家亲的生动写照。

曾经很羡慕台湾人民对过年、闹元宵、中元节等农历节日的传承。后来学习台湾的历史，知道了台湾汉人的先祖都是从闽粤等地搬过去的，当年那些背井离乡之人，怀抱着家乡的俗神，来到一片陌生的土地，这些传统节日中的文化元素，是激励他们在异乡生存下来的精神支撑，是他们追寻精神原乡，找到文化之根的回家之路，他们当然不能忘，要传承。

然而，台湾人民祖祖辈辈不愿忘记的文化密码，"台独"分子却千方百计要割断。近年来，民进党当局通过修改历史教科书，来培养所谓的"天然独"。在今年即将使用的历史教科书中，"中国"不再是台湾的"国家"，只是台湾"历史上的一个东亚近邻"。为了证明"文化台独"，他们连台湾人的血缘都要改变了。那些"台独"学者说台湾汉人与大陆人的基因图谱不一样，是与台湾少数民族平埔人杂交而来，然后又向太平洋南岛语系去寻亲。在血缘上斩断与大陆的联系后，又把郑成功、清朝及两蒋时代都列为与荷兰、日本殖民者一样的外来政权，诉说"台湾人一直被外来政权统治"的悲情，煽动"台湾人要出头天"的民粹主义情绪，塑造"台独"的正当性。

台湾人一直被外来政权统治吗？回答这个问题，只要看一看占台湾人口98％汉人的移民史就清楚了。

汉人移民台湾是从荷兰东印度公司占领大员（今台南市）开始的。那时到台湾的汉人多是猎鹿、易货、打渔之人，他们并不定居，更无家小。郑成功收复台湾后，郑家军才是第一批真正的移民。他们开荒种地，治理台湾，这也是大陆政权治理台湾的真正开始。这个时候的明郑政权，对台湾来说是外来政权吗？当然不是。明郑统治台湾30多年，由于大陆实施海禁，台湾人口并没有大的增长。清朝统一台湾的前期，由于严禁携带家眷渡台，人口增长也不多。及至林爽文事件后，清朝才开始大规模移民台湾，此后人口呈爆发式增长。可以说绝大多数台湾人的先祖都是这以后移民台湾的，蔡英文的移台一世祖蔡攀龙就是平定林爽文事件的清朝将领。这些人，只是从中国福建省泉州府、漳州府等地移民到中国福建省台湾府，他们一直接受大清的统治，清朝怎么会是外来政权呢？

至于说，现在的小部分台湾人有台湾少数民族血统，那肯定是有的，移民社会异族通婚很正常，但"有唐山公呒唐山嬷"也肯定是极少数，因为，当时的台湾少数民族没有那么多女人可以嫁给汉人，大清法律也是禁止汉人与台湾少数民族通婚的。到南岛语系去寻亲，那真是在辱没台湾人民的祖先。

其实,"台独"不管怎么编历史,都避不开台湾人是怎么来的。台湾的移民史清清楚楚告诉我们,台湾人就是中国人,中国政府是台湾真正的统治者。荷兰殖民时期的汉人来台湾多数想的是打渔狩猎易货,清朝时汉人来台都想垦荒种地过上好生活。他们有的人为此在与台湾少数民族冲突中被猎了头,有的在各类械斗中送了命,当然也有人成了地主当了富豪。但不管怎样,有一样是变不了的,那就是他们都是中国人。

甲午战争后,日本殖民台湾50年,这才是连日本自己也没有否认的外来殖民政权。然而,吊诡的是,现在在台湾搞"台独"的没有一个不是媚日分子。其实,一点也不奇怪,看看蔡英文、赖清德、辜宽敏等死硬"台独"的父辈,都是日本殖民时期的"皇民"分子,他们媚日,甚至像李登辉所说"台湾是日本的",都是正常思维呀。

只是讽刺的是,"台独"对过中国年的热衷一点也不比台湾人民差。这不,前天蔡英文就给刚出院的李登辉提前过了年。

台湾,是因为统治者的腐朽、侵略者的凶残才离开祖国的,70年前又因为家务事而分离。在这些分离的日子里,大陆过年祭祖总少一人,两岸人民分开太久了。现在该是台湾循着年的味道,回来了。

2019年2月6日

让元宵的灿烂铺就两岸团圆之路

刚从台北参加台北灯会回到上海,手机就被北京故宫的元宵灯影刷屏。

元宵点灯是一个流传了千年的风俗。隋炀帝曾在《元夕于通衢建灯夜升南楼》一诗中描绘宫内元宵灯火:"法轮天上转,梵音天上来。灯树千光照,花焰七枝开。"真是一派热闹非凡的盛景。从隋朝的九层灯轮到唐代的灯楼,从元朝的花灯树到明代的动物花灯,扎灯笼、逛灯市、观灯会、猜灯谜,元宵灯会已是一个普天同乐的狂欢节。

世界进入新的科技时代,更让元宵灯会增添了壮丽灿烂的色彩,使人们进入光与影的狂欢。科技架起了回归传统与走向未来的桥梁。北京故宫的"紫禁城上元之夜",古老宫殿上空的现代光束,就是传统与未来的完美结合。而台北灯会的主灯高 12 米,与三层楼一样高了,它由 550 万像素的 LED 彩幕组合而成,名叫"百变猪宝亮晶晶",随着音乐的变化,猪宝宝身上呈现出不同的肤色,有以汉字为主题的皮肤,还可以变身为时髦的机器兽,既是告诉大家今年是中国农历猪年,又告诉你这个充满现代科技感的猪,将引领你进入未来世界。

元宵是中国年的最后一个节日，热闹的灯会给年抹上了浓墨重彩的一笔。那天，我站在台北北门，随着如潮的台北观灯市民一起，看北门在现代化的光束中变幻着模样。这个清朝治理台湾的象征，似乎在光影中与人们对话。她在说什么呢？是她坐南朝北正对京城故名"承恩"的荣耀，还是殖民者要斩断故国联结，差点拆毁去建侵略者神社的惊恐？是要告诉人们她头顶曾经高悬的红灯笼，还是殖民者曾经禁止中国年让她寂寞度过的那些上元之夜？

台湾历史上曾经有过一次"去中国化"运动。在日本殖民台湾时的"皇民化"运动中，殖民者下令不准过中国年，不准放年假。在那场"警棍与白糖"并举的文化浩劫中，许多台湾人忘了自己的母语，忘了母国的节庆，他们说日语、拜天照大神，浩浩荡荡地去参拜那些纪念屠杀台湾人的侵略者的神社。那个年代的上元之夜，北门肯定是清冷的。讽刺的是，在台湾回归70多年后的今天（两岸虽未统一，但台湾回归中国早在1945年完成），台湾的一些人竟然也妄想通过"去中国化"来达到"台独"的目的，还真的是自不量力。

台北北门的灯火，北京故宫的灯光，她们在遥相呼应，两岸人民血缘相亲，我们是同文同种的一家人。有台湾朋友说，同文同种是不是一定要统一呢？美国人与英国人当年也是同文同种呀。我说，你忘了当年的北美只是英国的殖民地，而台湾却是中国的神圣领土。

与北门灯区相邻的是上海灯区，上海参加台北灯会已有好几个年头。今年上海灯由喜庆的猪与上海新天际线东方明珠、上海中心等造型组成。上海这个曾经暗淡的"东方巴黎"，已成为灿烂的东方之珠，它的崛起曾经得到许多台企台商的助力，现在它也是许多台湾青年人的向往之地。上海高大现代的灯展，仿佛是在告诉我们，两岸携手，中华民族必将有一个光明的未来。

元宵节是一个团圆的日子，愿元宵节的灯光铺就两岸团圆的路，让两岸同胞携手走在中华民族伟大复兴的征程上，为共圆中国梦而奋斗！

2019年2月24日

让五四精神照亮两岸未来之路

在上海虹口的鲁迅公园内,有一个纪念韩国英雄尹奉吉的梅园,园内有一块石碑,上书"尹奉吉义举现场"。它告诉我们,这里就是尹奉吉舍身炸日寇的地方。

1932年4月29日,侵华日军在虹口公园(现在的鲁迅公园)举行庆祝"天长节"(昭和天皇生日)的"淞沪战争祝捷大会"。受"大韩民国临时政府"领导人金九委派,混入会场的尹奉吉向主席台投掷炸弹,日本驻沪留民团行政委员长河端贞次被当场炸死,侵华日军总司令白川义则大将血肉模糊送医不治而亡,日军第九师团长植田谦吉、日本驻华公使重光葵被炸断一条腿。尹奉吉当场被捕,后慷慨就义。

说到尹奉吉的义举,就不能不说到1919年在上海成立的"大韩民国临时政府"。

1894年甲午战争后,日本逼迫清政府割让台湾,并全面控制了朝鲜。1910年8月,日本废高宗为"李太王",正式吞并朝鲜。在1919年1月召开的巴黎和会上,日本认为由其继承德国在亚洲及太平洋地区的殖民地及势力范围是"顺理成章"的事。然而,出乎日本预料,一场反帝爱国风暴正在东亚的中国、朝鲜及中国当年被迫割让的台湾酝酿。3月

1日，以高宗突然暴毙为导火线，朝鲜爆发了抗日反殖民的"复国"运动。3月到5月间，朝鲜有200多万人走上街头。在日本殖民者的残酷镇压下，大批朝鲜抗日人士流亡中国，并在上海成立了"大韩民国临时政府"。尹奉吉就是在17岁时投奔上海的"大韩民国临时政府"，誓死抗日复国。

与朝鲜的抗日复国运动相呼应，1919年5月4日，北京的青年学生上街游行，反对巴黎和会把德国在中国的势力范围山东转给日本，著名的五四爱国运动爆发了。青年学生的爱国热情迅速得到全国人民的响应，全国各地的工人、商人、学生组织"罢工、罢市、罢课"。在中国人民的斗争下，我国终于收回了对山东的主权。

无论是中国的五四运动还是朝鲜的"三一"运动，它们的本质都是觉悟了的人民反抗帝国主义侵略的爱国运动。这个运动当然也影响到当时日本的殖民地台湾。1919年，来自台湾的林献堂与蔡惠如在日本东京组织留日学生，成立以废除日本在台湾实施的"六三法"为目标的"启发会"。后来，在蔡惠如的奔走下，部分"启发会"会员重新组织"新民会"，推举林献堂为会长。"新民会"有三个具体目标：进行台湾统治改革，创办机关刊物，谋图与祖国大陆同志的联系。蔡惠如奔走于祖国北京、上海、广州等地，联络台湾学生，邀请蔡元培、胡适及梁启超加入成为荣誉会员，组织"北京台湾青年会""上海台湾青年会""广东台湾革命青年团"。特别是谢雪红、蔡孝乾成立"台湾自治协会"。这些活动有力地推动了台湾人民争取自由与权利的民族反抗运动，传播了马克思主义。1928年4日15日，谢雪红等九人在上海法租界的一家照相馆召开会议，以推翻日本帝国主义殖民统治为目标的"台湾共产党"宣告成立。

今年是五四运动一百周年。一百年前发生在东亚的反帝爱国运动，掀开了东亚历史发展崭新的一页。无论是中国收回山东半岛的权益,还是"大韩民国临时政府"的成立,以及台湾岛内的"议会设置请愿运动",都沉重地打击了日本帝国主义的扩张野心,迫使日本改善对殖民地的统治方法。为了维持在朝鲜半岛及台湾岛内的殖民统治,日本将两地的军人总督改为文官总督。1919年10月,日本贵族院议员田健治朗上任台湾总督。田健治朗实行"内地(日本本岛)延长主义"的殖民同化政策,企图消除台湾人民的祖国观念,使台湾民众成为完全的日本臣民,将台湾建成侵略中国及亚洲其他国家的基地。田健治郎的"内地延长主义"也成为日本在台湾进行"皇民化"教育的样本。

一百年过去了,中国早已成为一个扬眉吐气的大国。然而,虽然日本的殖民政策失败了,但是台湾还没有与祖国统一。特别是岛内"台独"势力不断发展,已成为两岸和平统一的最大障碍。一百年前,在大陆积贫积弱,列强都来"咬"一口的情况下,台湾人民还心向祖国,显示出强烈的反帝爱国之心。今天,在中华民族迈步走向民族复兴之路的时候,台湾人民反而要离祖国而去?

反帝爱国是五四精神的主要内容,而当时的反帝主要是反对日本对亚洲的殖民侵略。推翻日本殖民统治,台湾回归祖国,实现两岸统一,是反帝爱国的重要内容之一,也是五四精神的重要遗产。两岸人民要以五四精神为指引,认真思考两岸的未来。

2019年5月1日

参拜了竹山紫南宫的郭台铭，
对两岸关系有新想法吗？

6月17日，投入中国国民党2020年台湾地区领导人党内初选的郭台铭，携夫人参访了南投县竹山镇紫南宫。

竹山紫南宫，是一个香火鼎盛的地方，它与其他庙宇最大的不同，就是有许多人来这里求取发财金。那些生意周转困难，或想投资发财的人，都带着一颗虔诚之心，在土地公面前"掷筊"，获得同意后即可借取600元现金。许多人拿着跟神灵借来的钱去投资，结果都发了财，然后十倍二十倍甚至数百倍地还钱。郭台铭夫人说她20多年前也来求过发财金，难怪嫁了个有钱的主呀。

其实，紫南宫的特别何止于灵验的发财金，土地公公本身就与众不同。紫南宫的土地神是穿官服的，且有文武护将随从。原来，据竹山地方口口相传，当年"嘉庆君"巡游台湾，来到竹山，被浊水溪挡住了去路，便向竹脚寮土地公祈求帮忙。竹脚寮土地公显灵安全护送"嘉庆君"过浊水溪，到鹿港出海。"嘉庆君"回朝后封竹脚寮土地公为官。竹脚寮土地公就是现在的紫南宫土地神。

哦，这不就是一个典型的中国式传说吗？这紫南宫土地神的故事，承载着一个伟大的道理：台湾这块土地是大清朝的一部分。

在竹山，说明台湾是中国一部分的，又何止是紫南宫土地神的故事。竹山，本身就是中国人开拓台湾的最好例证。

竹山，旧名林圯埔。林圯原是郑成功的部将。1661年，郑成功驱逐荷兰人后，为了保证军队供给，派出部分官兵开荒种粮。当年竹山一带是台湾少数民族水沙莲部落聚居地，他们不甘被赶入更远的山区，不断袭击垦荒的汉人。林圯带领大家一边垦荒一边战斗，终于在竹山站住了脚。然而，在一次少数民族的袭击中，林圯献出了生命。人们把林圯及其他牺牲者安葬，将林圯用生命开垦出来的这块土地称为"林圯埔"。至今，林圯的墓还在竹山市的街心。到了日本殖民台湾时，为了消灭台湾人对祖国的记忆，才将林圯埔改称竹山。

台湾是中国人开垦出来的。郑成功的军队，基本上可以说是台湾岛最早的开垦者。那之前，台湾少数民族还是只会打猎不会农事的未开化者。他们只知族人领地，没有国家领土意识，荷兰人在岛上的剥削对象基本上都是大陆来的打工者。

竹山还是八通关古道的西部起点。"牡丹社事件"后，奉命署理台湾事务的沈葆桢，上奏朝廷"开山抚番"，派遣军队开凿通往东部后山的道路。八通关古道就是台湾中部通往花莲的第一条道路。

我也曾经到过竹山。那天，友人领着我站在林圯墓前，去爬了八通关古道起点的九十九级台阶，拜了戴着官帽的紫南宫土地神。我的眼中噙满了泪水，你能说这里不是中国的土地？你能说这里生活的人民不是我们的兄弟姐妹？当林圯们的汗水和鲜血洒在这块土地上的时候，他们的血已经与我们的融合在一起了。

我不知道郭台铭和他的夫人在参拜紫南宫土地神时想到了什么？如果说妈祖托梦要他出来当选台湾地区领导人，那么，戴着官帽的土地公应该会要求他搞清楚自己是不是中国人，一定对他把两岸关系表述成近似"两国论"而不满。土地公一定会说，台湾人除了现在比例极少的少数民族外，哪个人的祖宗不是从大陆来的，蔡英文的开台祖不就是那个平定林爽文事件的大清将领蔡攀龙吗？不认大陆为祖国的人就是数典忘祖。

台湾与祖国分离了70年了，之前还被日本殖民了50年。受到过殖民者"皇民化"教育的那代人，如李登辉之流，有媚日情结卖台求荣很正常，学"去中国化"教科书长大的"天然独"不识祖国为何也可理解，这是中华民族必须承受的痛。这个痛的过程也是大陆追求统一的过程，这个痛的结果必须是两岸统一的欢欣。在中华民族迈向伟大复兴的今天，世界上已没有任何力量能够阻挡中国统一的步伐。这个过程，需要两岸人民共同参与，是两岸人民的共同责任。其实，这一点，台湾的民进党当局，以及各类"台独"分子，反而有着比较清醒的认识。他们利用中美关系的变化，加紧"投美抗中"，就是希望延迟这个进程的到来。他们采取种种限制两岸交流的措施，就是害怕"天然独"们在两岸交流中又恢复了两岸的天然亲情。他们不断地用统"独"撕裂台湾社会，就是要剥夺"蓝营"特别是中国国民党参选人的两岸话语权。"蓝营"的参选人们，你们有必要随民进党起舞吗？

希望参拜了紫南宫土地神的郭台铭好好想一想，希望国民党的韩国瑜们好好想一想，你们应该秉持什么样的两岸观。

别让妈祖、土地公们为你们着急！

2019年6月22日

台湾的新历史关口

"卢沟桥！卢沟桥！国家存亡在此桥！

卢沟桥！卢沟桥！男儿坟墓在此桥！"

82年前的今天，侵华日军悍然发动"卢沟桥事变"。在民族存亡的危急关头，卢沟桥中国军民的怒吼拉开了中国全民抗战的序幕。从此，地无分南北，人无分老幼，一寸山河一寸血，中国人民以牺牲3500万军民的代价，终于赶走了日本侵略者。

7月7日，这个中国人永远不会忘记的日子。7月7日，也是两岸同胞应该共同纪念的日子。然而，岛内执政的民进党当局，奉行"台独"路线，一心想把台湾从中国分裂出去。前几天，他们又通过修订所谓的"国安五法"，把大陆塑造成了台湾的"敌国"，把曾经殖民了台湾50年的日本奉为"台独"的靠山，甚至有"台独"分子说"台湾是日本的"，民进党当局当然不会纪念"七七事变"。忙于内部争斗的国民党，虽然五位争取2020年台湾地区领导人候选资格的人中，有三人是黄埔军校的后代，他们似乎也没有意识到，今天的台湾正走到一个"十字路口"：坚持两岸同属一中，还是要走一条让台湾置于险地的"台独"之路？

今天的中国早已不是82年前的中国，世界上已没有任何强权、帝国主义能在中国的土地上制造事端，中国人民正昂首走在民族复兴的征程上。然而，也许是历史的悖论，在大陆日益发展的今天，台湾岛内的"台独"势力也从来没有像今天这么猖獗过。以民进党为代表的"台独"势力，在岛内不断发展壮大，继2000年第一次上台执政后，2016年再次上台执政。现在的民进党"投美日抗大陆"，通过修改教科书割断台湾与大陆的联结，通过制造"恐中""仇中"情绪，把大陆变成"敌国"，通过"转型正义"把岛内坚持统一的政党及人士污蔑成"卖台投共"。在一系列"去中国化"的操作下，岛内认同"一个中国"的人正逐年减少，青少年逐渐成为所谓的"天然独"，修改通过的"国安五法"以及即将立法的反"中共代理人"，将使主张推进两岸交流的各界人士陷于"绿色恐怖"之中。

然而，作为台湾最大"在野"党的百年老党中国国民党，似乎已经失去了制衡民进党的能力。2014年，国民党在台湾地区"九合一"选举中溃败，2015年地区领导人选举，国民党众"天王"竟然无一敢战，让民进党的蔡英文轻松夺得政权。去年，岛内再次举行"九合一"选举，由于民进党执政太烂，国民党的韩国瑜用非典型战法在民进党老巢高雄刮起"韩流"，助国民党大胜。这个有很大偶然性的胜利，让国民党的各路人马似乎又看到了赢得2020年岛内地区领导人选举的希望。于是，国民党"内斗内行"的基因又现出原形。如果说2018年底的"九合一"选举是韩国瑜"一人救全党"，现在大概是"众王抢皇冠"了。

国民党的五位候选人中有三位是黄埔的子弟。韩国瑜的父亲韩济华毕业于黄埔十七期装甲兵科，周锡玮的父亲周书府毕业于黄埔十九期炮兵科，朱立伦的父亲朱樟兴毕业于黄埔二十三期工兵科。国民党的这些当年抗日官兵的后代们或忙于选举无暇顾及这个应该纪念的日子，或是早已被民进党裹挟不敢大声说两岸同属一中了。他们没有勇气说出两岸同属一个中国的历史正当性，更不敢说出统一的历史必然性。不仅如此，他们还"拿香跟拜"，比民进党更大声地攻击"一国两制"，他们的两岸论述正在丧失历史的本来面貌，更没有了指引台湾走向未来的历史前瞻性。如果说民进党政权的"台独"之路将把台湾带向毁灭，国民党的诸公又能把台湾带向何处呢？"台独"必然"抗陆"，不敢追求统一的国民党又何以会"亲陆"？一声"卖台"就要吓得发抖的国民党诸公，历史还会给你们多大的空间？

当"台独"把台湾推向历史深渊的时候，这不仅仅是台湾的"十字路口"，而是中华民族的危急关头，黄埔的后代们，在台湾的中国人们，你们首要的任务是唤醒多数台湾民众，让他们把民进党赶下台！

2019年7月7日

双城十年，两市共荣

7月4日，以"创新、合作、未来"为主题的2019"上海—台北城市论坛"在上海隆重举行。在台湾岛内政局诡异多变，两岸形势严峻复杂的当下，双城论坛能够顺利举办，再次说明坚持既有的政治基础，秉持"两岸一家亲"的善意，围绕基层民生的需求，两岸交流就能长期持久，两岸社会就能共享共荣。

对两岸关系性质的正确认知，是双城论坛得以持续举行的政治基础。"上海—台北城市论坛"起始于2010年，当时，两岸政治、经济、社会文化交流正全面兴起，双城论坛是这股两岸交流大潮中闪亮的浪花。然而，2014年底，自称"墨绿"的柯文哲当选台北市长，双城论坛能否继续举办受到考验，柯文哲对两岸关系性质如何表态，成为双城论坛继续举办的关键。柯文哲就任台北市长后，首先释出"五个互相"（互相认识、互相了解、互相合作、互相谅解、互相尊重）探路，继而在市府设立大陆工作小组处理两岸事务，再表态"一个中国不是问题"，提出"两岸一家亲"。这一系列举动与民进党"台独"路线有明显区隔。本届双城论坛前夕，柯文哲再次接受媒体采访，表达"两岸关系不是外交关系，不是国际关系，是专属的两岸关系"，继续展现出与民进党

"台独"路线进行区隔的态度。所以，双城论坛在柯文哲主政台北后还能继续举办，关键在于柯文哲对两岸关系作出有别于民进党的认知，以及他不断释出的希望维持两市交流的愿望和善意。

两岸大交流热潮，是双城论坛连续举办的巨大推力。两岸交流是历史的必然。1979年，全国人大常委会发表《告台湾同胞书》，引领两岸逐渐从对峙走向交流。伴随着大陆改革开放的大潮，大批台商来大陆投资设厂，两岸经贸、人员往来不断增加。2000年民进党在李登辉暗助下上台执政，陈水扁顽固坚持"台独"路线，鼓吹"一边一国""正名制宪"，发动"入联公投"，使两岸关系几乎要走到战争的边缘。即使在这样的情况下，两岸交流也没有停止，台商赴大陆投资不断增加，台湾对大陆的经济依存度不断提高。2008年国民党重新执政后，两岸交流掀起热潮，两岸人员往来更为密切。"上海—台北城市论坛"也正是在这种两岸大交流的热潮中开启了帷幕。作为"白色"力量代表的柯文哲，能够顶住民进党及岛内众多"独派"的攻击压力，向大陆表达善意把双城论坛办下去，就是他顺应两岸交流大势的结果。用他自己的话说，台湾有200多万人在大陆，其中70多万生活在上海，岛内还有40万的陆配，两岸必须维持一个交流的通道。

以民生市政为主体，基层交流成为双城论坛的内生动力。"上海—台北城市论坛"从一开始就坚持政府推动、基层参与、民生为主的论坛模式。2010年，上海举办"世博会"，台北举办"花博会"，两市围绕办好"两博"，开启"双城论坛"序幕。此后，民生市政基层交流成为论坛不变的主题。十年来，两市签署了30余项合作备忘录，在教育、卫生、体育、文化、环保、旅游、交通、老人照护、社区医疗、青年创业、智慧城市等方面开展了广泛的交流与合作。通过互相学习和借鉴，取得了丰硕的成果。这些合作交流既顺应了两岸关系发展大势，也是双城论坛持续举办的内生动力。

双城交流,十年有成。"上海—台北城市论坛"自 2010 年举行以来,双方的交流和合作正在向纵深发展,双城论坛也已成为两岸交流、民间交流的典范。事实证明,扩大人员往来,深化经贸交往,加强文化等各领域的交流,促进了两岸关系和平发展,给两岸同胞带来了实实在在的利益。"两岸关系好,台湾才会好,台湾同胞的利益福祉才能得到维护和增进。"在对两岸关系性质、两岸城市交流的性质有正确认知的基础上,愿台湾更多的县市参与到两岸城市交流合作大潮中来,共同增进两岸同胞的亲情和福祉。

2019 年 7 月 5 日

因弱乱而丢的台湾，
必将随着祖国的强大而回归

前几天，去安徽合肥出差。

到合肥，每一个关心两岸形势的人，都会到刘铭传的故居去看看。不为别的，就是缅怀这个台湾首任巡抚，在西方殖民者疯狂分食中华帝国的时代，是怎样守卫台湾、建设台湾的。

刘铭传所处的时代，可以说是中华帝国最弱乱的时期，历经两次鸦片战争，西方帝国主义列强凭借坚船利炮划分了在中国的势力范围，把中国推向了半殖民地半封建社会。内外交困中，中法战争爆发。1884年8月23日，法国海军在福建马尾一举消灭沉浸在和谈幻影中的南洋海军，法军夺得台湾海峡制海权，台湾危在旦夕。赋闲在合肥老家的刘铭传临危受命，赴台湾署理军务。刘铭传一到台湾，便加强台北门户基隆、淡水的防务，战争危急关头，又毅然把主力撤出基隆，在淡水大败法军登陆部队，挫败法军占领台湾的图谋，取得台湾保卫战的胜利。

战后，清政府采纳刘铭传的建议，在台湾设省，刘铭传也成了台湾首任巡抚。自此，刘铭传开启了推动台湾走向现代化的"自强新政"。

刘铭传调整了台湾的行政区划，整顿台湾防务，在台北兴建机器厂自制枪弹。他大力加强交通建设，兴建台北到基隆的铁路。他兴办企业，成立煤务局、煤油局、商务局等，发展经济。他重视教育，在台北设立西学堂、番学堂。在他的大力倡导下，台湾出现了第一条中国人自己建造的铁路、第一部电话、第一盏电灯、第一枚邮票、第一所公立的新式学校，台湾成为中国当时最现代化的省份。

然而，在清末腐朽的官场，刘铭传在台湾的努力只能是昙花一现。1891年，因基隆煤矿亏空遭弹劾，刘铭传告病还乡，又回到了合肥刘老圩，直到甲午战败，闻听那个倾注了最后心血的台湾割让日本，吐血而亡！

讲起中国近代史上的台湾，合肥还有一个比刘铭传更直接影响台湾命运的重要人物，被誉为"大清裱糊匠"的李鸿章。是李鸿章组建淮军与曾国藩的湘军一起镇压了太平天国运动，消灭了捻军起义。也是李鸿章发现了刘铭传，让他率领淮军东乘西驰，累立战功。李鸿章晚年，以洋务运动开启中国现代化进程，组建了当时号称"世界第六、东亚第一"的北洋水师。也正是因为他的北洋水师在甲午战争中大败，才造成了大清朝割地赔银的耻辱。纵观李鸿章的一生，这应该是一个有大智的人，甚至在当时也受到世界各国的尊敬。然而，当李鸿章在《马关条约》上签字，把他最得意的门生刘铭传建成的当时中国最现代化的台湾省割让出去的时候，就注定了他悲剧的历史定位。

只是，割让台湾的历史责任李鸿章承担得起吗？当我们看到京城颐和园那艘开不动的石船时，就知道，大清朝这艘千疮百孔的大船，早已在历史的风雨中飘摇，面对西方列强的撕咬，它已无力甚至无心抵抗，失血掉肉成了它的历史常态。在一个弱乱的朝代，那些手握权力的人，要么承担责任推动历史变革，要么就是历史的替罪羊。忠于朝廷的大清重臣李中堂也就逃脱不了后者的命运。

其实，李鸿章对他号称"世界第六、东亚第一"的北洋海军的战斗力是清楚的。当时英国《布雷赛海军年鉴》在介绍世界各国舰船力量时，以各国国名的英文首字母为顺序，中国才排在目录的第六位，北洋水师的实力根本不够世界第六强的格。甲午海战时，北洋水师其实已是一支舰龄都是十年以上的老迈之师，舰炮都是应淘汰的射速射程都有限的架退炮。1894年初，北洋水师上奏申请61万两白银为"定远""镇远"等船换装克虏伯速射炮，清廷不理。舰艇动力系统的锅炉多已超期服役，1893年，北洋水师提出更换，但核算下来需约150万两白银，朝廷当然没有钱。所以，面对处心积虑准备了20年的日本，甲午战败，对弱乱的中国而言，是必然的。

就在笔者写作这篇评论的时候，新华社宣布，当年北洋水师的旗舰"定远舰"沉灭位置确认。这艘当年由德国坦特伯雷度的伏尔铿造船厂建造的7000吨级一等铁甲舰，1885年编入北洋水师，一度被誉为"永不沉没的定远舰"。其实，定远舰在设计上就不合理，它是19世纪80年代出现的斜连主炮台式铁甲舰。这种结构严重浪费主甲板空间，影响战斗力发挥，19世纪80年代末就淘汰了。定远舰在刘公岛保卫战中被日军多枚鱼雷击中受损，后自爆沉没。

安徽合肥的这两位淮军将领对台湾的影响是巨大的。刘铭传把台湾建设成当时中国最现代化的省份，今天的台北博物馆前，刘铭传当年从德国引进的"腾云号"火车头还在，在台北机车厂博物馆，刘铭传1886年从英国购买的蒸汽锤一直到上世纪90年代还在使用，基隆狮球岭当年刘铭传修筑的火车隧道已成为古迹供人参观。而经李鸿章的手，台湾被日本殖民了50年，成为现今两岸分离的历史源头。

在一个要么被列强群殴，要么被强盗轮番敲诈的清末，丢失台湾或香港这些地方是必然的，天命如此，非人力可以挽回。然而，历史的摆钟在划出一条弧线后，终会回到那个重力点。因弱乱而丢失的，终会随着国家的强大而回归。其实,台湾就是第一个回归祖国的地方。1945年,随着中国人民夺取抗日战争的全面胜利,台湾回来了,现在两岸的分离也必将随着大陆的发展而终结。

台湾那些鼓吹"台独"的人,从散发"生为台湾人的悲哀"的悲情,到翻寻"台湾地位未定"的法理依据,再自封"南岛民族"自绝中华文化,都是逆历史潮流的螳臂当车。看看刘铭传"自强新政"的遗迹,你能说清朝没有建设台湾?你能说台湾不是中央朝廷管辖的?正因为两岸是一家人,大陆才推动"和平统一、一国两制"。

强国,是李鸿章、刘铭传这一代人就有的梦想,他们搞洋务运动,搞台湾的自强新政,就是想强国。在那弱肉强食的丛林时代,弱国无外交,打败仗就要割地赔银,他们的体会太深了。然而,在一个腐朽的朝代,他们的一切努力都是徒劳的。今天,我们已经来到一个新时代,中华民族的伟大复兴,已经成为影响当今世界发展的最大因素。统一,已成为大陆人民最大的心声。台湾,你有什么理由抗拒这个历史大势?

那天,我站在刘铭传故居前,默默地告慰这位台湾首任巡抚,台湾统一了,会有许多人像你当年一样热爱台湾的,他们会把台湾建设得更好更美!

2019年9月3日

革命妈妈的农民儿子与民进党的酬庸政治

革命圣地井冈山的小井红军医院纪念馆里,有一个介绍女革命家曾志的展览。像无数让人落泪的红军故事一样,你会被曾志的革命历程所感动。

1927年,红军主力会师后,在小井建立后方医院,曾志任党总支书记。当时,井冈山地区遭国民党反动派封锁,物资极度匮乏。已经怀孕七个月的曾志,与大家一起上山砍树建房,建起能收治300多名伤员的红军医院。在这里,曾志的第一个儿子诞生了,生产时大出血,没有妇产科医生,是村里的接生婆到山上采来鱼腥草止血救了她一命。这个战火硝烟中诞生的儿子,在红军撤退时,曾志把他寄养到了一个农民的家里,这一别就是20多年。

新中国成立后,任广州市委书记的曾志来到井冈山寻找自己的儿子。儿子找到了,这个20岁的儿子已经是一个地道的井冈山农民。看着这个黑瘦的儿子,曾志心头涌上了母亲的歉疚,真想好好补偿一下这个孩子。然而,曾志没有答应儿子要留在广州的要求,毅然把他送回了井冈山,这个儿子一直在井冈山当农民。

曾志是共产党内的女革命家之一,她一生转战南北,为中国革命作出了杰出贡献，新中国成立后历任多个重要岗位，但没有因为革命有功而谋私，即便是自己苦命的儿子，也不能搞特殊，死后还把骨灰撒在了井冈山。至今，只有小井医院旁一块小小的石碑告诉你，曾志在这里陪伴着当年牺牲的红军英灵。

看着曾志的事迹，我突然起前几天台北市长柯文哲怒怼蔡英文办公室秘书长陈菊的一句话："你不能上半生革命，下半生就可以为非作歹。"

台湾的民进党是由早期反对国民党统治的"党外"运动发展而来的。1979年，发生在高雄的"美丽岛事件"可以算得上"党外"运动的高潮。"美丽岛事件"的骨干都被国民党当局判刑，送到绿岛监狱关押，陈菊就是当时的女犯之一。"美丽岛事件"一直是民进党卖弄悲情、挑动族群争斗的资本。这次陈菊与柯文哲互怼，陈菊就说："我们以前坐牢的时候，你们在哪？"好像没有因参加"美丽岛事件"而坐牢，就没有挑战陈菊的资格。

用"坐牢"来绑架台湾人民，是民进党陈菊之流的惯用手法。它的逻辑是，因为民进党坐过牢，台湾人民就是欠民进党的，民进党再烂，台湾人民也应该挺它。民进党第一次上台执政，就出了个连美国都认证的贪腐分子陈水扁，然而，民进党及陈水扁不以为耻，全党护航。现在，保外就医的阿扁更不把法律放在眼里，民进党还要想办法"特赦"他。

第二次上台的民进党，倚仗全面执政，更是变本加厉地把政权变成了分赃机器。

10月1日，宜兰县南方澳跨海大桥断裂坍塌，造成多人死伤。网友梳理事件发现，2016年以后，负责大桥养护的港务公司就没有对大桥钢缆进行过检修。现任台湾中邮董事长的吴宏谋正是在2017年至2018年任台湾港务公司董事长。而这个吴宏谋竟然与岛内多起重大事故有关。2014年台湾高雄发生震惊世界的气爆案，造成32死321伤，吴时任副市长，而发生气爆的箱函是吴任水工处设计科长时经手发包的。2018年，台湾发生普悠玛列车翻车事故，造成18死215伤，吴时任交通部门负责人。这位陈菊的心腹，虽然到哪儿哪儿出事，但官却越做越大，薪酬越来越高。吴宏谋只是民进党酬庸政治的一个例子而已。台湾行政部门由一班在市长选举中落败的官僚组成，被戏称为"败选联盟"。从政府部门到各类公营库行事业单位，充斥着大大小小的"吴音宁"们。最近，台湾有人将他们做成扑克牌，真是蔚为大观。

因"美丽岛事件"坐牢的陈菊当高雄市长达12年，人称"南霸天"。然而，陈菊任内高雄市债台高筑，气爆案善款乱支乱用，整个高雄"又老又穷"。2016年因助选蔡英文有功，北上任蔡办秘书长，因陈菊的关系，"高雄帮"遍布岛内各个角落。

其实，台湾人民早就看透了民进党的"滥权、酬庸"，去年"九合一"选举中，韩国瑜高喊"民进党不是高雄人民的爸爸"，引起共鸣，虽然陈菊亲赴高雄卖弄悲情，但是高雄人民却以让韩国瑜高票当选市长来回应。

现在，台湾又进入选举季。执政无能的民进党又想靠"坐牢"悲情来挑动族群对立，以"反中反共"来制造"芒果干"（亡国感）骗取选票。只是，仗着在绿岛坐了几年牢而"滥权、酬庸"的陈菊们，与让儿子当一辈子农民的曾志们高下立判。你们的"悲情"可以骗选票，但是，要搞两岸对抗必将撞得头破血流！

2019年10月13日

台湾，你还不来加入大陆经济的海洋吗？

今天，世界瞩目中国，世界瞩目上海。第二届中国国际进口博览会在上海隆重开幕。相对于万商涌动人潮澎湃的首届进口博览会，本届进博会规模更大、质量更高、活动更丰富。进博会已成为中国进一步扩大改革开放的重要象征，成为中国"买全球""惠全球"的重要平台，充分体现中国经济像大海一样的生命力，以及中国市场像大海一样的容量。

中国市场的容量有多大，讲几个上届进博会的小故事。

伊比利亚橡果火腿，是西班牙的名产，也是西班牙参加首届进博会的展品。伊比利亚黑猪每天要吃8公斤橡树子才能产出这种最高品质的火腿。这种薄如蝉翼、纹路像天然大理石的肉片，闻着有淡淡的香味，即使生吃也入口即化。据说，展商带来500公斤，预计展后可销售半年。然而，进博会还未闭幕，展品已销售一空，不得不紧急空运补货。德国的一种高科技复合材料制成的锅，在首届进博会上收获了9家采购商近1亿美元的订单。嘀，这只是一只锅的订单呀！

中国经济海洋一般的强劲，中国市场海洋一般的容量，这西班牙的火腿、德国炒锅只是首届进博会上一朵小小的浪花而已。与进博会会场一路之隔的绿地全球商品贸易港，首届进博会闭幕后已吸引来自45个国家和地区的120家客商入驻，一年来，促成的采购规模已突破50亿元人民币。而这，仍然只是进博效应中的一朵涟漪。据预测，未来15年，中国将进口商品和服务30万亿美元、10万亿美元，这真是海洋一样的商机呀。

当全世界的客商涌入大陆寻找商机的时候，我们希望台湾同胞，也赶快融入大陆，在大陆经济的海洋中分享大陆改革开放的机遇，在大陆市场海洋中抢占先机。继去年大陆发布惠台利民政策措施"31条"后，昨天，在两岸企业家紫金山峰会上，大陆又发布了《关于进一步促进两岸经济文化交流合作的若干措施》（简称"26条措施"）。这"26条措施"，更具体更精准更开放，在更广阔的领域让台商台胞享受同等待遇，就是希望台商能在大陆的经济海洋中能有更好的发展，希望台胞在大陆乃至世界有更便利的生活，它充分体现了大陆对台湾的善意和诚意。

民进党当局上台以来，"独"性不改，拒不承认两岸同属一个中国的"九二共识"，在经济上也执行了一条"脱中"之路。昨天，大陆宣布"26条措施"后，又大行污蔑之能事，口水里充满敌意和心虚。

其实，台湾早就在大陆的经济发展中赢得了许多利益。据统计，两岸贸易额先后于2006年、2011年、2018年突破1000亿美元、1500亿美元、2000亿美元。台湾对大陆的贸易顺差更在2018年达到了1289亿美元。台湾的经济还能离开大陆吗？

台湾经济离不开大陆，台湾的前途在大陆，这是一个浅显的道理和事实。昨天，汪洋主席在紫金山峰会上说的四个"哪里找"就形象地说明了这个道理。汪洋说，现在大陆每年的经济增量是台湾经济总量的两倍，中等收入人口有4亿，"这样的市场哪里找？"大陆工人吃苦耐劳，不迟到不早退，"这样的工人哪里找？"大陆有完整的产业链和最强大的配套能力，一部手机从接单到出货 72 小时搞定，"这样的条件哪里找？"大陆各级公务员埋头苦干，千方百计为企业减赋税降成本增便利，"这样敬业的政府哪里找？"民进党搞了几年的"新南向"几近失败，不也是说明大陆才是台商台资的福地吗？

台湾经济与大陆经济有很大互补性，就像 5G 市场，两岸联手，就能更快地在国际市场中抢到先机。大陆华为的先发优势、台湾企业的技术优势，是两岸联手赚世界钱的最佳组合。就像岛内发展受限的农业，岛内规模小难施展，市场小卖货难，而大陆有广阔农地，有足够容量的市场，这不是双赢组合吗？

在今天上午的第二届进博会开幕式上，国家主席习近平向全世界发出了邀请，"中国市场这么大，欢迎大家来看看"。台湾，我们是一家人，我们更欢迎你们来看看，欢迎你们来找商机，欢迎你们来找发展的机会。不要被民进党当局的恐吓宣传洗了脑，不要在台湾这个井里看大陆。我们喜欢你们找到商机的兴奋，喜欢你们创业成功的欢呼，喜欢你们发了大财的豪气，当然，我们更喜欢你们把我们当一家人的笑脸。

2019 年 11 月 5 日

欢迎台湾同胞来敲长三角区域一体化之门

12月5日上午,两场重量级活动在上海展开。由国家有关部委及长三角三省一市联合举办的"台商聚力长三角,两岸共享新机遇"台商台企走进长三角活动隆重举行,另一个是中国、以色列创新合作研发、孵化、转化、成果展示的重要平台——中以(上海)创新园在上海普陀区正式开园。国台办主任刘结一,两岸企业家峰会大陆方面理事长郭金龙、台湾方面理事长萧万长等嘉宾参加了"台商聚力长三角,两岸共享新机遇"活动,上海市委书记李强、市长应勇更是连轴转地参加了两个活动。

这两个活动是中央和国务院颁发《长江三角洲区域一体化发展规划纲要》后的发力之作。它预示着长三角这块经济热土将开出更加璀璨的发展之花。

当天,台商走进长三角活动吸引了来自全国各地的400多位台商与会。为什么有这么多台商赶赴这个盛会?也许我们能从中以(上海)创新园的热烈氛围中找到答案。

中以(上海)创新园位于上海著名的英雄金笔厂旧址,始建于上个世纪50年代的15栋展现近代工业风貌的苏联式建筑,平面工整,回廊宽缓伸展，是上海保存完整的工业街区。园区开园当天，就吸引了20家科研机构和企业入驻。根据《加快建设中以（上海）创新园行动方案（2019—2021年）》的规划，到2021年，园区将集聚形成一批专业化、多元化的技术转移机构和熟悉国际业务的科技创新主体，形成与国际接轨的有利于科技成果转化的创新制度体系，推动一批科技创新成果落地转化并形成产业规模，使园区在长三角乃至全国具有一定的影响力。看看，抢滩上海为龙头的长三角已是许多跨国企业的共识。

"台商聚力长三角，两岸共享新机遇"活动，就是一个专门为台商量身定做的平台。通过这个平台，让台商认清长三角一体化给台商带来的机遇，让台商知道如何把自身的发展融入长三角一体化战略中，让台商拓展自身的专长对接长三角一体化战略下各地的不同需求。从活动的热烈气氛看，广大台商都有抓抢长三角一体化机遇的意识，然而，要真正融入长三角，还必须真正理解长三角一体化这个国家战略。

要在长三角的战略定位中找到台商的优长。"一极三区一高地"是国家对长三角的战略定位。"一极"指的是全国发展强劲活跃增长极，"三区"指的是全国高质量发展样板区、率先基本实现现代化引领区、区域一体化发展示范区，"一高地"指的是新时代改革开放新高地。在这个战略定位下，台商要参与到长三角一体化战略中来，就必须有充分的竞争力，甚至有不可替代性，过去那种怀揣着一个项目到处找优惠的做法恐怕是吃不开了。

要在一体化战略下各省市的需求中找到台商的定位。长三角三省一市已按照"纲要"的定位，对自身发展重点进行了梳理。上海加快国际经济、金融、贸易、航运、科技创新"五个中心"建设，努力构筑中心城市的功能优势，为其他地区发展赋能提速，在长三角一体化发展中发挥龙头带动作用。江苏省梳理了现有制造业中比较有竞争力的13个先进制造业集群，为长三角世界级产业集群提供"种子"选手。梳理出126项江苏制造业参与全球竞争需要解决的重点技术问题。浙江省围绕打造数字长三角，将建设100个无人车间、无人工厂，培育100个数字骨干企业，推进100个数字化重大项目，实施100个园区改造。安徽省将全面推进合肥国家科学中心、滨湖科学城等项目建设。这些目标和重点也是台商对接各省需求的项目和重点。台商要充分发挥自身在科技创新、金融服务、文创等方面的优势，找到自己在长三角一体化中的定位。

要在国家惠台利民政策措施和省市落实措施中取得事半功倍的效应。这两年中央先后出台"31条"及"26条"政策，长三角三省一市也都出台了落实措施。从实际效果看，长三角地区更是落实最有成效的地区之一。落实好中央惠台利民政策措施及各地措施，当然是实施长三角一体化战略的重要组成部分。台商要主动在各地把惠台利民政策措施与一体化战略及各地发展规划对接的过程中找到发展机遇，在"31条"和"26条"明列的项目中享受优惠，加快自身发展，在优势项目中取得先发优势。

长三角国家战略的号角已经吹响，长三角高速发展的态势已经形成，希望广大的台湾朋友早日在长三角一体化中找到位置，进一步做大做强。欣喜的是，台商历来是嗅觉敏锐的群体，活动当天签订的16个大项目，预示着台商台企将在长三角掀起新一轮的投资热潮，长三角将成为台湾同胞投资兴业的热土。

2019 年 12 月 10 日

新年里对两岸关系的寄语

去年12月，上海华师大附小二年级的周之逾同学，收到了国台办新闻发言人马晓光的来信。信中，马晓光欣赏周之逾同学了解很多台湾的事情，称他是"期盼祖国早日统一的小大人"，告诉他"中华儿女盼望一家人整整齐齐在一起的美好愿望一定会实现"。

原来，周之逾同学在语文课上学习了《日月潭》这篇课文，文中美好的意境引人遐想，"日月光华，尽在其中"这个赞美之词一下子从小周同学的脑海里蹦了出来。思绪难平的周之逾提笔给电视上经常看到的国台办新闻发言人马晓光伯伯写信，表达"日月潭在祖国的台湾岛，台湾岛是中国第一大岛，十四亿人的大家庭应该整整齐齐在一起"的心愿。

周之逾的感想，可以说大陆教育中描述台湾的一个缩影。大陆的孩子从小就知道阿里山的神木，知道日月潭的波光，知道鹅銮鼻的灯塔为巴士海峡的船只指引航向。在他们的心里，台湾的水是甜的，台湾的山是绿的，台湾的人也是亲的。台湾人要和十四亿大陆人在一起，是一个根深蒂固的情怀，台湾有人把这种天然的亲情称为"天然统"。是的，这是一种基于血缘的亲近，是一种发自内心的热爱。这种亲情是大陆坚持"和平统一"的民意基础，也是大陆坚持"和平统一"的天然出发点。

近年来，两岸交流不断增加，"欢迎来自祖国宝岛台湾的朋友"，大概是出现频率最高的话语。然而，有台湾朋友私下对我说，"你们吃台湾的'豆腐'了"，怪我们不知道台湾人的心。我当然知道，一个学着没有了"长江"、没有了"黄河"、没有了"长城"教科书长大的台湾人，与听到《义勇军进行曲》就热血沸腾的大陆人很难有情感上的交集，当然也没有办法体会出"祖国宝岛"这个词中饱含的血肉深情，有的只是"矮化""不对等"甚至"并吞"这种"吃豆腐"感觉了。只是，台湾人不知道的是，两岸没有了亲情，是一件很可怕的事。

前几天，国台办新闻发布会上，有记者问到大陆日益高涨的"武统"声浪，马晓光在回答中指出，大陆民间"武统"声音大，民进党当局要反思。

台湾很多人责怪大陆的"武统"声音，责怪大陆《反分裂国家法》中留有"非和平手段"统一台湾的条款。只是他们从来不反思大陆的"武统"声是大陆人民对台湾由爱而恨的悲怆之言。这绝对不是台湾污称的"狭隘民族主义"，讲"武统"的人原来都是坚定的爱台人士，是岛内一浪高过一浪的"台独"分裂行径让他们焦虑，是岛内一波又一波的"去中国化"行动让他们看不到统一的未来，才有了"留岛不留'台独'"的悲愤之言。而《反分裂国家法》中保留的"非和平手段"更是祖祠中的"祖宗家法"，它是威慑不孝子孙的，无它何以成家？

蔡英文上台以来，否定"九二共识"，"反中抗陆"，在民进党当局的操弄下，"台独"成为"政治正确"，坚持统一、坚持两岸和平发展的政党和人士成为打压对象。在不久前完成的岛内选举中，蔡英文更是通过营造"反中""恐中"的"芒果干"（亡国感）氛围赢得连任，让两岸关系走向冰封。

如果说选举是政治操作的话，前天民进党当局禁止口罩出口大陆，更是让大陆广大民众心寒。自然界的灾难是人类共同的敌人，守望相助是人性的基本要求。在大陆应对新型冠状病毒肺炎疫情缺少口罩的关键时刻，民进党竟然禁止对大陆出口，这难道不是一个泯灭人性的决定？

这几年，民进党把两岸政治关系打成了"死结"，又通过旅游"火烧车"、防疫"不买口罩"等把大陆人民对台湾的亲情销蚀干净，这是要把两岸关系推向何方？蔡英文说"始终不排除打仗的可能"，难道这就是蔡英文推动两岸关系的方向？那么，民进党准备为"台独"牺牲了吗？台湾人民愿意为民进党陪葬吗？

我看民进党并没有做这个准备，看看他们选后进行的政治分赃就知道了。其实，"台独"并不想打仗，民进党之所以这么挑衅大陆，他们内心有两个"依仗"，一个就是中美竞争中台湾"棋子"分量变重，大陆"武统"美国来救的幻想。更重要的另一个是，大陆几十年来的爱台教育形成对台湾的天然亲情及这个情感下形成的"和平统一"愿望。但是，民进党要明白的是，当大陆人民的亲情被耗干的时候，两岸关系的拐点就会走向大陆人民不愿看到的方向。

岛内选举已经结束，民进党该思考如何不要让周之逾这样的小同学也很快对台湾失望。改善两岸关系，先从人性做起吧。虽然大陆没有台湾的口罩也能打赢抗击新型冠状病毒肺炎疫情的战斗，但对台湾来说，人性的姿态很重要！

2020年1月27日

两岸民族富强梦，是任何人都阻挡不了的！

张謇，这个被毛泽东称为民族工业不能忘的人，是我最崇敬的人。小时候，看到家乡千年古护城河濠河之滨遍布他的遗迹，大人们告诉我，他建造的南通博物苑是中国最早的博物馆，他建造的伶工学社是全国最早的戏剧学校，他建造的南通师范学校是中国最早专门培养教师的地方等等。后来服役参军上军校，更知道了张謇创造的事业何止于濠河边上的几所学校，他是用他毕生的努力在实现一个强国梦想。每到假期回乡，我都会到他位于南郊啬园的墓地，在他高大的铜像前站一会儿，向这位福泽南通的先贤致敬！

敬仰张謇当然不止于如我这样的南通人。据说，胡适当年曾有意为张謇作传，只是太忙未能实现。1930年，张謇先生的儿子张孝若依张謇《年谱》作《张季直先生传记》，胡适欣然作序。胡适评价先生"在近代中国史上，是一个伟大的失败英雄，他独立开辟了无数新路，做了三十年的开路先锋，养活了几百万人，造福于一方，而影响及于全国"。其实，胡适与先生差了近40岁，与先生并未谋面，但那方敬意却跃然笔端。

说起来，张謇应该是胡适父辈的一代人。胡适父亲胡传与张謇，我不知道他们是否有过交集，但在那个中华弱乱的时代，他们的经历却有许多相似之处。

胡传出生于1841年，张謇出生于1853年，虽然地域不同，年龄也差了12岁，但他们成长的时代正是中国面临三千年未有之大变局的时代。他们少时读书聪慧，很早有秀才之名，只是后来应试之路曲折（不像胡适那样有36个博士学位），才投入军营做幕僚，都在幕僚任上展示才华得赏识。胡传连考四届未中，40岁时赴东北宁古塔投奔督办珲春军务的吴大澂做幕僚，以"朴勤耐苦"得吴欣赏。在苦寒的东北，胡传写下了《东三省海防札记》，为维护东北边疆提出了切实可行之措。1886年吴南下任广东巡抚，委任胡传"勘琼州黎峒"，只身赴海南岛治黎。1888年，吴大澂调河道总督，胡传又帮办河工。1891年，胡传累积功名奉调台湾，1893年任"台东直隶州知州"。而张謇16岁到27岁之间，每两年赴江宁参加一次乡试，五次而未中。1876年在孙云锦介绍下投奔淮军"庆字营"统领吴长庆做幕僚，也就在这里，张謇结识了袁世凯，两人作为吴长庆一文一武的幕僚参与了庆军所有重要决策和军事行动。1882年，朝鲜发生"壬午兵变"，日本乘机派军舰进抵仁川。吴长庆奉命入朝平叛，张謇为吴长庆起草了《条陈朝鲜事宜疏》，并撰写了《壬午事略》《善后六策》，为治朝提出建议，得到朝廷赏识，北洋大臣李鸿章、两广总督张之洞争相礼聘，大好前程就在眼前。然而，这时的张謇走了一条与胡传不同的路，他回通州故里，再考功名。1884年，吴长庆病故，袁世凯留朝统领"庆军"成为朝鲜的"太上皇"，而张謇则于1885年终于在乡试中考中第二名举人。以后，当胡传还在为吴大澂奔走于海南，及治河工地的时候，张謇则奔波于会试之路，四考而不中，直到1894年，慈禧太后六十大寿加考"恩科"，终于中得甲等第一名状元。然而，这一年中日"甲午战争"又彻底改变了两个人的命运。胡传生前最后的官衔是"诰授通议大夫、赏戴花翎、江苏候补知府、前台湾台东直隶州知府兼统领镇海后军各营屯",他应该是清代台东最后一任县长了。在台东,他奖励农桑,教育少数民族,整顿军务。他的《台湾日记与禀启》里,记录了他在台东的努力,从中能看出一个有远见的知识分子对时局的看法及改善施政的措施,但这些都因甲午战败而永远无法实现了。清廷割让台湾后,胡传整军备战,将牙牙学语的胡适及妻子托人带往大陆故里,台东成为坚持抗日最久的地区。有人说胡传战死沙场身首异处,有人说胡传奉旨内渡病死厦门。而张謇目睹清廷腐朽、国家衰败,重思官场科考,他在日记中写道:"马关约成,国势日蹙,和忧窃叹,以为政府不足责,非人民有知识,必不足以自强。知识之本,基于教育。然非先兴实业,则教育无所资以手。"之后毅然辞去官职,返回家乡办实业。

以状元之身办实业,在当时不是一件容易的事。张謇克服了重重困难,把家乡南通建成了远近闻名的"模范县"。然而,张謇办实业不是为了个人发财。办实业是为了办教育,办教育是为了强国家。张謇没有囿于南通,为了国家的统一,他奔走于大江南北,运用他的影响力推动了立宪,催生了共和。他曾经是"保皇派",因为他反对慈禧专权。他又是中国"立宪之父",因为他看到无宪就无以强国。他推动南北议和,起草了清帝退位诏书,因为他不愿国家陷入战火之中。但他万变不离其宗,就是要维护国家的大一统。为了国家大一统,需要强力政府,建立强力政府需要宪政和共和。只是,胡传和张謇的时代是中国历史上最黑暗的时代。张謇至死看到的只是军阀混战、国家破碎。

去年到台湾,我去看了胡适纪念馆,瞻仰了胡适墓地,我到台东,看到火车站前的铁花村已是一个文创园,一条铁花路我走了一个来回(铁花是胡传的字),仿佛听到胡传的气息。胡传战死时胡适才4岁,据说，胡传就是在台东的军营里为胡适开笔识字的。这父子俩都把人生最辉煌的岁月奉献给了台湾。只是，胡传至死没有保住台湾，胡适则因为两岸分裂而有家不能回。我想，这大概是他们人生中最大的缺憾了吧！

我一直在想，台东虽然有铁花路，但在"去中国化"教育下，台湾还有多少人知道胡传，知道胡家两代人为台湾作出的贡献？我的老乡张謇，台湾更没有人知道了。但是，强国梦一直是中国几代人的梦想，中国人的这个梦里也当然地包含着台湾。张謇当年在南通规划的"一城三镇"早已连成一片，南通已成为一个向万亿 GDP 冲刺的现代化城市了，而张謇对国家大一统的梦想也就差台湾这一块拼图了。

台湾，中国梦是从胡传、张謇他们那一代就开始的，我们的先辈为此抛头颅洒热血，谁能阻挡得了历史车轮滚滚向前呢！

2020 年 1 月 29 日

两岸统一才是对甲午海战的最好祭奠
——写在《马关条约》签订 125 周年之际

在北京的军事博物馆里，陈列着一个大铁锚，它是当年北洋水师"镇远"舰的装备。1894 年 9 月 17 日，中日甲午海战中，"镇远"舰紧跟北洋水师旗舰"定远"舰，与日本舰队血战。激战中，"镇远"舰 305 毫米巨炮命中日军旗舰"松岛"号，引起大爆炸，舰上日军死伤近百人。甲午一役，北洋水师虽败，但两艘铁甲舰"定远""镇远"犹存，战斗力仍在。不幸的是，"镇远"于 12 日 18 日在刘公岛触礁搁浅失去战斗力，及至在两个月后的威海保卫战中被日军俘获。编入日本海军联合舰队的"镇远"参加了 1904 年的日俄战争，至第一次世界大战前才退役。

然而，让中国人倍感耻辱的是，日本将"镇远"舰的铁锚放到东京上野公园等处展示，直到第二次世界大战日本战败，作为战胜国的中国才将上野的这只铁锚运回国内，后来陈列于军事博物馆，警示后人。

1895 年 2 月的威海保卫战是 1894 年甲午海战的延续。甲午一役，中国失掉的何止是北洋水师？1895 年 4 月 17 日，北洋大臣李鸿章忍着脸上的枪伤，用颤抖的手在《马关条约》上签字，将中国最大的岛屿，中国台湾省割让给了日本，台湾从此成为日本的殖民地，也埋下了今天

"台独"的种子。

1895年5月29日，在北白川宫能久亲王的指挥下，日军近卫师团在台北澳底登陆，开启了征服台湾的征程。出乎日本意料，日军在这个大清被迫放弃的岛屿上，遭到了甲午海战以来最坚决激烈的抵抗，全台苦战的日军不得不节节增兵。10月11日，日军乃木希典中将率1万余人在台湾南部屏东枋寮登陆。登陆后的日军随即进攻固守萧家堡的客家义军，著名的步月楼战斗就发生在这里。

屏东是一个值得中国人纪念和研究的地方。日本殖民台湾50年，先后共19位总督，其中前6位、后3位都是军人。第三任就是这位在屏东登陆镇压了客家义军的乃木希典。这个乃木希典也是甲午战争中"旅顺大屠杀"的元凶，他后来又指挥了1904年的日俄战争，在大陆及台湾杀人如麻。乃木希典在台湾总督任上只有一年四个月，远不如另一位在屏东屠杀当地少数民族起家的佐久间左马太。佐久间左马太是台湾的第五任总督，从1906年至1915年在任共九年一个月，是任职时间最长的总督。这个佐久间左马太，是屏东历史决不能遗忘的人。1874年，日本借口琉球渔民在台湾被杀，在西乡从道的率领下出兵台湾，这就是历史上的"牡丹社事件"。日军在屏东社寮登陆后，当地少数民族据石门天险抵抗。当时还只是大尉的佐久间左马太攀登悬崖偷袭，刀劈牡丹社头领父子，被誉为"生番克星"。而日本殖民台湾的第一任总督桦山资纪也与屏东有关，他在"牡丹社事件"前即到屏东一带刺探情报，了解台湾社情，为日本侵台做准备。"牡丹社事件"是日本"明治维新"后的第一次对外用兵，也是近代日本第一次侵略中国。这场战争虽草草收场，但日本通过这场战争培养了人才，开始建设海军，增长了对外侵略的野心。佐久间左马太就是从这场战斗中走出来的代表。他走马上任总督后，制定了两个"五年理番"计划，对台湾少数民族进行了残酷的镇压，1915年对花莲太鲁阁族的灭族屠杀就是他亲自指挥的。

吊诡的是，与日本殖民者有着血仇的屏东人，现在却是台湾最亲日的人群。在屏东有专门祭祀日本军官的庙宇，是最早修复日本神社的地方，唯一一个有资格主持神社祭的台湾人也在屏东。2016年民进党重新执政后，屏东县文化局把"澄清海宇还我河山"碑的文字凿掉。这座碑原来是纪念制造"牡丹社事件"的西乡从道的，民进党的屏东县文化局想要恢复原貌，只是原文字"西乡都督纪念碑"早已不复存在。

这样的屏东，不能不说是日本当年开展"皇民化"运动对台湾造成的深远影响。

日本占领台湾后，即开始推行殖民教育，到1936年更是开展了消灭中国文化的"皇民化"运动。"皇民化"就是把日本文化的基因植入台湾人的心灵之中，把中国台湾人彻底改造成"台湾日本人"。千万不要小看了这个文化运动，可以说它就是现在台湾岛内的"台独"源头，"皇民"基因已成为"台独"基因的母体，台湾的"台独"分子多数都有"皇民"血统。就看屏东，台湾地区领导人蔡英文祖籍屏东枫港，台湾行政部门负责人苏贞昌祖籍屏东，他们都是不折不扣的"皇民"分子。"皇民"知道改造文化基因的根本性作用，都不遗余力地推动"文化脱中"，用"台独"基因替换台湾青年人的"中华"基因，看看岛内现在的"反大陆"氛围，不能不说，"台独"分子的图谋正在见效。这几天，由岛内"台独"分子发起的"华航改名"及所谓的"护照"修改注记，就受到岛内一边倒的欢呼。

在日本本州岛南部的冈山福田一个叫海神社的神台的顶部，放置着一具刻有"不动尊"梵文印记的铁锚。这是当年"镇远"舰的另一个铁锚，在它的脊部还可以辨认出当年德国伏尔铿船厂的铭文和六角星形厂标，身上还残留着当年被炮弹命中的凹痕。轻轻抚一下锚环，仿佛能听到当年海战的炮声。这样的"甲午遗物"在日本还有多件。在《马关条约》已经过去125年的今天，我们已能坦然面对这些"甲午遗物"了。然而，台湾这颗尚未回归祖国的"甲午遗珠"，还深深地刺痛着国人的心，岛内由"皇民"演化而来的"台独"倾向更是中国人心头的"甲午遗恨"。"甲午遗恨"不除，"甲午遗珠"难回。

125年前，由于王朝的腐败，祖国被迫割舍了台湾。125年来，就像"定远"舰的遗骸没有被海沙掩埋一样，那些战死于大东沟海面、刘公岛海面的北洋遗魂，那些战死于彰化台南的黑旗军将士，那些战死于步月楼的客家义军，他们在呐喊呀，因为，他们为之牺牲的，就是大清的一统河山。

拿什么告慰这些"甲午怨魂"？唯有两岸统一，才是对他们最好的祭奠！

这一天还远吗？

2020年4月16日

瞻仰台北"梅庭",先生问我——几时收复山河?

那次到台北北投,顺着溪边小道,来到了梅庭。朋友说这里是于右任先生当年的避暑之所。台北乃盆地,夏天闷热,而北投位于阳明山上,冬有温泉疗养,夏能避暑纳凉,这栋日据时代的小楼便成了先生的另一个居所。

大陆的许多人,了解先生都是从那首《望大陆》的诗开始的。那近乎悲鸣的"葬我于高山之上兮",拨动了两岸无数人的心弦。

顺着先生遥望故土的目光,我们知道了先生原来是一个多么伟大的人物。先生是一个坚定的革命者,早期加入孙中山先生的同盟会,誓死推翻腐朽的满清政权。先生是一个伟大的教育家,参加创办过中国公学、上海大学。先生是中国新闻工作先驱,有"一支笔抵十万毛瑟枪"之誉。先生是一个有着盛名的书法家——中国"三百年来一草圣"。先生是一个诗人,《望大陆》便是其巅峰之作。透过这些,我们发现先生更是一个伟大的爱国者,你的一生都在为国家统一、光复祖国山河而奋斗。

1928年9月,于右任去苏州木渎看望友人,顺道灵岩山谒韩世忠墓。先生写诗一首:"木渎蕲王万字碑,功名盖世复何为。江南苦念家山破，我亦关西老健儿。"《宋史·韩世忠传》载，"韩世忠，字良臣，延安人。风骨伟岸，目瞬如电"。许多人了解韩世忠，大概都是因为他率水兵八千在镇江黄天荡大败完颜宗弼10万人马，打了南宋抗金战争中难得的大胜仗。韩世忠去世后，被封"蕲王"。我想，当年站在韩世忠墓前的于右任，看着这位当年誓死北伐光复国土的老乡（于右任为陕西三原人），想到国家内有军阀割据，外有列强环伺，一时豪气勃发，"我亦关西老健儿"，能像你"蕲王"一样上战场呀。是的，先生虽一介书生，指挥千军万马的豪气也从来没缺过。1918年1月，张义安等在陕西三原起义，推于右任为靖国军总司令，与南方孙中山先生领导的护法之师遥相呼应。靖国军孤立渭北，与北洋军阀苦斗了4年。

1941年，于右任瞻仰成吉思汗陵，作《越调·天净沙》："兴隆山上高歌，曾瞻无敌金戈，遗诏焚香读过。大王问我，几时收复山河？"其时，抗日战争正进入相持阶段，日寇占领了我大半国土。站在陵前，于右任仿佛听到成吉思汗在问：你们什么时候能赶走强盗收复国土？其实，这何止于成吉思汗之问，更是先生内心的呐喊啊，我们这代人必须收复家国山河！

中国人民终于赶走了日本侵略者，光复了台湾。然而，1949年蒋介石败退台湾，于右任先生也被困孤岛。1962年，先生作《望大陆》。这首泣血之作，既抒发了先生的思乡之情，更是对两岸不能统一的焦虑。两岸分离，先生终不得落叶归根，逝后葬于新北观音山上，面朝西北，远方是他魂牵梦绕的故土。

先生去世50多年了，遗憾的是先生期盼的两岸统一还没有到来。现在，与先生一起到台湾的那代人日渐凋零了，他们被称为"外省人"。台湾的很多人都想在海峡造一垛墙，隔开大陆过自己的小日子。他们常常对剩下的主张统一的"外省人"说：滚回中国去！可笑的是，这些所谓的"本省人",他们的祖宗哪个不是从中国福建省、广东省去到当年的中国福建省台湾府的,他们身上流着咱中国人的血呀。

更可笑的是,前几天台湾地区领导人蔡英文发表就职演说,竟然把先生与孙中山一起创立的共和,缩短成了70年历史了,"台独"借壳上市之心昭然若揭。

可以告慰先生的是,你朝思暮想的大陆已经崛起,两岸统一是大陆14亿人民的坚定意志,收拾山河已是我们这代人义不容辞的责任,维护祖国统一,我们都是"关西老健儿"。

2020年5月23日

台湾人民，要站在历史正确的一边
——写在《反分裂国家法》颁布15周年

南京是一个有着厚重文化底蕴的城市，徜徉于南京的各处名胜古迹，虎踞龙盘的金陵王气扑面而来。然而，当你深深地体会南京的历史，总觉得南京的文化底色有一股淡淡的忧伤。六朝古都还是十朝都会，它们给南京的历史浓浓作色，但是，它们的短暂、悲壮、懦弱，也让石头城浸泡在历史的眼泪里。

给南京的历史洒上最多眼泪的，大概是南唐后主李煜了。"问君能有几多愁，恰似一江春水向东流"，李煜把词送上了巅峰。但是，综观李煜的词，他描述的最通透最摄人心魂的就是一个"愁"字。李煜是南唐小朝廷的第三代君王，他排行第六，接班原本也没有他什么事儿。无奈造化弄人，前面几个哥哥早夭，君王之位就这么落到他这个喜欢舞文弄墨的人头上了。然而，李煜接班之时，中国历史正处于转向的风口上。李煜于公元961年6月即位，这个时候北方中原一统天下的雄主已经崛起，中国又开启了统一的历史窗口，从唐末以来割据称雄的五代十国即将走入历史。偏据一隅的割据势力都面临着历史的抉择，是顺应历史保境安民，还是贪图王位城破人亡？一念之间事关千万人头。

李煜当然感受到了历史风口的到来，他给大宋上表称臣，但却放不下这个小朝廷。遂采用陈乔、张洎之策，坚壁清野，固守城池，表面上臣服，暗中缮甲募兵，积极备战。大宋开宝七年（974）5月，大宋皇帝赵匡胤下令在荆湖建造战船，9月发兵10万，分三路进攻南唐，至开宝八年（975）正月，大宋军队进逼江宁城下。南唐不愧是南方十国中国力最强的小朝廷，一直坚守至12月城破。南唐抵抗了一年多，从军事上讲比南京历史上的东吴孙晧、南陈陈叔宝要体面多了。然而，这一年的抵抗是以数十万南唐军民的脑袋为代价的。这位信佛写词作画的后主不应该后悔吗？

在攻进南唐的队伍中，还有一支吴越国的军队。作为配合大宋灭南唐的东路军，吴越国王钱弘俶一路攻占常州、润洲（今镇江）。也许，金陵城下的血淋淋的人头让一生恤民的钱弘俶对历史大势有了更深的思考。

吴越国都城临安（今杭州），据有浙江、上海、江苏东南部及福建东北部。钱家三代五王，把吴越之地治理得井井有条，特别是钱弘俶，筑海塘、修水利、轻徭役，深受人民爱戴。然而，从开国之王钱镠开始就知道，吴越居江南一隅，虽是富裕之地，但无统一之力，嘱咐子孙要奉中原为正朔。面对志于统一的大宋，钱弘俶毅然于太平兴国三年（978）5月，上表将据有的十三州、一军、八十六县归于大宋，史称"纳土归宋"。至此，宋朝终于和平地拼上了江南的最后一块版图。

今天，当我们漫步杭州西湖，遥望尖尖的保俶塔，杭州城内吴越国遗韵仍在。也许，今天的杭州人应该感谢钱弘俶，正是他放弃了自家小朝廷，才避免了百姓的生灵涂炭，保全了杭州人的祖先。"纳土归宋"，少了以弱抗强的壮烈，却有了百姓的安居乐业，那一代的吴越国人是幸运的。

历史从来都是后人的镜子。今天的两岸关系也正处在历史转折的风口上,当中华民族伟大复兴的目标越来越近的时候,统一也成为历史的必然,台湾要走一条什么样的路,是每个台湾人都必须认真思考的问题。

民进党当局全面执政以来,一方面积极充当美国遏制大陆的棋子,妄图在中美竞争中"倚美谋独"。另一方面在岛内贩卖"芒果干",通过煽动民粹掀起"反中"浪潮,"反中去中"成为岛内政治正确。特别是今年以来,民进党当局"以疫谋独",妄图加入世卫组织,参加世卫大会,妄言"修宪",修改"两岸人民关系条例"中"国家统一"的表述,"台独"表演狂妄至极。

今年是《反分裂国家法》实施15周年,大陆召开高规格座谈会,就是要警告民进党当局不要误判形势,坚持"台独"是死路一条。现在,民进党当局有两个误判,一个是中美走向竞争,美国将支持台湾"独立",在美国的压力下,大陆会吞下"台独"这个苦果。第二个是大陆追求和平统一,不会对台湾动武。只要认真地看一遍《反分裂国家法》,就知道这些判断是多么地幼稚。

其实,民进党当局不遗余力地搞"台独"并不意外。民进党的党纲就是"台独"党纲,对民进党来说,"台独"才能使利益最大化。然而,对台湾民众来讲,为了"台独"打一场注定失败的战争,是你们需要的吗?

台湾已经来到了一个历史的十字路口,往左还是往右,不能由善于煽动民粹的民进党来决定,因为那关系到台湾人民的切身利益。台湾各种政治人物各色政治势力,也要为台湾2300万人的幸福生活想一想,不要把个人的私利、小团体的私利凌驾于人民利益之上。也许,钱弘俶似的政治家更加名垂史册!

2020年5月30日

台北城门往事

12月18日,台北马拉松在台北市政府门前鸣枪。来自上海的89名市民连同其他2.5万多名跑者,沿着承恩门(北门)、丽正门(南门)、重熙门(小南门)、景福门(东门),在用脚步丈量台北的同时,也开启了一场"古城巡礼"的文化之旅。

台北四门,是台北府城的遗迹。据史料记载,清朝光绪四年(1878),清政府将原设在台中的台湾府移至台北,定名为台北府。为了加强台北建设及军事防御的需要,当时的台北知府陈星聚确定兴建台北府城。

工程于光绪五年(1879)1月动工,历时三年又三个月,于光绪八年(1882)3月竣工。台北城按北方城市棋盘状的传统进行设计,城墙以石头为基础,东西各四百一十二丈,南边三百四十二丈,北边三百四十丈,周长共一千五百零六丈,城墙厚一丈一尺,高二丈,设有景福、宝成、丽正、重熙、承恩五座城门。1885年清政府提升台湾行政层级,改设行省,刘铭传为首任台湾巡抚,台北城成为台湾省会和政治、经济、文化中心。

然而,台北城墙新砖未老,台湾却已沦为日本殖民地。1895年,随着清朝甲午战败，台湾被迫割让给日本侵略者。1895年5月29日，日本北白川宫能久亲王的近卫师团在基隆登陆，6月7日，日军迫近承恩门下。当时，城内清军已撤退，但日军仍不敢贸然进城。北城门外有位农妇搬来竹梯，架在城墙上让日军翻墙打开城门，日军才开始入城。10天后，日本正式宣布"始政"，开启对台湾的殖民统治。

建筑，是一个城市的历史脚印。台北城门的变迁，也正是台湾历史的真实写照。北门是台北城的主门，因为面朝京城，承受皇恩，故曰"承恩门"。北门外有接官亭，新任官员由大陆搭船来台后，船泊淡水河，然后前往接官亭准备履新。承恩门体现朝廷威仪，是清朝统治台湾，台湾是中国一省的重要象征。

然而，台北城也为台湾遭受日本殖民统治而流泪。日本占领台湾后，为消除清朝印记而筹划拆除台北城。1899年成立"台北市区计划委员会"研议拆除城墙。1900年以妨碍道路为由，开始小规模拆除城墙，台北城五门中最精美华丽的西门（宝成门）正是在这时被拆毁。1901年日本殖民总督府实施"第二次市区改正计划"，因为惮于拆除西门后的民意反弹，留下了北、东、南及小南门未拆。等到了1904年，其余城墙全数拆除。

可惜的是，五城门中规模最大的大南门、通往艋舺与板桥的小南门、东边的景福门，原本都是闽式建筑的城楼，但在1965年被台湾当局以"整顿市容以符合观光需要"为由，改建成与原风貌不同的皇家建筑。

台北城的历史不长，至今也就130多年，台北城墙也仅存在了20多年。但是，它的沧桑却深深地刻在它的身上。特别是作为朝廷象征的北门——承恩门，它迎接了大大小小的清朝官吏。正因为这份荣耀，日本殖民者从北门入城的事实，使它加倍感到耻辱。面对日军入城后的屠杀,特别是殖民者在全台的杀戮,我不知道那些引日军入城的人、那个因为用竹梯帮助日军开启城门而拿了150元奖金的农妇,内心是否有过深深的悔意?一座台北府城,它记载了殖民者50年的罪恶。

我在想,以"市容观光"为名,蒋介石手捧建筑师黄宝瑜(台北故宫博物院的设计者)的设计图改建东、南及小南门的时候,是否心里想着用皇家威仪、用建筑来体现他是中华正宗及反攻大陆的决心?

那天,台北的早晨已有一丝寒意,我站在忠孝路的街沿与市民一起为跑者们加油,抬头仰望承恩门,早晨的霞光越过高楼披在它的身上。霞光中,它似乎醒了,也在为两岸的选手加油。

看着眼前的景色,我突然想起了梁启超先生的《台北故城》,"客心冷似秦时月,遥夜还临景福门"。只是能告慰先生的是,中华已崛起,任人宰割的时代已一去不复返了。

台北,你长高了、长大了。只是,有空还是回身看看你走过脚印,看看你的前世今生。

2016年12月25日

蔡英文的两岸题答错了

蔡英文执政后，拒答"九二共识"这张两岸试卷，导致两岸关系陷入僵局。2018年底，由于执政不力，民进党在"九合一"选举中惨败。为了保住政权，民进党当局进一步加快了"台独"步伐。在两岸，通过"文化去中""经济脱中"等一系列"去中国化"动作，企图割断两岸历史文化及经济连接。在岛内，通过所谓的"转型正义"灭统（派）打蓝（营），营造出"反中抗中""台独"政治正确的氛围，使国民党在"九合一"选举中的胜利成为昙花一现。在民进党内部，蔡英文通过一系列权谋运作，消弭了"急独"势力的不满和"台独金孙"赖清德的挑战。最终，高举"反中抗中"大旗的蔡英文在2020年初的地区领导人选举中高票连任，但是，两岸关系却走到了更加严峻的低谷。

蔡英文的两岸题,答错了

元月一日,蔡英文一改上任台湾地区领导人以来,都不发表元旦讲话的做法,首次发表讲话。人们以为,刚遭"九合一"选举惨败的蔡英文会顺应民意,调整各项政策,特别是阻碍两岸交流的两岸政策。然而,让两岸失望的是,这篇用了大半篇幅谈两岸的讲话,表现的却是蔡英文坚定的"台独"立场、僵硬的两岸政策和为两岸交流设障的决心。蔡英文的两岸题,绝对答错了。

去年 11 月的岛内"九合一"选举,中国国民党一举夺得 15 个县市,特别是公开宣称支持"九二共识"的韩国瑜以 15 万票的优势赢得民进党连续执政 22 年的高雄市。岛内民众不满蔡英文的两岸政策、期盼两岸交流的民意澎湃而起。然而,民进党当局在大败后的检讨竟然是民众没有跟上民进党走在正确道路上的脚步、民众没有对两岸关系投票。蔡英文的元旦讲话更是延续了这个检讨。

既然,民进党认为这次选举岛内民众没有对民进党的两岸政投票,民进党惨败也无关于两岸政策,那么蔡英文你还要用这么大篇幅讲两岸,用"四个必须"论述你的两岸立场、编"三道网"来阻挡两岸地方交流吗?是真情流露还是虚张声势?

其实，两岸关系是台湾必须优先处理的重大问题，这一点蔡英文民进党当局是非常清楚的。选后，民进党党籍的桃源、台南市长都表示希望加强两岸交流就是例证。但是，"台独"和两岸交流是一个对立的矛盾，二者只能据其一。民进党不改变"台独"立场，两岸关系当然也就不得其门而入。所以，蔡英文的这篇讲话也就有了多种意涵。

这篇讲话，首先是讲给"独派"听的。民进党惨败，岛内"独派"掀起一片"倒蔡"之声，要蔡英文放弃2020年连任的呼声四起，民进党党内最大的派系新潮流也准备弃她而去。这个时候，要保住基本盘，就必须靠近"独派"取暖。蔡英文这篇讲话，既是自身"台独"立场的本能反应，又是精于算计的回归"独派"的敲门砖。

二是讲给美国听的。这次选举中，承认"九二共识"的国民党一举夺得岛内大半县市，岛内要求民进党检讨两岸政策的声音不绝于耳。在中美关系出现重大变化的今天，美国需要民进党当局配合它打"台湾牌"，当然不希望民进党改变两岸政策。选前，美国就积极介入选举，支持民进党，选后又多方安抚，为民进党当局撑腰，就在2018年的最后一天，特朗普不顾中国强烈反对，签署《亚洲再保证倡议法》，把台湾纳入印太战略，重申美国对台安全承诺，支持定期对台军售。蔡英文当然要给主子表忠心啦。

三是讲给国民党执政的县市长听的。蔡英文明白，在她剩下的一年多执政时间里，蓝营执政县市及白色力量执政的台北市，将压迫她的两岸政策，限缩她的施政空间。这次讲话就是要夺回岛内两岸关系的话语权，防止被地方边缘化。

四是宣示两岸政策将是2020年选举的主轴。蔡英文知道要争取民进党内2020年连任提名，离不开"独派"的支持，离不开美国的加持。这样，她也失去了调整两岸政策、改善两岸关系的空间。而两岸关系不好，台湾经济民生就不可能得到根本改善。通过发展经济改善民生争取连任这条路就走不通了。剩下的只能是用"统独"操弄族群对立，用"国安""主权""尊严"来蛊惑人心。所以，在两岸关系上设障，阻止蓝营县市与大陆交流，使国民党不能从两岸关系改善中得分，才是蔡英文下一步两岸政策的真正企图。

只是，在大陆日益强大的今天，民进党当局既想当"鸵鸟"不改善两岸关系，又想虚张声势吓唬岛内民众，抢夺两岸关系话语权的图谋恐怕很难实现。奉劝民进党当局，两岸关系这道题，不能随便答，答错了，不仅要影响台湾发展，还要遗臭万年的！

2019年1月2日

在华盛顿"亲台"基金会演讲的是"陈主委"还是"陈教授"?

前几天,蔡英文当局的陆委会主委陈明通窜访美国,并在美国"亲台"的传统基金会与"台湾民主基金会"合办的"两岸关系的机遇与挑战"研讨会上发表演讲。由于之前陈发出风声会对两岸关系释出新的说法,引得海峡两岸许多为两岸局势焦虑的人士引颈向之,期盼蔡英文当局能向大陆释放善意。然而,听了陈明通的讲话,竟有这是"陈主委"还是"陈教授"在演讲的疑惑。

这篇讲话能代表蔡英文吗?

陈明通在演讲中大谈所谓的"中华民国"1949年搬迁来台,大谈蔡英文当局依所谓的"中华民国宪法""两岸人民关系条例""维持现状"的努力,这与蔡英文的一贯立场、讲话风格太不一样呀!蔡英文一直视"中华民国"为"外来政权",不屑也羞于提到这个名称。远的不说,她从前年"520"讲话开始,但凡必须讲"中华民国"的地方,都用"这个国家"代替,出访也自诩为"台湾"。她淡化纪念"国父"孙中山,更不纪念台湾光复。她任用的行政部门负责人是一个"'台独'政治工作者",她刚上任的台北故宫博物院院长,要把"台北故宫博物院台湾化",她推行的教科书改造,早把台湾与大陆的历史文化联结割断。陈明通现在这么暧昧地梳理两岸分离史,这个讲话得到过蔡英文过目批准吗?是民进党想要说的心里话或者是勉强想接受的话?综观岛内政治生态,陈明通自己都要笑话自己是在说"干话"吧,或者这只是陈教授的一点私货而已?

台湾还有"中华民国"这块遮羞布吗?

陈明通批评大陆在国际上"消融中华民国"。大陆敦促各国遵守"一个中国原则"是天经地义的事。但民进党当局,你们不正在台湾内部消解"中华民国"吗?每年的7月7日全大陆都在纪念这个全民族抗战的悲壮日子,可你们在干什么呢?今年7月7日,陈菊、赖清德在高雄参加有313位日本地方议员、135位台湾县市议员参加的"第四届台日交流高峰会",这是一个多么讽刺的会议,当年的中华民国差点儿要被日本亡国灭种,这群扯着"中华民国"当遮羞布的人,却在这个纪念日里与仇人推杯换盏,大谈台日情谊。新任行政部门新闻发言人竟是一个舍中文姓名不用,坚持用日本殖民时代带羞辱性的日本姓氏的人,这个所谓的"民意代表"曾恶狠狠地删光纪念"台湾光复"预算,她对"中华民国"是多么仇恨。再看看蔡英文上台以来岛内发生的一系列"去中国化"的行为,用"转型正义"追杀国民党这个"外来政权"的行为,民进党对"中华民国"还有半点尊重吗?或者,它只是用在国际上装可怜、在两岸避免大陆打击的挡箭牌。

对大陆有"善意"吗?

岛内有媒体自以为智商高,要大陆体会陈明通演讲中的善意。通篇看下来,这个,还真没有。这篇演讲,除了满嘴"干话"以外,就是对大陆的无知和攻击。他攻击大陆坚持的适合中国国情的社会制度,攻击大陆得到广大人民拥护的意识形态,甚至连大陆广大人民群众的爱国主义热情,在陈明通嘴里也变成了是"对西方所主导的国际权力结构不满的巨大能量",他污蔑大陆"扩张制度控制,改变全球秩序的企图",自诩"台湾正为此提供了缓冲的屏障",这哪里还有半点善意,简直就是宣誓台湾正为国际社会站在对抗大陆的前沿战场上。这倒是与蔡英文上个月接受法新社采访时,呼吁国际社会遏制大陆,遥相呼应了。其实,要说善意,还是请陈明通学一学前几天习近平会见连战时的讲话,习近平说:"我们完全理解台湾同胞的特殊心态,充分尊重台湾同胞现有的社会制度和生活方式。同样,大陆同胞历经长期努力、不懈奋斗,走上了中国特色社会主义道路,取得了举世瞩目的巨大成就,也值得台湾同胞尊重。"这才是由己及人的换位思考,是善意。民进党当局,你们还真要学习。

其实,我们理解陈明通主委的难处,7月16日,蔡英文还在民进党全代上宣称"在中国压力之下,我们一步都没有退让",这么个调子下,隔天陈主委能对大陆表达出什么"善意"呢?只能用些"干话",把蔡英文民进党立场作个包装而已。

我们更理解陈明通主委这篇演讲是说给美国人听的,讲所谓的"中华民国",讲"维持现状",只是要把冰冷的两岸关系的责任推给大陆,这是在告"洋状"而已。攻击大陆的制度、意识形态,只是想挑拨中美关系,把台湾绑在遏制大陆战车上的"投名状"而已,或者还有为蔡英文即将过境美国打个前站的任务。

我们也当然地知道陈明通主委及民进党当局想要什么。陈明通扯起已经被民进党撕碎的"中华民国"外衣,为蔡英文"不在压力下屈服"背书,是因为两岸关系已成为民进党当局继续执政的致命软肋,没有良好的两岸关系,就没有台湾的"国际空间",岛内经济也很难有起色。陈明通对改善两岸关系的呼吁,目的就是"要台独,也要和平"。呵呵!

所以,陈明通是在完成一件无法达成的使命,"陈主委"用一点

"陈教授"的话,也就一点也不奇怪了。

两岸关系怎么走,习近平会见连战时的"四个坚定不移"已讲得非常清楚,民进党真想要改善两岸关系,不用派人绕道美国去,承认"九二共识",说清楚两岸关系性质,也就迎刃而解了。

2018年7月23日

台湾不是"金丝雀","台独"才是毒瓦斯

因推行"东京奥运正名公投",台中市被东亚奥协取消了"东亚青年运动会"的承办权,台湾地区领导人蔡英文在推特发文号召"全世界团结应对中国崛起",并称台湾现在是"煤矿坑里的金丝雀"。

早年西方的煤矿工人常携带金丝雀下井,因为金丝雀对瓦斯特别敏感,一见金丝雀无声或死亡,矿工必须立即逃命。蔡英文用这个楚楚可怜的比喻来象征台湾正遭到来自大陆的各种打压,而台湾的遭遇正在为中国"威胁"世界示警。

用金丝雀来比喻台湾,蔡英文还真会"文青"。然而,联系近来发生在台湾的各种怪事,台湾倒更像一只"惊弓之鸟"。

7月18日,陆委会主委陈明通在华盛顿发表演讲。在这篇被台湾反复推荐说是向大陆发出善意的讲话中,陈一再攻击"大陆内部正蓄积一股对西方所主导的国际权力结构不满的巨大能量,国际社会因此开始担忧其发展意图及战略动向","同时注意到大陆扩张制度控制,改变全球秩序的企图","台湾正为此提供了缓冲的屏障"。这些不实言论倒是与蔡英文的这篇推文遥相呼应,有异曲同工之妙,"缓冲的屏障"与"金丝雀"也语义相近吧。在蔡英文、陈明通嘴里,台湾还真是有种"我不

下地狱谁下地狱"的"金丝雀"的味道了。

然而,陈明通的讲话余音未了,蔡英文的外事部门负责人吴钊燮7月24日接受美国有线电视新闻网(CNN)独家专访。专访中吴钊燮声称如果没有美国在军事上的支持,台湾是容易被大陆武力占领的。他可怜兮兮地说,"中国看到台湾脆弱,没有得到美国支持,他们就会考虑展开行动方案,在那个方案中他们将能占领台湾","正努力与美国进行安全合作,防止中国以为能一夜之间占领台湾"。这里我们看到了民进党当局的奴颜婢膝,看到了民进党当局"倚美抗陆"的媚态,看到了民进党当局惧怕大陆打击的"惊弓之鸟"的丑态。

然而,让台湾变成"惊弓之鸟"的,却正是民进党自己,特别是岛内的"台独"分子。

就拿这次台中市被取消"东亚青年运动会"承办权来说,就是岛内"台独"分子借体育为"台独"服务,妄图以"东京奥运正名公投"行"台独"之实造成的。在国际奥委会明确不会接受更名,台湾当局的体育、教育部门也在质询时指出行不通的时候,民进党当局的"中选会",却用最快的速度放行"东京奥运正名公投"进入第二阶段连署。这个严重冲击国际奥运体制,冲撞大陆反"台独"底线的恶劣行径,大陆现在不出手制止,难道还要等到"公投"过关,"台独"们去冲击奥运会吗?所以,剥夺台中市承办权的是"台独"分子,剥夺东亚青年运动员参赛权的是"台独"分子。

蔡英文上台以来,拒做"九二共识"答卷,对内对外执行了一系列助推"台独"分裂行径的政策措施,与"台独"分子时而互为一体,时而交替呼应,时而被裹挟前行,"台独"已成为两岸关系中一颗随时可能引爆的炸弹,也是蔡英文执政的"最大尾"。蔡英文如果继续纵容"台独"分子,企图用李登辉、辜宽敏、郭倍宏、赖清德之流来掩护

"渐进台独"路线,那也只能在对抗大陆的道路上越走越远,成为急进"台独"的同路人,成为祸害台湾人民的祸水。

台湾不是金丝雀,那只是蔡英文们向所谓"志同道合"的"理念相近国家"撒娇,是向大陆栽赃,是向美国乞怜,这种矫情不会有效果。在"一个中国"原则越来越被国际接受成为共识的今天,大陆像世界上的所有国家一样打击分裂势力,是一种无可非议的正当行为,倒是"台独"已经成为窒息台湾的"毒瓦斯",台湾人民应该作出正确的选择了。

2018 年 7 月 30 日

"爱台湾",不是绑架台湾青年人的理由

前几天在台北,朋友对我说:"你们怎么又制造了一个周子瑜,让民进党炒作呀?"

朋友说的,是正在大陆上演的《西红柿首富》女主角宋芸桦。这个"90后"台湾影星,在大陆爆红后,被网民挖出前几年曾说过"最爱的国家是台湾",号召抵制。宋由此在脸书发表声明,表示台湾是自己的家乡,大陆是自己的祖国,希望消除误解。

然而,宋的声明却在台湾炸了锅,特别是民进党当局,从行政部门到陆委会、从政府机关到绿色"台独"媒体,齐声控诉大陆打压,特别是台湾地区领导人蔡英文更是在民进党台北市长候选人造势大会上大声喊:"我们最爱的国家是台湾。"

最近一段时间,世界各国主要航空公司按大陆要求给台湾改了名,因顶风举办"东京奥运正名",台中市被拔了明年东亚青运会承办权,原认为会向民进党一边倒的"九合一"选举因执政太烂存在变数,蔡英文的民调一路向下直奔谷底。宋芸桦,仿佛是从天而降一盆及时雨,民进党当局当然想借此悲情攻击大陆,激发民众仇陆心态,为自己的两岸政策辩护,为选举造势。

然而，让民进党当局失望的是，这次虽然喊破了嗓子，但并未达到预想的效果，更没有出现前年选地区领导人时，"周子瑜事件"对绿营的推助效果。

这是因为近年来，民进党操纵民粹的做法使大陆网民变得更成熟了。2014年"太阳花"学运事件后，台湾社会的"反中抗陆"情绪，使大陆人民对台湾社会失望，对那些赚大陆钱、要大陆市场，而又主张或者支持"台独"的人深恶痛绝。这种爱国热情既震慑了"台独"，也被岛内"台独"势力利用。"周子瑜事件"就是被岛内有心人士操纵的典型事例。经过"周子瑜事件"以后，大陆民众也看透了岛内民粹政治的实质，对"台独"也有了本质的区分，对民进党运用"爱台湾"来绑架台湾人民更有了深刻的认识。当宋芸桦所谓支持"台独"的言论被揭出后，网民理性的声音也迅速出现，大陆网民更没有随岛内的各种嚣声而起舞。

是的，"爱台湾"是每一个台湾人都应该有的朴素情感，就像我们每个人都热爱自己的家乡一样。这次在台湾接触了多位回乡创业的年轻人。他们有的接过祖辈从大陆带去的传统文化成为灯笼店掌门人，用各式灯笼宣传着中华文化。他们有的走进大山重新激活父辈的茶园，让荒野又荡漾起新的希望。他们有的编撰起家乡的故事，让父辈的街道重新唤起人们往昔的回忆。他们写作家乡的故事，行销家乡的食材，点亮一幢幢老房子。这些热爱家乡的年轻人当然值得我们尊重。

但是，爱家乡，爱台湾，就一定是"台独"吗？交流中，这些年青人不时从嘴里说出"你们中国""我们台湾"之类的语言，初听甚是刺耳，但你看他们真诚的态度，甚至意识到说错时的羞赧，你就觉得他们其实并没有敌意，更多的只是一种下意识而已。这些年轻人，他们出生时，李登辉、陈水扁之流已经篡改了台湾的历史教科书，当局教给他们的就是"对岸是中国""台湾是一个国家",他们没有两岸交流的经历,甚至是政治上的"白目",要他们认清两岸的关系,还有一个过程,如果我们把他们当作"天然独"而与"台独"分子一样坚决打击,无疑正中民进党当局的下怀,既让民进党有了炒作大陆打压的题材,又把台湾的年青人推向"台独"一边,用"爱台湾"把年轻人牢牢地套在"台独"的战车上。

所以,台湾年青人的"天然独"是"台独"历史教科书教出来的,是少数"台独"分子营造的"政治正确"熏陶出来的,甚至,是"台独"们高喊"爱台湾"绑架而来的。而化解"天然独"的唯一方法,就是在坚决打击"台独"分子的同时,让两岸青年人交流起来,让广大的台湾青年都到大陆来看看,让他们共享大陆的发展机遇,让他们在大陆求学就业创业,让他们把"爱台湾"的故事与"爱中国"的故事联结起来,让他们在中华文化中找到台湾故事的源头,这是大陆的责任,是我们必须要有的历史担当。看民进党当局那么刻意地阻挡两岸交流特别是青年交流,就是因为,交流就会戳破"爱台湾"就是"要台独"的骗局。

2018年8月8日

不去"黄昭堂公园"的蔡英文是要与"急独"切割吗?

1970年4月24日,正在美国访问的蒋经国步入纽约广场大酒店参加午餐会时,台湾青年黄文雄突然从风衣内抽出手枪射击,美方便衣警察沙德一个箭步上前,托起黄文雄举枪的手臂,子弹掠过蒋经国的耳朵射向了旋转门。经这起暗杀事件,蒋经国取消了后面的访日计划,躲过了"台独"组织在日本策划的另一起暗杀。

这两起暗杀,并不是偶然事件,它的背景是1960年代兴起的"台独"运动。1958年,出身台南的黄昭堂赴日留学。1960年2月,他纠集部分台湾留学生成立"台湾青年社",开始了他的"台独"生涯。1963年5月,"台湾青年社"改组为"台湾青年会",黄任委员长。1965年"台湾青年会"改称"台湾青年独立联盟",辜宽敏任委员长。1970年,由日本"台湾青年独立联盟"、"全美台湾独立联盟"、加拿大"台湾人权委员会"、"欧洲台湾独立联盟"共同组建"台湾独立联盟",黄昭堂任总本部中央委员。"刺蒋案"就是在这种海外"台独"运动大背景下发生的。而黄昭堂正是"台独"运动的发起者、组织者,黄的一生都在从事"台独"活动,被誉为"台独教父"。如何对待这位被岛内"独"派捧为"神"一样的人物,当然具有象征意义。

今年 9 月 21 日，"黄昭堂纪念公园"在台南开园。出乎意料的是，原先媒体曝料蔡英文、赖清德、陈菊将出席开园仪式，但现场仅陈菊到场，蔡英文、赖清德都没有出席，民进党党内的其他高官也都回避了开园仪式。这个议式成了"独派"们的聚会。

其实，从民进党现在的处境讲，蔡英文对这个凸显"台独"的仪式选择低调，甚至有些得罪"急独"团体，并不奇怪。

黄昭堂当然是蔡英文内心敬仰的"独派大佬"。自黄 2011 年去世后，蔡就表示"很怀念黄昭堂"，"之前有事情都可以去问他，他会给一个答案"。蔡英文本是一个有坚定信念的"台独"分子，与各路"台独"是同路人。然而，在何时、用何种方式达成"台独"目标这个问题上，蔡英文作为执政者，必须比其他人作更多的盘算。

2016 年，蔡英文利用岛内对国民党执政的不满，在两岸关系上用"维持现状"的模糊语言，赢得选举。岛内"独派"当然是蔡英文选举的基本盘。但是，蔡英文与各路"独派"，特别是"台独基本教义派"的蜜月期很快过去，连与蔡英文情同父女的李登辉都对蔡英文不满。这些"独派"大佬们认为，现在民进党完全执政，在岛内完成诸如"正名公投"是顺理成章的事。在国际上美国空前支持台湾，在台湾的游说下，相继出台多个"亲台"议案。在两岸，大陆力量虽然强大，但与美国还有差距，在美国遏制大陆的情况下，大陆攻台，美国必会来救。在"台独基本教义派"眼里，现在就是"台独"的战略机遇期。在这么好的形势下，蔡英文竟然只敢做"去中国化"的"柔性缓独"动作，当然不能满足"基本教义派"的胃口了。

但是，蔡英文的感受就跟"基本教义派"大不一样了。由于拒做"九二共识"答卷，大陆游客人数直线下降，岛内相关行业哀声一片。两年连丢五个"邦交国"。特别是大陆 31 条惠台利民政策措施颁布，青年人中形成西进潮。大陆对"台独"的警惕更是火眼金睛,"东京奥运正名公投"尚在联署,大陆就运用影响力取消了台中"东亚青年运动会"的承办权,警告民进党当局,任何触碰底线的行为,必将受到坚决打击。美国是"台独"最大的心理支撑,"台独"的任何动作都必须看美国的眼色。特朗普虽然给予台湾很多以前没有得到过的东西,但蔡英文更知道美国永远以自身利益为第一,最近,"美国在台协会"(AIT)主席莫健公开说美国航母停靠高雄不是一个好主意,美国国防部拒绝派陆战队进驻AIT台北办事处新址,就是明确告诉台湾,在两岸关系上,美国还不想突破中国的底线,维持现状符合美国利益。所以,蔡英文当然不能随"基本教义派"起舞。集合了李登辉、辜宽敏、吕秀莲等岛内知名"独派"大佬的"喜乐岛联盟",计划10月20日号召10万人上凯达格兰大道游行,为"正名公投"造势,民进党中常会无异议通过禁止民进党及公职人员参加。蔡英文知道,执政两年多来,执政满意度越来越低,大陆打压的悲情牌越来越不管用,在选举即将到来之际,当然不能让两岸关系彻底触礁翻船,更不能变成美国眼里的"两岸麻烦制造者"。所以,离"基本教义派"们远一点,成为当然的选择。

当然,蔡英文也知道,由于执政不佳,特别是最近的南部水灾、促转会"东厂说"等都重挫民进党形象,年底选举又关系到自己2020年的连任之路,在满意度越来越低的时候,牢牢抓住"绿营"基本盘是唯一选择。所以,蔡英文虽然内心怨恨"基本教义派"不谙时势打乱自己部署,但也不能与这些大佬们切割,特别是"喜乐岛联盟"召集人郭倍宏,更有挑战"大位"之志,必须小心应对。

一场开园仪式,映出岛内各路"独派"、各色政客的嘴脸,映出蔡英文既要"深绿"基本盘取暖,又竭力避免被"急进台独"挟持的惶恐。"基本教义派"本想利用开园仪式向蔡英文逼宫,没有想到蔡英文竟然用不参加以示区隔。开园仪式本也是"绿营"年底选举的一次动员,蔡英文用不参加向大陆表明自己不打算走"急独"路线。也再次证明,没有"九二共识",岛内政治就没有出路。"急独"也好,柔性"台独"也好,"台独"之路绝对走不通。

2018年9月22日

越跳越欢的陈水扁，是为自己在"台独"史上的卡位

曾经悲哀地说"'台独'做不到就是做不到"的台湾地区前领导人陈水扁，最近"独"焰大炽。继接受日本媒体产经新闻"专访"鼓吹"独立公投"后，9月30上午在"2018世界台湾同乡会联合会第45届年会"上发表录影贺词，其中两次高喊"台湾中国，一边一国"。这陈水扁虽然是"保外就医"的有罪之身，但是，接受"专访"，担任民进党籍台北市长候选人姚文智的竞选最高顾问，为自己儿子竞选造势，台湾南北"趴趴走"，哪里还把监管他的台中监狱放在眼里？

陈水扁如此嚣张，其实是他看准了现在是民进党在岛内完全执政，"台独"势力上可倚"民意"绑架民进党当局，下可靠民进党制造"绿色"恐怖打压异己，而他就是李登辉百年之后的"台独之父"，谁能奈何他？

李登辉是岛内"独派"公认的"台独之父"。他虽然不是民进党人，但对民进党却有再造之恩。2000年，正是在李登辉的暗助下，陈水扁才赢得岛内"大选"。李登辉背叛国民党，也就是看中只有民进党继承他的"台独"衣钵，他自己才能顺理成章地成为"台独之父"。2000年后，扁李确有一段蜜月期，二人形同父子，陈水扁也被誉为"台独之子"。只是好景不长，性格倔强的陈水扁哪能容得李登辉总是来下指导棋，

2005年，这对"父子"终于翻脸。之后，陈水扁因贪腐被判刑入狱，及至2016年民进党再次赢得岛内选举，才获保外就医。

陈水扁知道，自己在民进党内虽然有影响，蔡英文还是在他的介绍下才加入民进党的。但是，当过地区领导人的他深知，很多事在野时可以说可以做，但执政了就会有很多制约。对他来说，只有蔡英文才能"特赦"自己，但又不可能依赖蔡英文延续他的政治生命。只有"独派"才是他的基本盘，在"独派"中的地位有多高，才能决定他的政治生命延续有多远。

另一方面，要把自己儿子推上从政之路，获得"独派"支持也是唯一的机会。所以，年初李登辉96岁生日的时候，陈水扁北上祝寿。这不仅仅是扁李交恶12年后的主动和解，而是李登辉已来日无多，陈水扁要借祝寿，让李登辉认证他才是"台独之父"的接班人，确立"太子"地位。陈水扁利用各种场合特别是"新勇哥物语"，借当年他的那条黑狗"勇哥"之口，迎合岛内"独派"对蔡英文"台独"步子太慢的不满，对蔡英文民进党当局评头论足，让蔡英文下不了台，就是要巩固自己的"独派"领袖地位。

现在，陈水扁已成为蔡英文眼中的一个烫手山芋。陈水扁在岛内南北"趴趴走"，身体好得很，也早就不用见到外人就装手抖了。他在各种政治场合借录影发表讲话，甚至与蔡英文在同一个会议上发表讲话，早就突破了"保外就医"的底线。但陈水扁走得越远，身边的"扁粉"就越多，甚至民进党的各级高官们都要去为他站台。陈水扁"正名制宪、入联公投""一边一国"喊得越响，他在"独派"中的地位就越高，甚至他都可以为他的"一边一国连线"设下选举县市议员的人数。蔡英文想同他切割，但又不敢离太远，只能选一个伤害小一点的距离，看他跳看他笑，还要为他鼓掌。陈水扁确实把火候拿捏得很好，既巩固了他在"独派"中的地位，又让蔡英文不敢跟他切割。

其实，陈水扁就是岛内政治斗争的一个"怪胎"。他通过制造"族群分裂"，使民进党赢得了2000年选举。他的贪腐又让民进党失去政权走入低谷。他利用民进党重新执政，使自己走出监狱大门。但是，如果此时的陈水扁老老实实待在高雄市的家里，等待蔡英文的"特赦"，那就不是阿扁了。陈水扁知道老老实实待在家里被"特赦"，以后的影响力只能像他之前的许多民进党主席一样，虽然有名，但却无力。而陈水扁要的却是一个历史定位，这个定位必须能使他名垂"台独"史、独一无二的、后来人很难追上、又有现实影响力、能站前台发挥作用的"神"一样的位置。这个卡位，只有李登辉式的"台独之父"才够分量。

所以，陈水扁喊"正名公投"，喊"一边一国"，并不是他感觉到"台独"的时机到了。"'台独'做不到就是做不到"，这点他比谁都清楚。但是，要在"台独"史上卡位，现在确是最好时机。李登辉快作古了，这是"台独之子"升级"台独之父"的机会。美日特别是美国对"台独"的支持力度在加大，这是报小布什说他是"麻烦制造者"一箭之仇的时机。岛内"台独"力量在集结，这是维持他的能量的历史机遇。南上北下既是造势，更是吸取新能量，曝光越多能量越足，为姚文智、为"一边一国连线"推出的议员候选人、为"北嫖"儿子陈志中的助选才越有力。现在的陈水扁还真是拼了。

只是陈水扁的动作越多，误导人也越多。为了自己的政治生命，把更多的人驱赶到与大陆对抗的阵线上来，让他们在大陆的红线上撞墙，这对台湾好吗？

这真是台湾的悲哀！

2018年10月1日

把"孙立人"扫地出门?
民进党过河拆桥动作也太快了吧

　　1942年4月17日,驻缅英军步兵第1师及装甲第7旅被日军包围于缅甸仁安羌,陷于绝境。中国远征军113团星夜驰援。18日凌晨,113团向日军发起猛攻,歼敌1个大队,解救了7000英军及传教士、新闻记者500余人。中国远征军以不满1000人的兵力,击退数倍于己的敌人,解救出7倍于己的友军。仁安羌大捷是中国远征军入缅作战取得的第一个胜利。

　　在被解救出的英军中有一名叫费兹派垂克的英军上尉,一直感恩中国军人。晚年还在写作,还原二战战史中滇缅战役的历史真相,并致信英国外交部部长,敦促英国承认中国军队在1942年"仁安羌战役"中的英勇行为。他还以亲身经历写了几本书,把当年缅甸作战的真相呈现在世人面前。2013年3月,93岁高龄的费兹派垂克应邀来台,再次感谢当年中国军队的英勇解救。费兹派垂克的行为增加了台湾在国际社会的曝光度,也成为台湾对英民间"外交"的象征。今年7月28日,台湾防务部门派员探视费兹派垂克,祝贺他99岁寿辰。8月27日,费兹派垂克去世,台北驻英文化处派员参加追悼仪式。

　　费兹派垂克去天堂了,他没有想到的是,当年指挥中国远征军113

团解救他的孙立人将军也要被请出他在台湾屏东县的行馆了。

近日,有网友发现,民进党执政的屏东县政府将孙立人行馆的"孙立人影像展"撤展,展板丢弃。由孙立人部下捐赠的孙立人塑像也被扔进仓库。原来,屏东县文化处以举办"华文朗读节"为由,撤了孙立人影像展,"孙立人"被"孙立人行馆"扫地出门了。

然而,令许多人士担心的并不仅仅是孙立人影像展何时复展。人们忧心的是屏东县最近大力推动胜利星村创意生活园区建设,这个建设规划将原来位于青岛街的"将军之屋"改为"大树册店",孙立人行馆也将以独立书屋的形式,吸引更多的年轻人接近历史建筑。

孙立人是一位享誉中外的中国军人。笔者曾经到过位于合肥市三河镇的孙立人故居,前段时间也在屏东孙立人行馆观看了"孙立人影像展"。1937年将军带领税警团在上海与日军搏杀的英姿,1942年将军入缅作战在仁安羌一战成名,以后将军指挥远征军在胡康河谷对日军的绞杀,使英美盟军以及对手日本军人都对他心生敬意。抗战胜利后,将军到台湾凤山帮助蒋介石训练军队,1945年至1953年的八年里,将军就住在屏东这座原日本军官宿舍。这幢行馆,见证了将军治军的严谨,见证了将军用中外先进方法练兵的成效,见证了将军的爱情。用这幢房子纪念将军,让人们在这里了解中国当年的抗战历史,了解中国现代历史的悲惨遭遇,了解孙立人这一代军人为民族为中华而奋斗的历史,是再恰当不过了。

其实,屏东县改造行馆的动机在撤展的理由中已经告诉我们了。"华文朗读节",这是哪一国的文章朗读呀?这是一个典型的"去中国化"行动。当他们用"华文"称呼他们曾经的"国语"时,他们已经在宣示台湾是另一个语言的"国家"了。他们用举办"华文朗读节",把"孙立人"扫地出门了,在不经意间把两岸重要的历史联结割断了。没有了"孙立人"的孙立人行馆，它是一座什么样的历史建筑呢？日本军官的宿舍？还是曾经的"国军"招待所？以台湾社会当前弥漫的"去中国化"运动，以及媚日心态，民进党当局大概更希望屏东的年轻人，在这里能体会到的是日本对台湾的殖民统治、体会到"皇民"的荣光，体会到"台日亲善"吧？大概要不了多久，民进党执政的屏东县连"孙立人行馆"这块牌子都会去掉，彻底抹除孙立人及"国军"痕迹，像青岛街将军之屋改名"大树册"一样，起一个有日本味的名字，既能追溯这片房子的起源，又能"去中国化"，更能向日本主子献媚以示"亲善"，一举数得何乐而不为！其实，屏东县政府早就在这样做了。前年民进党甫一上台，屏东县就拆除石门古战场"澄清海宇还我山河"碑文，以图恢复日本殖民时代原貌。可见，民进党执政的屏东县"去中国化"是多么迫不及待又不遗余力。

当年远征军英勇奋战的历史早已载入世界历史史册。没有中国远征军及中国军队的顽强作战，就没有英美盟军对中国军人的尊敬，就没有《开罗宣言》规定台湾澎湖归还中国。孙立人作为那个时代中少数具有世界眼光的中国军人，紧紧地与中国远征军联结在一起。当今世界，没有哪一个国家会否定中国远征军的历史功勋，更没有人能否定因为无数孙立人们的流血牺牲，《开罗宣言》把台湾归还了中国。撤一个展能消失了孙立人？改一名能"去中国"？民进党当局还真没有学懂学深学透中国文化。

感恩中国远征军救命之情的英国老兵走了，台湾"外交"似乎可以扯掉中国远征军这块满是中国印记的幕布了，这过河拆桥的动作是不是太快了？蔡英文民进党还有屏东县，小心走太急别摔着！

2018 年 10 月 3 日

台北故宫博物院文物"东亚"化?
政客们的算计淹没不了中华文明的光芒

台北故宫博物院的文物又要南迁了。不过,这次南迁不是因为战争的炮火,而是岛内民进党当局的政治算计。

台北故宫博物院拟于2020年闭馆整修三年,闭馆期间馆内文物将迁移到位于嘉义县的"故宫博物院南院"。消息一出,社会各界哗然。台湾当局行政部门虽出面澄清,然而,台北故宫博物院更令人震惊的计划反而暴露出来。

民进党当局以南北平衡及把观光人口导入中南部为借口,借由台北故宫博物院整修,把文物分散移至南院,并在台湾中部另建博物馆,这样,台北故宫博物院的文物将分散到南北中三地展出。民进党当局任命的台北故宫博物院院长陈其南规划,台北故宫博物院最精华的器物与书画典藏将移至台中,命名为"东方书画美术馆"与"东方工艺美术馆",北院则定位为"东方文书馆",典藏展示原图书文献处的文物。这样,沿袭于大陆的"故宫"名号就被瓦解。以后,台北只有"文书馆",人们将见不到台北故宫博物院这个打卡之地了。由此,蔡英文当局借台北故宫博物院整修之名,消解"台北故宫博物院"及所藏文物的中华文化属性,行"去中国化"之实的尾巴就彻底暴露出来了。

台北故宫博物院是台北的文化标志，是世界上热爱中国文化之人的朝圣之地，更是研究中国文化的必到之处。当年，蒋介石模仿北京故宫，建这么一个博物馆，就是要告诉世界，他继承着中华文化的精华，他是中华正宗，他也能代表中国。然而，他没有想到的是，他争得死去活来的中华正宗，现在却成了民进党当局的巨大障碍。民进党当局把教科书改了，把中国历史并入了东亚史，告诉孩子们对面的大陆只是与周边其他国家一样，是我们的邻居。然而，耸立在台北双溪的台北故宫博物院，却不断地告诉孩子们，我们来自大陆，是包括台湾在内的所有中华文明的源头；告诉孩子们，中华文明才是他们的前世，是他们的原乡。台北故宫博物院里每一件精美的器物、每一幅高贵的字画、每一本沉甸甸的资料，都在不断地揭露"台独"教科书的荒谬，都在不断地打民进党当局的脸。这样看来，民进党当局这么迫不及待地要消解台北故宫博物院，也就一点也不奇怪了。

是的，消解台北故宫博物院是民进党当局的既定政策，是其修改历史教科书，塑造"台独"史观，在岛内推行"文化台独"的重要组成部分。按照"台独"史观来重新诠释台北故宫博物院，就像把中国历史放入东亚史一样，用东亚文化来消解台北故宫博物院文物的中华属性，这个艰巨的历史任务就落到了蔡英文任命的台北故宫博物院院长陈其南身上。陈其南甫一上台，就宣布要把"故宫博物院台湾化"，并把故宫博物院南院定位为"地理大发现时代东亚地中海域概念中的台湾'福尔摩沙'"。这个复杂的长词原来没有人能看懂，现在明白了，就是要把台北故宫博物院中的中华文明搬到南院，变为东亚文明。也许他还会在"东方书画美术馆"中加几个台湾少数民族雕刻，在"东方工艺美术馆"中加几个台湾出土的土陶，这样既"台湾化"了，又可把原来那些被人认定为中国文化的文物，描绘成"台湾文化"的邻居，与"台独"教科书互为印证,"文化台独"也就彻底完成了。

只是,1933年故宫文物为逃避日本军国主义的战火而南迁,是震惊世界载入历史史册的重大事件,陈其南你篡改得了吗?你把"故宫"改为"东亚",台湾就能从中国版图中飘走了吗?你把文物换个地方展示,那一件件文物所承载的历史文化意涵就能改变了吗?

中华文明历数千年,是世界上唯一没有中断的文明。历代的战火、自然界的灾难、侵略者的屠刀都没有使她屈服,陈其南你把她们换个地点、改个名称,就能把她们消灭了?你也太自不量力了。

其实,民进党当局,你们这点"去中国化"构建"台独"史观的心思世人都知道,你也不用为难陈其南,让他做能力不具备的事。我给你们出个主意,你看行不?"二二八"公园里所谓的"台湾历史博物馆",是当年日本殖民台湾时的标志建筑,里面摆满了代表台湾少数民族文化的物品,更重要的是被你们称为"台湾现代化之父",当年的第四任民政长官后藤新平及第四任总督儿玉源太郎两人的塑像也在,你们把这个博物馆称为"总馆",把台北故宫博物院改为"台湾历史博物馆故宫分馆",这样既成全了你们的"媚日"史观,又体现了"台湾主体性",台北故宫博物院呢也不要费什么劲去折腾了,多好!或者,你们把台北故宫博物院改成"台北故事馆故宫分馆",也能有差不多的效果。

拜托你们,把全世界热爱中华文化之人的朝圣地完整地保留下来。更要正告你们的是,政客们的政治算计,永远也不可能让中华文明消失!

2018年11月17日

看"大侠"韩国瑜高雄掀"韩流"

前不久著名武侠小说大师金庸辞世,全球华人社会悲恸。大师的武侠小说深深地影响了几代人。据说台湾的许多政治人物都以大师笔下角色自比,马英九就自比郭靖,蔡英文曾自喻小龙女。但是,他们虽然贵为台湾地区领导人,却没有真正掀起过什么"阴风""寒流",倒是今天的高雄,有一位自认像《笑傲江湖》中令狐冲的高雄市长候选人韩国瑜,所到之处"韩流"涌动,大有席卷全台之势。

韩国瑜,祖籍河南,是出身眷村的外省子弟,18岁进凤山军校,经历过金门炮战,退伍后考入东吴大学英文系,35岁选上"民意代表"。然而,年过六旬、秃头、非高雄本地人,到高雄任国民党党部主委才一年的他,在高雄舞起"独孤九剑",揭穿高雄"又老又穷"面纱,旋又运起"吸星大法",高喊"人进得来,货卖得出去,高雄发大财",深入高雄凤山、旗山"绿营"老巢造势,每场竟然有数万民众自发到场喊"冻蒜"。

高雄在台湾政治版图上是什么地位?民进党在原高雄县执政已30年,在高雄市执政已20年,蔡英文办公室秘书长陈菊在高雄连任12年市长,被誉为"南霸天",台湾现代史上著名的"美丽岛事件"就发生在高雄。"挖地三尺都是绿"是高雄最传神的写照。然而,没有钱、没有人、没有在地资源,"一瓶矿泉水选到底"的韩国瑜,一句"又老又穷",戳中高雄人的痛点,揭穿了民进党在高雄执政几十年,高雄的经济成长慢,高雄的人口在减少,高雄港在世界上的排名不断后退的现实。高雄人突然发现沉迷于意识形态的高雄,水果卖不出去、旅馆在倒闭、政府靠借债度日,高雄是全台湾人均负债最高的城市,青年人因找不到工作而"北漂"。韩国瑜的竞选口号实在而现实,让高雄"人进得来,货卖得出去,大家一起发大财",说出了高雄人期盼已久的繁荣愿景。高雄人向往美好生活的愿望爆发了,"韩流"席卷而起。

原以为"搬个西瓜出来选"都能赢的民进党,突然发现高雄要"变天",大本营要爆炸,一时全党着急,蔡英文、赖清德、陈菊齐上阵。民进党高雄市长候选人陈其迈原来"躺着选",后来跳起来选,现在被逼辞去"民意代表",以示背水一战。

其实,高雄的选举剧情,是民进党当局执政困境的写照。长期以来,民进党以"蓝绿""统独""台湾价值"绑架台湾人民,制造社会对立,从中渔利。南部台湾是民进党"发家"的地方,是民进党的"绿地",民进党的死忠粉丝多,陈水扁时代,就有"肚子扁扁也要挺阿扁"的意识形态,民进党也吃定这些死忠民众,巩固了其在南部的长期执政。

然而,人总是要吃饭的。在民进党全面执政的今天,由于拒不承认"九二共识",在陆客人数整体下降的情况下,高雄等南台湾地区的旅游行业更是大受影响,南部的水果等农产品滞销已成常态。所以,韩国瑜一句"为什么农业丰收农民却要流泪"赢的就是曾经是民进党票仓的旗山人的共鸣。

在国民党执政时,民进党把南部经济发展滞后归咎于国民党当局

"资源分配不均"、歧视南部，反而使其在南部的执政更加巩固。然而，前不久的一场大雨把陈菊在高雄的所谓"基础建设政绩"，以及赖清德在台南的所谓"治水成就"，一一戳破。台湾民众清醒了，不再接受民进党卸责国民党、怪罪大陆的惯用招数，原来支持民进党的青年人也不接受民进党经济不行就挑动"统独"对立的做法。台湾有人说，今天的高雄"不是韩国瑜与民进党选，而是高雄人民与民进党在选"。此说虽有夸大之嫌，却也说明民进党全面执政两年多，仍然惯于意识形态斗争，经济发展成效不彰，无力处理两岸关系的窘境。

现在，离台湾"九合一"选举投票还有十多天。曾经为了眷村改建而痛掌陈水扁耳光的韩国瑜，能否在陈水扁的家门口赢得选举，我们拭目高雄人民的选择。在国民党整体气势不高、内部改革尚不到位的情况下，靠韩国瑜单枪匹马夺得民进党老巢，也许力有不足。但是，韩国瑜掀起的这股"韩流"，撼动了民进党老巢，让民进党露出了"命门"和"软肋"：搞族群对立，用"统独"分裂人民，可以赢得一时，但是，台湾弹丸之地，没有两岸关系，高雄"又老又穷"的现状就难以改变。

韩国瑜已经赢了！

2018年11月10日

不用这么"抬举""台独"艺人，封杀他就行了

昨天晚上，第55届"金马奖"颁奖典礼在台北举行。这本是两岸及华人电影界的一场盛会，然而却被一名"台独"导演破坏了。

台湾纪录片《我们的青春，在台湾》获得最佳纪录片奖，导演傅榆上台领奖时发表了含有"台独"言论的感言，被后面上台颁奖的大陆艺术家用"中国台湾"怼了回去。这个事件迅速在两岸发酵，台湾文化部门负责人、台湾行政部门发言人在第一时间反击"中国台湾"说，"绿色"的《自由时报》大篇幅报道傅榆获奖感言，其他媒体争相炒作。呵呵，民进党在台湾"九合一"选举中一直炒不热的"统独"议题，终于等到了一个"大陆打压台湾"事件，可以用来转移岛内民众对民进党执政不力的不满，把民众从关注民生议题拉到容易挑动族群对立的两岸关系上来了。选情艰困的民进党当局，大概在睡梦中都要露出笑脸了。

傅榆，出生于1982年，父亲是马来西亚华人，到台湾求学后定居，母亲是印尼华侨，据说非常崇拜在我们大陆有些知名度的宋楚瑜先生，也常常自认为是"外省人"。这个纪录片导演，要不是昨天晚上那句"台独"之词，大陆没几个人能知道她，即使看过本届金马奖获奖名单，大概很快也会把她忘了。一句话使自己"红"遍两岸，她自己也没有想到

吧。然而，我们还真没有必要这么"抬举"她，把她骂得家喻户晓、人尽皆知，鄙视地看她一眼，让她像那些"台独"小丑一样，在岛内蹦跶吧。

金马奖是个什么东西？它本来就是一个在台湾岛举办、由台湾文化新闻部门资助的活动。说金马奖只讲艺术不谈政治，你信了，只能说你甘愿当驼鸟而已。在民进党全面执政的大环境中，在"台独"成为岛内政治正确的氛围下，在李登辉以来20多年"台独"教科书的教育下，这个金马奖不会染上"台独"的政治色彩？宣传"台独"的影片不会入围？有"台独"倾向的艺人不会获奖？如果没有，那台湾当局还要搞这个奖干什么呢？

所以，金马奖现场出现"台独"言行是一件必然的事，它是由当前的两岸关系决定的。只要民进党当局拒不承认"九二共识"，只要岛内各种"去中国化"行动在进行，只要岛内的"台独"教科书还没有拨乱反正，金马奖就会染上颜色，甚至成为"绿马奖"。因此，只要大陆的艺术家还去参加，就要做好应对的准备。对个别"台独"艺人的"台独"言行，大陆的艺术家们要像涂门老师一样，坚决当场"怼"回去，这是大陆艺人们的政治责任，这一点必须做到。大陆的媒体就不用跟进了，那样太"抬举"他们了。这是因为，我们要防止"台独"艺人用这个方法炒作自己，为他们在岛内博得"爱台"的政治资本，又在大陆炒响了知名度。也许过一阵他们又来个"爱国不分先后"，说几句赞成两岸统一的话，到大陆来赚钱。二是不给民进党当局炒作的话题。当前岛内"九合一"选举杀得天昏地暗，民进党执政不力形成民怨，民进党当局正需要炒作"统独"议题转移视线，我们不能送个"馅饼"给它。

总之，对个别"台独"艺人，没有必要那么大阵仗，记住他们，封杀他们就足够了！

2018年11月18日

"跛脚"蔡英文的连任之路

11月24日,岛内"九合一"选举民进党惨败,台湾22个县市,民进党仅保住6个。一夕之间,台湾大部分地区"绿地"变"蓝天"。2016年,以689万票当选的台湾地区领导人蔡英文,在岛内已成为一个名副其实的"跛脚"领导人。民进党当局如何走好还剩下的一年多任期,特别是蔡英文会成为台湾第一个不能连任的"地区领导人"吗?

"命好的大小姐",蔡英文并不是一个典型的民进党人,这位出身富家、开着跑车上学的大小姐,没有经历过上世纪台湾风起云涌的"党外"运动,当陈菊、吕秀莲他们因"美丽岛事件"被关押绿岛的时候,她还在美国留学。只是"大小姐命好",在台大当教授时,因缘际会进入李登辉的咨询班子,成为"两国论"的起草者,也因此在2000年成为陈水扁第一个任期的"陆委会主委",一跃而上政坛。深受陈水扁赏识的蔡英文直到2004年才加入民进党,接受民进党"不分区民意代表",进入"立法机构"工作。2008年,因陈水扁贪腐,民进党在选举中被赶下台。陷入低谷的民进党急需一个形象清新的领导人改变其党在台湾社会留下的贪污腐败形象,学者出身的蔡英文于是被推上"党主席"宝座。2012年,民进党再次在台湾地区领导人选举中败北,蔡英文辞去党主席职务，成立"小英之友"协会，专注青年和社会运动。2014年台湾爆发"太阳花"学运，多位青年学生都出自"小英之友"的培训，蔡英文收割"太阳花"果实，又成为"绿营"共主，再次成为民进党主席。在年底的"九合一"选举中，民进党挟"太阳花"累积的能量，一举夺得13个县市的执政权，完成民进党"从地方包围中央"的部署。2016年，蔡英文在选举中大比例击败国民党候选人，成为台湾地区领导人。说实话，蔡英文这条登顶之路，羡煞多少人呀，难怪岛内有人说"大小姐命好"。

然而，"捡来的孩子不是宝"。大小姐命虽好，但在民进党派系丛林中，也只是个无依无靠的外来人。这个既没有参与民进党"创党"斗争，又非派系嫡系子弟的蔡英文，民进党低潮时需要她来树立一个新形象，但到了坦途时，各路人马明枪暗箭地又来抢红利了。2016年，蔡英文人气正旺，地区领导人宝座唾手可得。"独派"大佬辜宽敏说"穿裙子的不宜选'大位'"，力拱新系的赖清德出来选。蔡英文选上后，辜宽敏又说"只做一任就好"。蔡英文上台以来，不断唱衰蔡英文的不是国民党，而是"绿营"的大佬、亲"绿"的民调机构、"绿营"的媒体。在他们看来，经过清算打击的国民党已是一盘散沙，放言"民进党执政20年没问题"，蔡英文的利用价值已经完成，该自己人登"大位"、分肥缺了。

所以，蔡英文虽然是高票当选的台湾地区领导人，但是，在党内，搞不定各个派系，她不得不分权最大派系新潮流来稳住阵脚，上台一年，蔡英文任用的行政部门负责人"老蓝男"林全在民进党的"嘘"声中下台，新系大将赖清德执掌行政部门，新系"南霸天"高雄市长陈菊北上任蔡英文办公室秘书长。也由此，菊赖人马抢尽台北各种公营事业的肥缺实利，吃相难看，社会感观太差。蔡英文搞不定"深绿"团体，保外就医的陈水扁组"一边一国连线",以"新勇哥物语"挑战蔡英文,"急独"团体组"喜乐岛联盟",就"正名公投"等给蔡英文出尽难题。可以说,蔡英文上台两年多,除了斗争国民党在党内有共识外,其他即使"去中国化"都在"绿营"有"非议","深绿"嫌她搞"台独"太慢了。所以,蔡英文"跛脚",何止是现在,掣肘早就存在,这次"九合一"选举不输,也不见得2020年党内就没有人挑战她连任。

但是,民进党也是一个危机感很强的政党,低谷往往也是他们再次团结凝聚力量的时候。这次选举大败,必然导致民进党重组,甚至调整执政方向。现在,民进党要么走陈水扁的老路,再次用"统独"激起"蓝""绿"恶斗,凝聚"绿营"基本盘。而这条路的尽头,这次"九合一"选举已看到了,2020年民进党谁出来选都选不赢。另一条路就是呼应民生改革党务,要在两岸关系上找到出路,蔡英文如果能立足现实,支持或主导这次改革,必定能为她增色不少。

总之,这次岛内"九合一"选举,导致岛内各种政治力量重组。对要争取连任的蔡英文来说,却是危中有机。民进党如果走陈水扁之路,注定失败的结局使得党内无人来争,炮灰还是让蔡英文来当吧。走改善两岸关系之路,苏贞昌不行,陈菊、赖清德也不行,起草过"两国论"也说过"未来一中是唯一选择"的蔡英文也许可以好好回想当年在立法机构的答询词。这确实也很难,但这次选举,也让"深绿"们撞到了南墙,不会那么大声了吧,蔡英文如果做成了,2020年党内还会有人挑战吗?

时不我待,这次"九合一"选举岛内民众已大声说出他们需要什么,"跛脚"的蔡英文还要等什么呢?

2018年11月27日

消失的"最后一里路"和执政的"第一里路"

前几天,台湾岛内"九合一"大选,民进党惨败。民进党的失败,原因很多,但深挖根源,又有其必然性,那就是曾经被民进党认为没有必要再走的两岸关系这个"最后一里路"并没有消失,它在民进党执政后,变成了考验蔡英文的"第一里路"。

2012年,民进党的蔡英文在与国民党的马英九竞争台湾地区领导人中败北。民进党党内在分析败选原因时多认为是两岸关系这个"最后一里路"没走好。其后,民进党内召开数次"华山论剑"会议,讨论如何走好这"最后一里路",党内也出现了"冻结""台独党纲"的呼声。然而,在这个微妙的时刻,2014年岛内爆发了"反服贸"的"太阳花"事件。一时,全岛弥漫着"反中拒陆"的气氛。在最后一次"华山论剑"会议中,不需要调整两岸政策成为民进党党内的主流声音。在代表大会上,当时在台湾立法机构任民进党党鞭的柯建铭领衔的"冻结""台独党纲"提案被搁置。年底的"九合一"选举,民进党挟"太阳花"之风,一举夺得13个县市,六都中占了4都,台湾多数地方"蓝天"变"绿地"。2016年,蔡英文赢得地区领导人选举,民进党在岛内完全执政。此时的民进党眼里,原来的两岸政策已不是选举障碍,"九二共识"反而是国民党"卖台"的标签，两岸关系这个民进党的"最后一里路"已经消失了。

然而，俗话说得好，"出来混总是要还的"。由于拒不承认"九二共识"，蔡英文上台以来，两岸政治往来断绝，台湾国际空间被压缩，到台湾旅游的陆客人数大幅减少。民进党当局虽然采取"倚美抗陆"的战略，但挡不住"断交"潮，经济上企图以"新南向政策"来抵抗大陆的经济引力，希望以东南亚游客来填补减少的陆客，但效果有限。这次导致民进党大败的"韩流"，风源不是韩国瑜，而是高雄的"又老又穷"。而这个"又老又穷"又与陆客不来、货卖不到大陆有很大关系。这次岛内"九合一"选举，虽然"蓝营"候选人都在淡化政党色彩，打民生经济牌，但最后的经济出路却都是到两岸关系上找。可见，两岸关系还是影响选举的重大因素。对民进党来说，这次惨败原因很多，没有处理好两岸关系是关键因素。2014年未走的"最后一里路"变成了执政后的"第一里路"，不走好，你就更走不远。

其实，民进党对两岸关系的重要性是知道的。蔡英文任陈水扁时代的"陆委会主委"时，在立法机构回答质询时就表示："一个中国是我们必须面对的问题，台湾没有空间与可能性去逃避一个中国的问题"；"从文化、地理来看，未来一个中国是台湾民众唯一的选择"。民进党党内不断出现的"冻结""台独党纲"的声音，也说明党内还是有人知道逃不过两岸关系这"一里路"的。陈水扁时期，大陆国力有限，叫嚣"一边一国"的陈水扁最后还是哀号"'台独'做不到就是做不到"，在两岸实力平衡早已向大陆倾斜的今天，民进党反而可以不处理好两岸关系就能在岛内永续执政了？你们以为搞点"去中国化"，两岸文化就断了？买点美式武器就能"以武拒统"了？"一个中国"是台湾不能回避的问题，这"一里路"岛内任何政党都必须走，这个答卷任何政党都必须做。

  这次"九合一"选举结束了,民进党党内已在检讨反思。奉劝民进党当局,不要被少数"极独"势力绑架,要真正从台湾人民的福祉出发,从头走好两岸关系之路。

2018 年 11 月 28 日

蔡英文要努力搬掉压在身上的"三座大山"

这几天,台湾岛内的民进党从上到下都在查找这次"九合一"惨败的原因。检讨出了什么呢?蔡英文在接见"美国外交政策全国委员会访问团"时表示,这次的县市选举,人民并没有在两岸政策的议题上做出选择,或是有重大的改变,"九合一"选举后,我们维持现状的政策仍然不变。这次"九合一"选举,选前被誉为是蔡英文的"期中考",台湾人民将给她执政两年多的表现打分,面对民进党丢掉包括"绿营"铁票区高雄在内的7个县市的成绩,岛内许多人说,这已经是蔡英文的"期末考",蔡英文可能成为岛内第一个无法连任的领导人。

败得这么惨,真的与蔡英文上台以来执行的"两岸政策"没有关系吗?

一位岛内记者告诉我,选前在高雄采访时,一位出租车师傅气呼呼地对他说:"什么改革?我家三人全都被害惨。陆客减少,我的收入少了三分之一,太太在工厂上班,一例一休想加班都不行,我更不要上中学的女儿上什么同性婚姻课程。"民进党大输,确实是执政无能造成。但是,这个执政无能,两岸关系不也正是一个重要的甚至可以说是一个关键的因素吗?

高雄是民进党执政了20多年的铁票仓,被称作"搬个西瓜出来选都会赢"的地方。然而,国民党籍的韩国瑜大赢近20万票,除了韩的个性魅力外，更主要的是韩揭开了高雄"又老又穷"的面纱，提出了"人进得来，货卖得出"的竞选口号。其实，岛内这次选举，明眼人都看出，民进党输，关键的还是经济问题，经济停滞致民生艰困，而岛内的经济发展又紧紧地与两岸关系相关联。

蔡英文上台以来，在两岸关系上拒不承认"九二共识"，口称"维持现状"，实则是以"去中国化"为核心的"渐进台独"路线，理所当然地遭到大陆的打压。陆客减少，农渔产品卖不出去，成为岛内经济常态，对基层特别是南部东部基层民众的影响是巨大的。

所以，蔡英文如果还想2020年连任，在剩下的一年多时间里，想屏蔽掉两岸关系是不可能的，不拿出魄力诚实面对"九二共识"，可能会输得更惨。要在两岸关系上做出合格答卷，蔡英文确实是前路险阻，关键是要下决心搬掉压在身上的"三座大山"。

第一座大山是美国的压力。民进党当局视美国为最大的"靠山"，执行了一条"倚美抗陆"的路线。在美国视中国为主要"竞争对手"，不断加大遏制中国力度的情况下，台湾自然地成为美国手中的一张牌。为了加重这张牌的分量，特朗普也给足了台湾"甜头"。调整两岸政策，蔡英文当然要看美国的眼色。然而，美国阻止不了台湾的"断交"潮，没办法让台湾加入国际组织，特别是还没办法帮蔡英文赢得选举。这次"九合一"选举，美国从国会到"美国在台协会"（AIT），从军售到军舰过台湾海峡，上下其手，都想帮民进党的忙，但台湾人民一心要发展经济，就是不理这个茬。蔡英文难道不好好想想，如何走一条更符合台湾民意的"美台"关系路线？

第二座大山是岛内"极独"势力的裹挟。以李登辉、陈水扁、辜宽敏、郭倍宏为代表的"喜乐岛联盟"极端"台独"势力，是岛内政治的毒瘤。蔡英文从一个学者到登上"大位"，离不开李登辉的拉扯、陈水扁的赏识。但是，蔡英文上台以来，他们也是蔡英文政治走向最大的挟持力量。从年初的迫使蔡英文"白绿"分手，到选前促使蔡英文、赖清德为姚文智站台防"弃保"，就可看出蔡英文是多么忌惮这股力量。在这次选举如此惨败的情况下，如果蔡英文不同他们切割，甚至还要回到他们身边取暖，那以后蔡英文对内只有以"统独"挑动族群恶斗，在两岸以"台独"挑战大陆底线，最后成为一个连美国都嫌弃的"麻烦制造者"。美国支持蔡英文是为了打"台湾牌"，而不是支持"台湾独立"，闹过头，被抛弃的必定是"台独"，陈水扁历史殷鉴不远。

第三座大山是蔡英文自己的心魔。蔡英文学者出身，"台独"本不是正业，只是因缘际会成为李登辉"两国论"的起草者，后又加入民进党，成为党主席，当上了台湾地区领导人。前与李登辉情同父女，后有陈水扁"慧眼识才"，带着民进党在陈水扁贪腐的低谷中奋起，自己给自己砌上了一道"台独"的围墙，仿佛只有自己才能继承李扁的衣钵。其实错了，李登辉"台独"是为了投日，他要的是"岩里正男"之名，陈水扁要的是"台独之子"的定位，抱定"深绿"才能成为集"台独"之大成者。其他的人早把"台独教父""理论大师"之类的顶戴抱走了，依蔡英文在岛内及党内的处境，断没有人给她一个"台独之女"的定位。这个民进党的外来人，只能成为"台独孤女"吧。蔡英文你顺风顺水赶上好机会成为台湾地区领导人，但是在大陆日益强大的今天，"台独"已成为两岸关系的毒药，也必将成为岛内政治的毒药，想用"台独"给自己作历史定位，只有遗臭万年。

所以，趁着检讨选举失败的机会，蔡英文应冷静分析两岸大势，认识到岛内民生与两岸政策的关系，拿出魄力，用新的两岸论述来追求两岸关系的发展，为台湾为两岸谋福祉。

2018年12月3日

"太阳花",台湾"又老又穷"的祸根?

这几天,台湾媒体集体反思"太阳花"学运对台湾造成的影响,挖出四年前的"太阳花"是台湾"又老又穷"的祸根。

2014年3月18日,台湾的一部分青年学生,借不满两岸签订"服务贸易协议",冲击台湾民意代表机构。这场被称作"太阳花"的学生运动中,部分学生和一些社会团体占领台湾民意机构20多天,造成"两岸服贸协议"至今还躺在台湾民意机构的铁柜里,两岸"货物贸易协定"协商停摆。

今年台湾"九合一"选举,高喊"人进得来,货出得去"的韩国瑜,揭开民进党连续执政22年的高雄"又老又穷"的面纱,彻底翻转"绿营"铁票仓,大赢民进党候选人近20万票当选高雄市长。人们惊觉,"人进得来,货出得去",不正是当年两岸服贸、货贸要给台湾解决的问题吗?因为"太阳花",服贸、货贸都功亏一篑,"又老又穷"的何止是高雄,全岛也都在迈向"又老又穷"的路上。

然而,"又老又穷"的祸根真的是"太阳花"们吗?

当年的"太阳花"们冲击民意机构的理由,是所谓的国民党强行通过"两岸服贸协议"而进行的"黑箱"操作,而国民党之所以要用一种

"强行"方法,是源于民进党的杯葛。也就是说,2014年最反对"两岸服贸协议"的是民进党。当年冲进民意机构的学生中,许多人都经过蔡英文的"小英基金会"的培训。民进党也在第一时间支持学生的非法行为,蔡英文、苏贞昌及民进党的民意代表们都到现场声援,民进党还为学生占领民意机构提供了物资上的保障。而场外支持学生的民众,更是被民进党对"服贸"的曲解宣传而鼓动来的。可以说,"两岸服贸协议"是被一群不知"服贸"为何物的人阻挡下来的。蔡英文顺势收割了"太阳花"的果实,赢得了2014年"九合一"选举及2016年的地区领导人选举。现在看来,当时的民进党虽不能完全掌控"太阳花",但"太阳花"的出现,是民进党长期以来实行的"反中抗陆""台独"路线的必然结果。

所以,造成台湾"又老又穷"何止是"太阳花"们?更深更大的根子其实源自民进党当局的两岸路线。

然而,台湾的发展离不开大陆。这不仅是两岸人民的血缘亲情决定的,更是经济规律的必然要求。两岸经济互补,大陆巨大的市场容量、台湾的人文风景对大陆游客的吸引力,为台湾经济发展提供了广阔的前景。民进党当局企图用"新南向"等经济政策抗拒大陆市场的吸力,达到经济"脱中"的目的,为"台独"路线服务,到头来受损失的是台湾经济,受损害的是台湾民众。高雄的"又老又穷"不正是民进党当局"反中抗陆""台独"路线的写照吗!

大陆有句谚语叫"群众的眼睛是雪亮的"。人民群众会从切身感受来理解执政者是否能为民众谋福祉。民进党全面执政两年多,台湾百业凋敝。这次台湾"九合一"选举,民进党惨败,就是台湾民众对民进党当局包括两岸政策在内的各项政策投不信任票。民进党的失败,表面上看是经济民生没做好,而经济搞不好的根子却是民进党当局的两岸政策。

  所以，改变高雄"又老又穷"，不让台湾走向"又老又穷"，民进党当局必须从根本上改变两岸政策，松开勒住台湾经济发展脖子的缰绳，打开两岸经济交流的闸门。否则，台湾的经济还会沉沦下去，下次选举，台湾人民还会教训民进党。

2018年12月29日

警惕民进党开始比"独"

"九合一"选举惨败,台湾地区领导人蔡英文陷入内外交困境地。急待脱困的蔡英文病急乱投医,先是急于修复"白绿"关系,与无党籍的台北市长北门相会,结果被柯文哲"摆了一道",弄得里外不是人。后又忧心民进党的另一个"太阳"赖清德与她竞逐2020年地区领导人选举党内提名,称赞赖是"最佳投手",演出"慰留"把戏,想把赖拴在行政部门负责人任上就近看管,结果被赖"有上车就有下车"回绝。屋漏更逢连夜雨。前几天,民进党四位大佬竟然在媒体公开发表声明,要蔡明确宣布放弃2020年连任,并退居二线。急火攻心的蔡英文,断然在两岸关系上做文章,宣称决不接受"九二共识"和"一国两制",对抗习近平总书记在《告台湾同胞书》发表40周年纪念会上的重要讲话,撕下两岸关系"维持现状"的遮羞布,露出了"台独"的本来面目。

在民意支持度低,面临执政"跛脚"的时候,回归"绿营"基本盘,是民进党政治人物的传统伎俩。当年,陈水扁在第二个任期,由于贪腐及执政不力成为"跛脚",就是靠走"极独"路线回归"绿营"维持执政的。那几年,陈水扁不断冲击大陆底线,高呼"一边一国",启动

"入联公投",成为两岸乱源。现在的蔡英文,执政第一个任期未满,民意支持度仅剩两成不到,大半县市丢失政权,党内"拔菜"之声四起,穷途末路之象尽露,剩下的路,不回"绿营"基本盘,只能等着被取代了。

回归"独派",就必须在言行上获得"独派"特别是"极独"大佬们的认同。"绿营"并不是不知道蔡英文是一个坚定的"台独"分子,只是对蔡上台以来,仅以"维持现状"为掩护,走一条以"去中国化"为目标的渐进"台独"路线深为不满。他们认为,在内有民进党全面执政,外有美国需要对中打"台湾牌"的条件下,"台独"之路应该走得更快更远。蔡英文当然知道他们的心,今年元旦,就一反前两年都不发表讲话的惯例,抛出"四个必须""三道防护网",向"独派"明志,2日又亲自发表声明对抗习近平总书记讲话,5日又召开境外媒体记者会,要求台湾岛内所有政党都要"拒绝'一国两制'",不再讲"九二共识"。经过这一系列的表演,"绿营"似乎展现团结之象,挺蔡声音明显增加。

可以想见,在接下来的一段时间内,民进党党内必然展开一场"独"语比赛。"独派"大佬们必将乘机追击,逼迫蔡英文的施政向"独派"们靠拢,在"台独"之路上迈出更大步子。蔡英文也知道只有迎合这些声音,才能控制好民进党,让党机器为她连任服务。也只有说出比"务实台独工作者"更"务实台独"的语言,才能控制好压制住赖清德那颗跃跃欲试的2020之心。

同时,通过所谓的"台湾共识""维护主权"等"爱台湾"语言把国民党绑架,把国民党打成台湾利益的出卖者,逼迫国民党随之起舞。这样,蔡英文就定下了2020年选举的主轴,掌握了2020年选战的主导权。

然而,要提醒蔡英文的是,别忘了当年陈水扁的教训。陈水扁挑战两岸斗争，既违反两岸人民的意愿，又不符合美国的利益，结果是内有百万"红衫军"倒扁，外被美国斥为"麻烦制造者"，2008年灰溜溜地下台，随之也因贪腐被判刑。今天的两岸关系更与当年不同，随着大陆的发展，大陆已牢牢掌握两岸关系发展的主动权和主导权，岛内的政治变幻只是茶壶里的风暴而已。大陆早已凝聚了统一的人心和士气，积攒了统一的手段和力量，任何触碰大陆底线的"台独"行动必将遭到严厉打击。在岛内，随着两岸交流的发展，越来越多的人会明白两岸同属一个中国的历史渊源，感受到两岸人民血浓于水的天然情感，分享到大陆改革开放的发展红利，知道大陆"一国两制"的善意，他们会拒绝被绑上"台独"的战车。

统一是历史大势，是正道。"台独"是历史逆流，是绝路。奉劝蔡英文，不要为了一己私利，以台湾人民的福祉为筹码，逆历史潮流而动。古往今来，逆历史潮流者，都必将摔进历史的深渊！

2019 年 1 月 5 日

赖清德能是民进党的"解药"吗？

2019年1月6日，是台湾岛内民进党党主席选举投票日。据岛内媒体报道，民进党的基层党员们对这场被誉为"保皇"与"改革"之战的选举并不热心，投票率不会高。最后，被誉为"保皇派"的卓荣泰赢得选举，将出任党主席。有人说，党主席选举并不是民进党"九合一"惨败后内讧的结束，更可能是民进党下一步内斗的开始。

这个补选出的党主席，任期并不长，主要任务是做好下一届民意代表和2020年地区领导人选举的党内提名。谁代表民进党竞逐2020年地区领导人，将是这个注定短命的党主席最烫手的"山芋"。

其实，民进党党主席尚未选出，2020年党内提名大战早已经开始了。

前几天，继"台独"大佬辜宽敏单独在媒体刊登广告要求蔡英文放弃2020年竞选连任后，岛内"台独"四大佬又在媒体刊发声明，呼吁蔡英文放弃连任，退居二线，在蔡英文脸上重重地打了一个响亮的耳光。蔡英文上台以来，以辜宽敏为代表的老一代"台独"，一直对她不放心，放话请蔡"做一任就好"。这次"九合一"选举，民进党惨败，只剩下6个县市，以这些大佬为代表的"台独基本教义派"，对蔡不满到了极点，民进党党内"拔菜"力量进一步集结。这次参选民进党主席的游盈隆，就南下拜访陈水扁及"喜乐岛联盟"，争取这股势力的支持。

民进党党内的"拔菜"力量所要推动的，并不是游盈隆的所谓"改革"。他们是要"蔡（英文）下赖（清德）上"，让赖清德2020年代表民进党选台湾地区领导人。但是，如果真让他们如愿，蔡英文就是台湾地区选举史上第一个不能连任的领导人，甚至是一个连任资格都被剥夺了的领导人，这个颜面无存的结局蔡英文当然不能接受。蔡英文从"九合一"惨败辞去党主席那一刻开始，就在为自己的连任铺路，先是动员"英系"的民意机构负责人苏嘉全出任党主席，遭党内反弹而作罢。后又在民进党中生代力拱下，由行政部门秘书长卓荣泰参选。卓被誉为"保皇派"，引起"拔菜"系不满，一向反蔡的"台湾民意基金会"董事长游盈隆宣布参选。卓胜选赢得党主席，为蔡英文争取连任布下了关键一子。

然而，就目前岛内各种民调来看，赖清德被认为是民进党在2020年唯一可能赢得选举的人，赖的动向才是蔡英文最大的心病。赖清德是民进党党内最大派系新潮流系的龙头，也是民进党党内的另一个"太阳"，是民进党派系培养出来的"亲儿子"，不像蔡英文2004年才加入民进党，只是民进党抱养的"丫头"而已，"九合一"选举后，虽然蔡英文不断表态慰留，但赖去意已定，与蔡切割意图明显。

所以，赖清德现在要么是民进党内斗的"解药"，要么就是民进党内斗加剧的"毒药"。只要赖清德明确宣布自己2020年不参选，民进党党内那些"拔菜"大佬们就失去了"拔菜"的支点，如果赖清德表态支持蔡英文，甚至，"蔡赖配"，那蔡英文就不用愁白头发了。赖不选，其他人还有什么资格去选呢？

只是，对赖清德来说，选与不选，确实是一件要掂量的事。这次不选，2024年中生代都起来了，可能就没有机会了，以岛内的政治生态来说，他为什么要做这样的牺牲呢？所以，他当然会拒绝蔡英文的慰留，保存自己的政治实力，在"台独"四大佬登报炒蔡英文鱿鱼的时候，他早脚底抹油下基层去了，给岛内留下一个暧昧的身影。

这几天，蔡英文高调炒作两岸议题，拒绝"九二共识"和"一国两制"，就是在向党内"独派"靠拢取暖，打 2020 年连任保卫战。蔡英文知道，要消除这些"拔菜"大佬的疑虑，就必须在两岸议题上比赖清德的"务实台独"还"台独"，让大佬们看到她的可靠。要化赖清德"毒药"为"解药"，就是要让自己与赖同质而失去被取代的必要。可以想见，最近的民进党党内必将出现一个比"独"的热潮。

然而，民进党一切为选举的私利，台湾人民会买单吗？看看这次民进党在连续执政 22 年的高雄是怎么失败的，就知道了。

2019 年 1 月 6 日

台湾已经没有了对中华文化的敬畏之心

今天,台湾岛内有两条与台北故宫博物院有关的新闻。一条是台北故宫博物院出借被誉为"天下行书第二"的颜真卿的《祭侄文稿》给日本展出。这条新闻一出来,两岸民众随即骂翻。另一条,夹杂在一长串的名单中,大家也许并没有注意到,就是台湾新上任的行政部门负责人苏贞昌任命的各相关负责人中,台北故宫博物院院长未定还在征询中。也就是说前行政部门负责人赖清德任命的台北故宫博物院院长陈其南,确定下岗了。

陈其南任台北故宫博物院院长时间并不长,但创造的话题却不少。去年7月甫一上任,就宣称台北故宫博物院文物"不知道怎么样就跑到了台湾",大家到台北故宫博物院"不是来了解台湾,而是来了解中国","台北故宫博物院要台湾化、土著化"。后来又冒出台北故宫博物院闭馆整修、文物南迁。给人的印象,这不是一个博物馆馆长,而是一个政治斗士。

是的,陈其南要做的就是"去中国化",要把台北故宫博物院这个中国文化的地标,改造成宣扬所谓的"台湾文化"的堡垒。

"去中国化"是2016年民进党当局上台以来,走"台独"路线的一个战略。民进党知道，在现阶段搞"法理台独"必将遭到大陆的严厉打击，因此只敢修改教科书培养所谓的"天然独"，在历史文化领域通过"去孔""去孙""去蒋"等一系列"去中国化"动作割断两岸的历史文化联结，走一条"渐进"的"台独"路线。在这一"台独"路线的指导下，岛内各领域中带有中国印记的东西，都成了"台独"分子的眼中钉肉中刺，必欲除去而后快。台北故宫博物院文物，在他们眼里已不再是全世界都仰视的国宝，而是"去中国化"必须彻底挖除的一座中国文化大山。

就拿这次出借给东京国立博物馆展出的《祭侄文稿》来说，它何止是一件"天下行书第二"的书法瑰宝，更是一座充满了反对军阀割据、以生命保卫国家的爱国主义气节的中国文化高山。颜真卿是大唐名臣、继王羲之之后又一位划时代的书法大家。在天宝年间发生的安禄山叛乱中，颜真卿堂兄颜杲卿坚守常山孤城，最后与三子颜季明双双罹难。悲痛之余，颜真卿为侄写下《祭侄文稿》这篇充满悲愤、坚贞、大义的千古名篇。

这一充满中国文化精神的国宝，当然是陈其南们"去中国化"的对象。世界上博物馆间的换展是一种正常的馆际交流，但台北故宫博物院却是用"出借"的方式借给对方，还没有要求严格的展览条件。据说现在东京的场地也没有什么特别的保护措施，甚至还可以拍照。把有1200多年历史的纸质文物顶级国宝这么轻易地出借，除了"献媚"主子外，就是内心对这个文物代表的文化的蔑视和轻忽。

其实文化是人类的，越是顶级的文物，越应该让人类共享。就像台北故宫博物院的文物，它们都是华夏瑰宝，它们曾经的出处都是北京故宫，但它们因缘际会地到台北，成为台北的象征，这一切都很自然而真实。台湾本身就承载着中国文化，中国文化就是台湾成长的土壤和根基，台湾人的血液里都流淌着中国文化。就连自称"务实台独工作者"的赖清德，在辞去行政部门负责人发表演说时都在引用金庸作品中的话语。金庸是中国文化大家，他创作的武侠小说都有着真实的历史背景，你一个要"去中国化"的"台独"分子能运用得这么自然自如，正说明了滋养你的中国文化哪能说"去"就去得了呢？

民进党当局"去中国化"是一种挖自己根的行动，真把中国文化去掉了，台湾人民的根也就没有了。这不，昨天就有台湾名嘴在电视上说台湾人的基因与大陆人的不一样。为了"去中国化"，祖宗不要了不说，还要把"种"——基因变掉，文化错乱到何等地步，这是多么大的悲哀呀！

所以，当民进党要在台湾把中国文化"去"掉的时候，"台独"文人们也就没有了对中国文化的敬畏之心，轻忽中华瑰宝，把顶级文物不当回事的事件就会经常发生。只是，真将中国文化去掉，那台湾还能剩下什么文化呢？

台湾人民愿意生活在一片文化沙漠中吗？

2019年1月14日

卖萌当网红，
民进党挽救执政不力的"灵药"？

最近，去年"九合一"惨败的民进党掀起一股网络"卖萌"风。民进党高雄市长选举败将陈其迈，选后抱着爱猫"陈小米"卖萌，竟然博得不少网络声量。惨败得只剩下6个县市的民进党仿佛看到汪洋中漂来一根救命的稻草，纷纷跟风卖起萌来。台湾行政部门负责人苏贞昌带着各相关负责人上网搞直播，就连台湾地区领导人蔡英文也冲到西门町争抢网上点击率。一时间，民进党的大小官员们以上网为乐，纷纷搞直播拼"网红"。

擅长舆论操作的民进党竟然认为"九合一"选举大败，是因为网络声量不够，真是出乎正常人的思维。不要说"九合一"选举前，即是现在，民进党的这些败选之将，哪个不是台湾政坛乃至网络上鼎鼎大名的人物。苏贞昌、林佳龙、陈其迈都有响当当的名头，特别是地区领导人蔡英文，无论是媒体的曝光度还是在网络上的点击率，无论是政治上恶斗的知名度还是在民间的厌恶感都是家喻户晓的。这不，连亲"绿"民调中，都是蔡英文的满意度下降最快，不满意度上升最快。你能说蔡英文网络声量低吗？

苏贞昌说台湾民众的耐性大概只有十秒钟，要求"简政便民拼沟通",让人民对执政有感。我不知道台湾民众是否认同苏贞昌对他们耐性的评价。但是,要说台湾民众对民进党当局执政无感,肯定不是真实的。民进党前年搞"年金改革",把开凿中横公路的老兵们打成"米虫",退休老兵"八百壮士"在立法机构门口安营扎寨两年,人民无感吗?因为陆客减少,旅游业一片萧条,数百辆旅游大巴包围了地区领导人办公室,是人民无感吗?一场大雨致使台南高雄成为万坑之城,民众拦截蔡英文乘坐的装甲车,是人民无感吗?韩国瑜高喊一声"人进得来,货出得去,高雄发大财"就摧毁了民进党在高雄20多年的执政根基,是人民对民进党执政无感?

恰恰相反,是人民对民进党执政太有感了。这种感觉是,收入在减少,付出在增加,快撑不住了。所以,"讨厌民进党"成为最大党,他们让民进党输惨了。

输惨了的民进党不是体恤民意,用改造执政来改善台湾经济,而是一头钻进网络企图当"网红"来讨民众欢心。很多人说台湾的代工型经济是"浅碟型"经济,大进大出经不起外部冲击。现在看来,民进党把台湾政治也当作一个"浅碟",不想花精力做实事赢民心,认为只要在这个浅碟里卖萌博得一笑,选票就回来了。

民进党当局提高网络声量的伎俩也只有两个,一个是卖乖当"网红",一个是高调对抗大陆唤民粹。但是,民进党把台湾人民当作一个"浅碟"糊弄,但台湾人民却用实际行动打脸民进党。前几天,国民党籍的高雄市长质问民进党当局,既不敢宣布"台独",又不承认"九二共识",蔡英文要把台湾2300万人带到哪里去?引得网络一片叫好。选前声称支持"九二共识",当选后在高雄议会严词驳斥民进党议员,明确"不承认'九二共识'与高雄发大财不可兼得"的韩国瑜,在高雄的支持度越来越高。台湾人民是民进党好糊弄的吗?

"网红"救不了民进党,民粹不可能持久,这是个根本不需要逻辑推理就能明白的道理。有感的执政就是让人民分享经济成长的红利,而不是网上"猫想想""狗想想"们的萌态。民进党要想在2020年继续执政,首要的是通过改善两岸关系来为台湾经济发展赢得机会。

对抗,只能损害台湾人民的利益!

2019年1月22日

苏贞昌想把台湾扫到哪里去？

台湾有一把"扫帚"要上天。台湾地区行政部门负责人苏贞昌说，若两岸开战，"给我一支扫帚都要跟他们拼"。好厉害的苏贞昌，你拿的是哈里·波特的"扫帚"吗？

最近一段时间，去年年底在"九合一"选举中惨输的民进党，一再拿两岸关系做文章，以高声呛大陆来博眼球，以恶化两岸关系来巩固"绿营"基本盘。民进党制造事端，引起台湾人民的担忧：一旦两岸开战，台湾能坚持多久这个问题像道年菜一样又被端上了餐桌。先是台湾地区领导人蔡英文在接受外媒采访时表态，台湾能承受住大陆的第一波打击。接着行政部门负责人苏贞昌表示要"战海上、战沙滩、战街道、战山上"，要与大陆血战到底。

民进党当局不认真反思"九合一"败选的原因，却一再挑衅大陆，其实隐藏着险恶用心。

一是解"深绿"之围。"九合一"选举后，岛内"极独"势力吹响反对蔡英文连任的集结号，先有"台独"四六佬公开信要求蔡英文"做一任就好"，后有辜宽敏呼吁"请蔡英文请赖清德选2020"，以维护民进党团结，再有以郭倍宏为总召的"喜乐岛联盟"发起"台独"公投"逼宫"。"极独"势力之所以对蔡英文不满,就是他们认为在民进党全面执政、中美竞争加剧、美国全面支持台湾的情况下,蔡英文的"台独"步伐太慢,"去中国化"的渐进式"台独"不解渴。蔡英文通过加大对抗大陆的力度,果然安抚了"极独"势力,把反蔡声量压制下去。

二是进一步向美国输诚。"依美抗中"是民进党的既定战略。蔡英文知道,台湾的战略空间取决于中美竞争的态势,仅靠"凯子式"的军购交保护费是远远不够的,在美国遏制中国力度不断加大的情况下,配合美国打"台湾牌",必定能得到意想不到的回报。所以,在西方多数国家对美国限制华为的游说态度暧昧的时候,台湾率先宣布限制使用华为,以向主子表忠心。在中美贸易战谈判的关键时刻,渲染大陆武力攻台,更是急不可耐地要把"台湾牌"塞进特朗普手中。美国当然也投桃报李,出面制止"台独公投",帮蔡英文解了"极独"的围,让蔡英文在CNN采访时宣布竞选连任,为蔡背书。

三是打压"蓝营"候选人。蔡英文通过制造两岸对立,就有了限制两岸交流的理由,使"蓝营"候选人的两岸政策不具正当性。最近,民进党当局提出了修改"两岸人民关系条例"的议案,将退休军官及公职人员的管制期由四年提高至十五年,等于剥夺了这些人来大陆交流的权利。"蓝营"的马英九、吴敦义等人本有在今年"520"管制期满后来大陆的想法,如民进党修法成功,就不可能了。

四是凝聚"绿营"基本盘。蔡英文知道,就现在态势看即将开始的2020年"大选","蓝绿白"三组人马参选是大概率事件。在"蓝绿"基本盘相对固定的情况下,保住基本盘是根本选择。蔡英文声势低迷、民调垫底,操作"反中"就成了唤回"绿营"民众的唯一办法。只要操作得好,胜选连任的可能性还是很大的。

只是,蔡英文只为自己的选举打算,不断"反中"挑衅两岸,台湾人民要的"拼经济",改善民生又怎么办呢?谁来维护台湾人民的利益呢?民进党无底线地攻击大陆,他们真的有与大陆一战的勇气吗?两岸真开战,台湾真的能经受住第一波打击?苏贞昌还有机会找扫帚吗?

台湾人民当然知道民进党是在说"干话",但对只会说"干话"的民进党,还是用扫帚扫进垃圾堆为好。

2019年2月24日

民进党内"震撼弹",赖清德对决蔡英文

2019年3月18日,台湾执政的民进党内发生了一件大事。年初辞去台湾行政部门负责人的赖清德突然跳出领表登记,争取党内2020年台湾地区领导人竞选提名,给正沉浸在民意代表补选胜利喜悦中的蔡英文狠狠地捅了一刀。

去年年底,在"九合一"选举中民进党惨败,执政县市由13个缩减为6个,民进党跌进一片愁云惨雾之中,蔡英文的民意支持度也跌到深不见底。为了挽救政治生命,蔡英文树起"反中"大旗,高声呛大陆,引得网络民粹声起,被誉为"辣台妹"。蔡英文也顺势在上月底接受美国媒体专访时宣布竞选连任。民进党党内似乎一切都已定于一尊,蔡英文的竞选班子也开始启动运作了。赖清德的这个突袭,一下子打乱了民进党的选举节奏,蔡英文要竞选连任,就必须先在党内与赖清德刀刀见血地厮杀一番。

其实,蔡英文确实没有看懂赖清德。这个年初坚辞行政部门负责人拂袖而去的男人,一直是她在党内的最大竞争对手。2016年台湾地区领导人选举时,辜宽敏等"台独"大佬就拱赖清德选,只是那时蔡英文的"小英基金会"培养的一干青年人占领台湾立法机构,"太阳花"们风头

正劲,蔡英文遂成为收割者。2018年,民进党在"九合一"选举中大败,岛内"急独"的"深绿"分子呼吁蔡英文"做一任就好",再拱赖清德参选。在民进党奄奄一息之时,赖清德拒绝与蔡英文同舟,毅然辞去行政部门负责人职务下船。回到台南老巢的赖清德在党内谁来选2020年这个问题上从来没有表过态,暧昧的态度使蔡英文一下子白了许多头发。

当然,赖清德跳出来竞争党内提名也不是完全没有正当性。这次岛内四席民意代表补选,被看作是2020年选举的前哨仗,特别是对民进党来说,由于新北、台南的两席都是"深绿"铁票区,有输不得的压力。选前,赖清德就高喊"民进党就剩下一口气",几乎是哭求"绿营"选民出来救救民进党,最后还是在陈水扁的加持协助下,小赢国民党候选人。在高投票率下,才小赢国民党,这对民进党来说不啻是一个危险的警告,2020年地区领导人选举肯定是"蓝绿白"三组人马对决,要赢得选举,就必须固住基本盘,唤出"绿色"选民出来投票。而"绿白"两组人马的票有相当部分是重叠的,"白色"的柯文哲最近不断拜会抱着"台独"神主牌的李登辉、"台独之子"陈水扁,就是意在下步选举中抢"深绿"的票。就护"绿营"基本盘来说,赖清德比蔡英文有更大的号召力。所以,赖清德有出来选的底气。

赖清德出来竞争,当然首先冲击的是蔡英文。"九合一"选举后,蔡英文虽然辞去民进党主席,但是通过推举亲英的卓荣泰接任,仍然牢牢地掌握着党机器,民进党的初选程序也是为蔡英文量身定做的。针对岛内"独派"大佬反对她连任,蔡英文最近一段时间也密集地拜访李登辉、史明及陈水扁的母亲,缓和与"深绿""急独"的矛盾,通过不断地运作,也维持了党内派系的平衡。民进党党内最大派系新潮流系的陈菊、郑文灿等也都表态支持蔡英文。面对赖清德的突袭,蔡英文已开始反击。昨天，蔡英文在脸书发文，回顾五年前的"太阳花"学运，向"绿营"诉以悲情，针对赖清德对她执政错误的指责，蔡英文坚称台湾"走在正确的道路上"，强硬表示会在本周四出岛访问前完成初选登记。

　　赖清德出来选，不仅仅是民进党的家务事，对岛内整体选情的冲击也是很大的。相对于蔡英文，赖有着更高的人气，考验着"蓝白"参选人的信心和意志，原来以蔡英文为假想敌的人，还有参选的意愿吗？昨天，赖清德在接受采访时称赞韩国瑜是"百年难得一见的政治奇才"，"期待2020彼此进行一场君子之争"，视同党的蔡英文、"白色"的柯文哲、"蓝营"的几大"天王"为无物。看来，赖清德想在对决蔡英文后一路杀到底，直取2020大位。

　　各位看官，且看信心满满的赖清德，能耍几板斧吧。

2019年3月19日

"台独"分子赖清德的焦虑

这几天,台湾岛内最大的新闻莫过于自称"务实台独工作者"的赖清德领表加入民进党党内初选,与蔡英文争夺 2020 年台湾地区领导人党内提名。赖清德曾表态支持蔡英文连任,然而,就在几乎所有人都认为民进党已定于一尊,由蔡英文代表民进党 2020 年选举连任的时候,赖清德突然斜刺里横刀冲出,惊得正准备出岛访问的蔡英文直流冷汗,民进党党内也一片惊呼。其实,分析去年"九合一"选举以来的岛内形势,赖清德在"绿营"一片焦虑声中跳出来"承担责任",一点也不奇怪。

"台独"分子对能否在 2020 年选举中保住政权的焦虑。去年年底"九合一"选举中民进党惨败,只保住 6 个县市。民进党的失败缘于执政后的傲慢与无能,最后使"讨厌民进党"成为岛内最大党。然而,对民进党来说,选举的惨败,并不是民进党的谷底,即将到来的 2020 年地区领导人及民意代表选举失败才是民进党的深渊。今年以来,蔡英文撕下"维持现状"的面具,靠大声"反中"激起民粹主义,一时网络声量逆势上升。但网络声量并没有转变为民意支持度,在岛内所有以 2020 选举为内容的民调中,蔡英文在设想的"蓝绿白"人马中,始终处于垫底的位置，在大多数"台独"分子心里，蔡英文必输几乎是共识。2020年失去政权的焦虑与恐慌始终在"绿营"特别是"急独"分子心理蔓延。3日16日进行的民意代表补选，被誉为是2020年选举的前哨战，民进党虽然保住了两个"深绿"选区的名额，但都是险胜。在台南选区，赖清德连续多天一大早就与候选人一起拜票，这个原来"绿营"一呼百应的铁票区，赖清德已失去之前当市长时的人气。赖清德对选民高呼"民进党就剩下一口气了"，呼唤"绿色"选民要出来投票救民进党。赖清德与候选人在寒风苦雨中拥抱的镜头，真像一对难兄难弟在街头相拥而泣。最后关头若不是陈水扁相助，鹿死谁手还真难说。也许，正是这次在"深绿"铁票区差点翻船的经历深深地刺激了赖清德：与其让一个没有把握赢的蔡英文丢掉民进党政权，不如自己出来选。毕竟，无论是在"绿营"的号召力，还是在各类民调中，赖清德才是有能力与"蓝白"候选人一博的"绿营"天王。

"台独"分子对能否抓住"台独"战略机遇期的焦虑。2016年民进党蔡英文上台，加上"绿营"在民意机构的绝对多数，民进党完全执政，出台了一系列清算在野党、"反中去中"的法案。然而，在"台独"这个问题上，蔡英文面对大陆的绝对优势力量和对"台独"的警惕，只敢搞"去中国化"的"渐进台独"，无法满足"急独"分子的期望，以"喜乐岛"联盟为代表的"台独"势力对蔡英文多有怨言。特别是去年年底"九合一"选举，民进党在执政三年不到的时间就烂成这样，更是让"台独"焦虑，民进党全面执政尚不敢宣布"台独"，一旦失去政权，"台独"之路岂不是到了尽头？所以，才有了新年一开始，"台独"四大佬就买版面做广告，要求蔡英文"做一任就好"，才有了辜宽敏"请蔡英文请赖清德选2020"以维持民进党"团结"的妙方。18日赖清德跳出来登记参选，在民进党高层的一片惊呼中，兴高采烈表态支持的正是这批"急独"人物。可以想象，如果最后由赖清德代表民进党选，"统独"议题，将是2020这场选举的主轴。

赖清德对自己能否保持政治前程地位的焦虑。赖清德在民进党内一直被誉为"赖神"，是公认的"储君"。2016年选举时，党内就有一股极大的拱赖势力。只是那时蔡英文因"太阳花"学运而风头正劲，只能忍了下来。去年选举后，在要"团结"的呼唤中，赖清德勉强表态支持蔡英文连任，但从未说过自己不选，更是坚定拒绝蔡英文的挽留而辞去行政部门负责人职务，与蔡英文作出区隔。然而，形势比人强，在民进党主席补选中，以桃源市长郑文灿为代表的中生代绝地而起，特别是郑文灿俨然成为民进党中生代共主。失去政治舞台的赖清德，能否保鲜四年，到2024年还是众望所归的"储君"吗？

所以，无论是"务实台独工作者"的"台独"大业，还是赖清德个人的政治前程，无论是"台独"大佬们的力逼，还是民进党基层的期盼，赖清德跳出来选，都是太正常不过的事。

只是，大陆早对"台独"画下红线，蔡英文因拒不承认"九二共识"，导致执政困境，赖清德想挑起"统独"对抗而赢得2020选举，大概也是刀尖上跳舞，随时都有粉身碎骨的可能。

2019年3月25日

蔡英文的"执政价值"是个什么东西?

陷于民进党内初选泥沼的台湾地区领导人蔡英文,为了搞死党内竞争对手赖清德,又创造出一个新名词,说她选举连任是捍卫"执政价值"。这个新词一提出,一下子把关心台湾前途的各路人马推入云山雾罩之中,蔡英文的"执政价值"是一个什么东西?

蔡英文大小姐出身,喜欢一些文青语言,经常创造一些"某某价值"的新词,初听感动,再思空洞,说了也做不到或根本就没想去做,这也是去年年底"九合一"选举民进党惨败的根源之一。但这次,事关她本人能否做掉赖清德,代表民进党2020竞选连任,这个"执政价值"听起来虚无,但在蔡英文心里还是有着实实在在的意涵的。

4月10日,民进党中执会帮蔡英文修改了民进党初选规则,把初选推迟到5月22日党内民意代表提名完成之后。这已经是民进党第二次帮蔡英文修改初选规则了。蔡英文之所以能这么做,就是因为她是现任的地区领导人,体现出了"执政"的价值。去年年底民进党在"九合一"选举中惨败后,蔡英文辞去民进党主席之职以示负责。但是,着眼于选举连任,又推出"英系"人马出任党主席,以便掌握党机器。"亲英"的卓荣泰上任党主席后,一直为蔡英文连任铺路,为蔡英文量身打造了党内初选规则。只是因为不讲诚信的赖清德突然"政变"式地杀出，使得民进党内措手不及。但是，在蔡英文执政的前提下，赖清德要在党内初选机制上不遭暗算不吃亏是不可能的。3月18日，赖清德登记要参加党内初选后，"绿营"基层多表支持，但是党内上层即便是赖清德所在的新潮流系却是一片反对之声。为什么？因为他们都是蔡英文"执政"的既得利益者。因为蔡英文"执政"，以苏贞昌为首的一伙败军之将才有机会组成"复仇者联盟"，把持行政部门的大小官缺；因为蔡英文"执政"，民进党才能轮流坐庄，到各类公营事业单位占缺分肥。这不，前几天苏贞昌又把中油、华航等公司的董事长总经理换了一遍。这些人现在还享受着蔡英文的"执政价值"，当然不可能站出来反对蔡英文连任了。

有了上面这些"执政价值"，蔡英文便可在民进党内上演"宫斗"剧了。赖清德跳出来挑战她的连任之路后，蔡英文一方面以"出访"为由，要民进党延后协调时间，一方面又授意成立"五人协调小组"，企图让派系大佬们劝退赖清德，甚至与现任副手陈建仁演出哀兵之计，逼迫赖清德与她"蔡赖配"，但是赖清德油盐不进，坚持要走完初选。无奈之下，蔡英文被迫与赖清德会面，蔡英文说了一大堆她参选的理由，归根结底就是要"现任优先"。为了强化自己"现任优先"的正当性，还找出了"有初选的选举都是输"的理论根据来。"现任优先"当然也是"执政价值"之一了。

当然，拼连任，蔡英文光靠这些还是不够的，运用执政资源"投美抗陆"，赢得美国撑腰是重要方面。蔡英文一方面开出巨额军购向美国交"保护费"，一方面企求美国有更多的"挺台"动作，塑造美国中意蔡英文连任的现象。在两岸关系上，蔡英文祭出"抗中"的"辣台妹"形象。最近，运用执政手段限缩两岸交流，召开所谓的"国安会议"大动作反制"一国两制",以此向"深绿""独"派靠拢,企图激起民粹主义提高民意支持度。果不然,蔡英文竟然网络声量大涨。

所以,蔡英文的"执政价值",就是利用执政资源分肥赢得党内派系支持;就是要"现任优先",排除异己逃避党内初选;就是有权拿人民的血汗向美国"主子"表忠心,希望做个"儿皇帝";就是用公权力打击在野党,置对手于死地;就是可以用权力来恶化两岸关系,塑造自己是台湾利益"维护者"的形象。总之一句话,蔡英文连任才能体现民进党的"执政价值"。一个执政无能的领导人竟然能把"执政价值"发挥得如此极致,还真是台湾人民的悲哀!

只是,当民进党内的这些戏码加速上演的时候,去年翻转了南台湾、翻转了台湾后山的台湾人民,还能被民进党迷惑吗?也许,台湾人民正在写一个教训民进党的剧本吧!

2019年4月13日

郭台铭会是台湾版的"特朗普"吗?

经过拜关公、拜妈祖,两岸著名企业家、鸿海集团董事长郭台铭宣布投入 2020 年台湾地区领导人国民党党内初选提名。高雄市市长韩国瑜说的"老鼠拉木锨——大的在后头",这个"大的"终于出来了。

4 月 17 日上午,郭台铭来到"起家厝"板桥慈惠宫参拜妈祖。郭台铭与慈惠宫的渊源要从他小时候说起。当年郭台铭的父亲在板桥任警佐,庙方把厢房借给郭家居住,后来慈惠宫扩建,师父说郭家居住的位置恰好是"财位",于是将厢房建为五路财神殿。巧的是,在这里住了九年的郭台铭后来成为台湾首富。

其实,岛内早就有人劝郭台铭出山竞选台湾地区领导人。当地产商人特朗普当选美国总统后,厌倦了岛内"蓝绿"恶斗的人士,就希望台湾也能出一个另类的商人做地区领导人。上个月 31 日,郭台铭在社交媒体上贴招人广告,放上了自己与美国总统特朗普的照片,并附文"川普和郭台铭说悄悄话?",就有外界联想郭是否要"弃商从政",竞选台湾地区领导人。4 月 15 日,郭台铭参加"美国在台协会"(AIT)在台北的活动,就直截了当地问 AIT 主席莫健,美国"是否只支持台湾特定的候选人",言辞甚是火辣,露出参选雄心。今天,当他在台北国民党党部正式宣布参加国民党初选提名后，鸿海集团在大陆、台湾及香港上市公司的股票一片翻红，许多人说，台湾的"特朗普"来了。

把郭台铭与特朗普相提并论，是因为他们都是商人，是成功的企业家，相对讲还都是政治素人，从性格上讲，两人都主观执行力强，迎合了台湾民众"拼经济"的呼声。然而，郭台铭要成为台湾的"特朗普"，还有很长的路要走。

首先，郭台铭要在国民党党内初选中胜出。国民党宣布要参加党内初选的有前党主席、刚卸任新北市长的朱立伦，前立法部门负责人、现任民意代表的王金平。就郭台铭的人气来讲，在初选中胜过朱王应不是问题。他的党内的最大对手应该是一直不肯表态但被基层疯狂热拱的高雄市长韩国瑜。去年年底"九合一"选举中，韩国瑜掀起"韩流"席卷全台，被誉为"一人救全党"，是国民党大胜的功臣。近两个月来，"蓝营"普遍认为，只有韩国瑜出来竞选，国民党才能在 2020 年夺回政权。韩国瑜虽然一再表态"2020 不在考虑之内"，但也感受到"蓝营"民众力拱参选的压力，特别是这几天访美发表的几场演讲，已展现出竞争地区领导人"大位"的高度。回到岛内的韩国瑜，是就势回到高雄"做好做满"，"为高雄人民打拼"，还是继续展现雄心参加党内初选？如果决定把高雄市长"做好做满"，"韩粉"们答应吗？如果参加党内初选，"韩粉""郭粉"高度重叠，支持者分散的情况下，还能出线吗？强棒出来了，反而考验国民党的团结，考验党主席吴敦义的智慧。

其次，党内出线后，如何在"绿白"夹杀中突围。目前，民进党正陷入党内初选的旋涡中。但是，无论是现任地区领导人蔡英文出线，还是前行政部门负责人、"务实台独工作者"赖清德出线，挑起"统独"对立，用所谓的"护主权"来斗垮国民党候选人将是主要手段。郭台铭是一个在大陆有大量投资，有数家公司在大陆及香港上市的商人，如何说清楚他与大陆的关系而又不被抹红？如何让台湾民众相信他不会因为在大陆的经营而"出卖"台湾的利益？前几天，郭台铭露出参选意向后，台湾企业界就有人不赞成，说郭台铭会"未蒙其利，反受其害"。这些，都考验郭台铭的论述能力能否说服台湾民众，认可他的经营能力将带领台湾再次走上经济腾飞之路。另外，自誉为"白色"力量的台北市长柯文哲，也是一个不可忽视的力量，他的选与不选，是否与"绿营"合作都决定了一部分人的投票方向。

总之，郭台铭参加竞选，绝对是台湾的一颗震撼弹。台湾社会讨厌"蓝绿"恶斗、希望拼经济的诉求，郭台铭的成功商人形象，是郭台铭赢得选举的有利条件。但在一个民粹主义盛行，政党及政治人物善于挑动"统独"厮杀的社会，要赢得选举还有很长的路要走。

愿国民党"韩流"呼啸，"台风"旋起。

2019 年 4 月 17 日

民进党在"恶"的路上越走越远

前两天,台湾的前民进党籍民意代表林国庆与美丽岛电子报董事长吴子嘉在电视节目中,就民进党有没有党内初选赌500份臭豆腐。其实,他们不用赌,民进党的这场党内竞争,已经让民进党成为一盆臭豆腐了。

去年年底,民进党在"九合一"选举中惨败,蔡英文在岛内民意度跌入谷底。她任命的行政部门负责人赖清德早已看出她的破绽,坚辞行政部门负责人职务,为挑战蔡英文留下伏笔。3月18日,赖清德震撼出击,登记参选,被誉为对蔡英文投下"震撼弹"。蔡英文利用权力,迫使民进党一再修改党内初选规则为她赢得提名铺路。民进党的歹戏拖棚早让岛内民众看不下去,连赖清德自己都说,"民进党离恶的距离是零"。

其实,为了权力蔡赖互斗,这只是"狗咬狗一嘴毛",把民进党酿成一盆臭豆腐而已。然而,蔡英文执政三年不到,已造成岛内经济不振、民生不彰、政治恶斗、两岸关系倒退,民进党确实已经在"恶"的道路上越走越远了。

民进党一上台,立即视岛内资源为一党之产,所有公营事业单位都成分肥对象，用于酬庸昔日对民进党有功之人，由于派系分配不均，还造成党内互打。特别是最近，现任行政部门负责人苏贞昌，乘蔡英文与赖清德打得不可开交之际，突击式地把几个重要公营事业单位的董事长，都换成自己人，蔡英文看了也无可奈何，这吃相真是要多难看有多难看。

掌握了权力的民进党不思如何把岛内经济搞上去，而是把斗争在野党放在一切工作的首位。民进党一上台就放言执政20年没有问题，把主要精力放在追杀国民党上。蔡英文天真地认为，只要斗垮国民党，民进党就没有了竞争对手，就可以在岛内一手遮天。于是，民进党利用在民意机构的人数优势，强行通过"转型正义条例""不当党产条例"，企图用"不正义"把国民党钉在历史耻辱柱上，用没收"党产"把国民党饿死困死。然而，人算不如天算，那些得了权的民进党人，竟自喻"东厂""西厂"，一下失去民心。

民进党可以通过不当手段立法整治在野党，但对自己人的违法乱纪行为却是另一副面孔。前几天，民进党创党大佬张俊宏，因"全民电通案"被判刑，潜逃一年后现身。然而，张不去投案坐牢，而是跑到总统府去"陈情"。前地区领导人陈水扁是一个经国际认证的腐败分子，最近连瑞士都看不下去，发函台湾询问扁案要审到何时，因为陈水扁贪污的三个亿还在瑞士，人家无法结案。就这么一个腐败分子，蔡英文当局竟然第18次同意他保外就医延期。是陈水扁身体不好吗？看他全台"趴趴走"，精神好得很。是他遵守保外就医规定了吗？当然没有，你看他为儿子竞选造势，开脸书"新勇哥（陈当年养的狗）物语"，把台湾政坛咬得人人自危，连蔡英文也不能幸免。可陈水扁已预告，过几天要北上签名售书了。你说，台湾社会还有法吗？

在两岸关系上，蔡英文违背"维持现状"承诺，大搞"去中国化"，启用新版教科书，把中国史并入东亚史，完成了"台独"教科书改造的"最后一里路"，企图培养更多的"天然独"。在东亚奥运委取消台中东亚青运承办权的警告下，仍然纵容"台独"分子发起"东京奥运会正名公投"。特别是最近，声称"绝不承认'九二共识'"，"坚决反对'一国两制'"，把大陆坚持和平统一的善意污名化为"并吞"台湾，还要立法把大陆定为"敌人"。民进党已经是两岸交流的破坏者、两岸和平发展的障碍。

标榜"民主、进步"的民进党，重新上台执政后，一直干着既不民主更不进步的事，也难怪国民党没斗倒，倒激起一个"全民最大党讨厌民进党"，在"九合一"选举中台湾民众狠狠地教训了民进党。

现在，蔡英文正使出民进党选举惯用的招数作挣扎。今年来，蔡英文不断地用大声对抗大陆把自己打扮成"台湾主权"维护者的形象，企图通过激化两岸关系，唤起"统独"对立，在"蓝绿"对抗中保住"绿营"基本盘选票实现连任。只是，在党内，赖清德志在必得，蔡英文即使赢得民进党党内提名，也必将伤痕累累。在岛内，"蓝营"候选人声势正隆，蔡英文要保住连任谈何容易。

当然，我们也知道，岛内政坛犹如八月台风季，说变就变，终结民进党政权还有很长的路要走。

2019年5月4日

国民党党内初选，切不可上演武打片

昨天上午，高雄市长韩国瑜就参选台湾地区领导人发表五点声明。声明简短，被外界解读为：我愿承担，但要征召。同时批判国民党脱离民意的"权贵密室协商"政治。韩国瑜的声明，立时让国民党中央陷入"韩粉"声讨之中。

真是应了"三个和尚没水吃"的谚语。就现在的民调来看，"蓝营"的韩国瑜、郭台铭都稳胜"绿营"的蔡英文、赖清德及无党籍的台北市长柯文哲，前新北市长朱立伦也能与"绿白"候选人一搏。在外人看来攥着一把好牌的国民党主席吴敦义，却不知在鸿海老板郭台铭按照妈祖托梦宣布参选之时，已经是钻进风箱两头受气了。

去年年底，韩国瑜仅凭"一瓶矿泉水一碗卤肉饭"，以庶民语言、接地气形象，在高雄掀起"韩流"，上演了一曲"一人救全党"的大戏，是"九合一"选举国民党大赢15个县市的功臣。倚着高人气，"韩粉"及"蓝营"基层力拱韩国瑜"宜将剩勇追穷寇"，一举夺下台湾地区领导人之位，终结民进党统治。然而，韩国瑜上任高雄市长刚百天，实在难以说出口，唯一寄希望国民党征召来维持参选的正当性。然而，郭台铭的突然登记，让韩国瑜被动征召的打算破了功。

说实话，访美期间呈现出的高人气，在华侨"选2020"和岛内"韩粉""非韩不投"的呼声中，韩已被激起参选雄心，国民党吴敦义也摆出向征召韩国瑜的方向努力的架势，郭台铭的突然登记，当然地会被认为是"从后面打了一枪"，韩国瑜此时再不表态，就有可能彻底与"大选"失之交臂了。

韩国瑜的五点声明，表明了愿意承担的意愿，也让吴敦义主席有了征召他参加党内初选的理由，国民党中常会也做出了征召韩国瑜参加党内初选的决定。但是，这并不是问题的结束，而是考验国民党及吴敦义主席的开始。

一是国民党内两强对峙的局面也已形成。郭台铭宣布参加竞选后，国民党内就出现了一股要韩国瑜回归高雄把市长"做好做满"的声音。郭台铭在大陆、岛内及香港的上市公司应声大涨，民调也仅次于韩国瑜，力压蔡英文、赖清德、柯文哲，国民党内许多人认为有这张王牌就够了。他们没有感受到或者根本不愿体认到韩国瑜在"韩粉"拥戴下，已志在必得的心情。特别是郭台铭宣布后，就有一些党内大佬站出来，好像国民党已赢得了选举，他们劝进有功一样，加上吴敦义迅速为郭的党籍问题解套，"韩粉"看在眼里，这还不就是权贵密室政治吗？这不就是卡韩吗？

二是郭韩二人的道德高度在降低。韩国瑜之所以迟迟不能表达参选意愿，就在于他刚刚就任高雄市长，在道义上站不住脚。现在"愿意承担责任"，但也让他从道德高点跌落下来，最后即使代表国民党参选，也会给对手落下话柄。郭台铭选在韩国瑜访美即将归台之际快速宣布参选，被誉为是对韩的"夜袭"，是"背后开枪的人"，一干国民党大佬配合演出，俨然又是被人利用的"卡韩"工具。这两个本来都有高度的人，尚未上战场，已经有伤了。

三是"蓝营"及"韩粉"已有分裂之势。国民党内拥郭与拥韩阵营已开始各自形成,再加上朱立伦、王金平阵营,内斗内行的国民党已让"蓝营"民众忧心。特别是"韩粉",他们是"韩流"的推动者,"九合一"选举他们帮助国民党夺回15个县市,但是他们并不都是"蓝营"民众,更不完全是国民党的支持者,除了大量中间选民甚至还有原是"绿色"的民众。所以,一旦韩国瑜不能出线,他们中许多人可能就不会把票投给国民党候选人了。

"三个和尚没水喝"是因为大家都不想挑水。面对都想挑水的和尚,国民党怎么办?前段时间,吴敦义主席通过宣布自己不参选,展现高度,赢得了话语权。现在,吴主席要有更大智慧办一场不内斗、不伤人的党内初选。不能让初选使候选人失去了道义高度,不能因为内斗为"绿营"候选人提供炮弹,更不能因为各拥其主而分裂。韩郭现在的民调高,并不等于正式选举时的民调高。一个团结的国民党能否打败民进党都是问号,一个分裂的国民党肯定赢不了选举。国民党的这场初选切不可上演武打片,更不要演成惊悚片!

2019年4月24日

双城论坛，塑造台湾政治格局

前几天，以"创新、合作、未来"为主题的"2019上海—台北城市论坛"在上海隆重举行。在台湾岛内政治诡谲多变、两岸形势严峻复杂的当下，双城论坛能够顺利举办，再次说明坚持两岸交流的政治基础，秉持两岸一家亲的善意，围绕基层民生的需求，两岸交流就能长期持久，两岸社会就能共享共荣。

对两岸关系的正确认知，是双城论坛持续进行的政治基础。上海—台北城市论坛起始于国民党执政台北的2010年。那时，坚持"九二共识"的国民党已经从走"台独"路线的民进党手中夺回政权，两岸政治、经济、社会文化等各方面的交流全面展开，双城论坛只是这股两岸交流大潮中的一朵鲜艳之花。然而，2014年底，国民党候选人在台北市长选举中惨败，民进党"礼让"的自称"墨绿"的柯文哲当选台北市长，双城论坛能否继续举办受到考验，柯文哲对两岸关系性质如何表态，成为双城论坛继续举办的关键。柯文哲虽然是民进党支持"礼让"而当上台北市长的，但是，有心走一条超越"蓝绿"的"白色"道路的他，对政治有更深的思考。他首先释出"五个互相"（互相认识、互相了解、互相合作、互相谅解、互相尊重）探路，继而在市府设立大陆工作小组处理两岸事务，再表态"一个中国不是问题"，提出"两岸一家亲"。柯文哲虽然没有说出"九二共识"，没有承认两岸同属一个中国，但他也没有否定"九二共识"，没有对两岸同属一中口出恶言。作为一个没党派政治包袱的政治"单干户"，这一系列表态和动作，终于赢得大陆谅解，双城论坛得以继续举办。本届双城论坛前夕，柯文哲再次接受媒体采访，表达"两岸关系不是外交关系，不是国际关系，是专属的两岸关系"，继续展现出与民进党"台独"路线进行区隔的态度。所以，双城论坛能持续十年，特别是无党籍的柯文哲主政台北后还能继续开展，关键就在于柯文哲对两岸关系作出有别于民进党的认知，以及他不断释出的希望维持两市交流的愿望和善意。

双城论坛连续举办也是两岸大交流热潮的必然要求。2008年国民党重新夺回执政后，两岸交流掀起热潮，特别是大陆开放赴台旅游后，两岸人员往来更为密切。上海—台北城市论坛也正是在这种两岸大交流的热潮中开启了帷幕。作为"白色"力量的柯文哲，能够顶住民进党及岛内众多"独派"的攻击压力，向大陆表达善意把双城论坛办下去，就是他看清了两岸交流的大势，顺应了两岸交流的潮流，用他自己的话说，台湾有200多万人在大陆，有70多万生活在上海，岛内有40万陆配，两岸必须维持一个交流的管道。

有别于两岸交流中许多坐而论道的论坛，上海—台北城市论坛从一开始就坚持政府推动、基层参与、民生为主的办论坛模式，民生市政基层成为双城论坛的动力。十年论坛，两市签署了36项协议，在教育、卫生、体育、文化、环保、旅游、交通、老人照护、社区医疗、青年创业、智慧城市等方面开展了广泛的交流与合作。这些成果又成为双城论坛持续开展的动力。

双城交流，十年有成。上海—台北城市论坛的开展，既顺应了两岸关系发展的大势，同时，对双城论坛的态度又是岛内政治格局的象征，或者说双城论坛塑造了岛内政治格局。

2014年底前，岛内是两党相争，即承认"九二共识"的国民党与坚持"台独"路线的民进党。柯文哲的出现，使岛内出现了第三种势力——"白色力量"的可能。与拒不承认"九二共识"的民进党蔡英文相比，之前18次到过大陆，去过延安西柏坡的柯文哲对大陆有更深的认识，他知道"让十四亿人有饭吃不是一件容易的事"，对大陆的崛起和发展也有更直观的了解，他的务实促使他对大陆表达出更多的善意和尊重。说实话，他的"五个互相"，只是一个善意的表态，"两岸一家亲"也不过是一个姿态而已，"一个中国不是问题"更是一种模糊语言，只有"两岸关系不是外交关系"才算得上是一个政治表述。但是，进入第五个市长执政年头的柯文哲无论在行动上还是在语言上，都维持了在两岸关系上的一贯态度和善意。如果没有双城论坛，自称"墨绿"，由民进党"礼让"支持当选台北市长的柯文哲在两岸关系上能是今天这个态度吗？或许，在民进党的拉拢和压力下，早就与民进党合流了。双城论坛的举办，为柯文哲在两岸特别是岛内搭建了一个政治舞台。这个舞台，让柯文哲展现出处理两岸问题的能力，让柯文哲有了对抗民进党及"独派"压力的支点。由此，没有倒向民进党，并与民进党保持一定区隔的柯文哲也成了岛内政治的"第三极"，使台湾民众在"蓝绿"两党以外多了一个选择。看看现在的岛内选举，"蓝绿"两党都把柯文哲列为对手，是一个多么有意思的现象。

本届上海一台北城市论坛结束了，柯文哲挟论坛的高人气又在岛内南北"趴趴走"走了。我们当然不能幼稚地认为，因为双城论坛，柯文哲就改变了"墨绿"的底色，"两岸关系不是外交关系"也不等同于"两岸同属一个中国"的"九二共识"，柯文哲这个民进党曾经的盟友也更没有主张两岸必须统一。柯文哲就是柯文哲，他是岛内那些讨厌"蓝绿"恶斗的青年人的希望，是岛内民众抛弃民进党、国民党两个"烂桃子"后的第三个选择，在岛内即将到来的选举中，柯文哲会扮演一个什么角色呢？大家拭目以待吧。

2019 年 7 月 14 日

民进党舞剑，意在吃"瑜"

民进党秘书长罗文嘉最近在忙一件大事——"反红色媒体渗透"。他先是亲自参加由"网红馆长"陈之汉与时代力量民意代表黄国昌发起的"反红媒游行"，还上台演讲喊话，这两天又借旺旺中时媒体对英国《金融时报》不实报道提告，指责旺中集团用"滥诉恫吓回应社会质疑"。

旺旺中时媒体集团是不是"红媒"，台湾社会是不是只容得下"自由""苹果"等鼓吹"台独"对抗大陆的媒体？相信台湾人民心中自有杆秤，能分辨出什么样的媒体才能有利两岸和平、促进经济发展。但是，民进党最近的"反红媒"动作越来越大，明眼人都能看出，他们正在针对国民党候选人韩国瑜布一个"局"，民进党舞剑，意在吃"瑜"。

毋庸置疑，自从国民党的韩国瑜竞选高雄市长开始，旺中传媒就是韩国瑜的坚定支持者，助韩赢得高雄市长宝座功不可没，也因此招来民进党的嫉恨。在民进党行政部门负责人苏贞昌的压力下，号称"独立机关"、负责媒体管理的"NCC"数次对旺中旗下的中天电视开罚。然而，旺中不改初心，一路挺韩到底。现在，韩国瑜在国民党初选中出线了，挺韩的旺中，自然成为民进党的打击对象。

然而，把旺中贴上"红媒"标签的，倒是国民党自己人。国民党初选中，竞争最激烈的莫过于韩国瑜与郭台铭，挺韩的旺中系与台湾首富郭台铭结下梁子。郭台铭在媒体前大声控诉韩国瑜背后是旺中支持，又说旺中受国台办控制，要韩国瑜远离受国台办控制的媒体。一直把韩国瑜列为第一对手的民进党立时捡到枪，由此，就有了"网红"陈之汉到台北游行"反红媒"，而罗文嘉上台力挺。民进党对旺中等坚持中华民族大义的媒体的攻击也由"假新闻"进入"反红媒"。民进党中常会也在7月初推出"反红系列专案报告"："红色威胁：科技攻击与科技窃盗""中国影视的红色元素及其对台湾的冲击""高等教育机构的红色渗透：民主防御机制的他山之石"，并确定8月在全台湾开展"反红色渗透巡回座谈会"，全面营造"红色威胁"。可以想见，在接下来的大选中，"反红"将成为民进党"反中反陆"操作的重点。

把旺中媒体打成"红色媒体"又是这波"反红"操作的重点和先导。旺中媒体一贯坚持"九二共识"，宣传两岸和平发展，老板蔡衍明的事业又在大陆发展得红红火火，对旺中抹红上色容易。旺中成了"红色媒体"，受旺中支持的韩国瑜身上自然也就披上了红色外衣，进而还可说成是"红色媒体"的傀儡。在民进党营造起来的"反红"浪潮中，韩国瑜还用选吗？蔡英文大概在梦中都要笑醒，要好好奖赏罗文嘉们了。

民进党们的这一波"反红"操作不仅仅是舆论战，更是完成了从"法律"到行政的系列操作，为"反红"织就了一张密不透风的"网"。前几天，民进党刚主导修改了"国安五法"，又着手修法"反中共代理人"，今后，在岛内讲"统一"甚至与大陆交流都可能会被扣上"中共代理人"的帽子而坐牢。岛内有识之士惊呼，这不是"绿色"恐怖吗？你还别说，善于操作民粹、善于打选仗的民进党还就是比国民党胆子大，以"保台湾"为名，运用执政优势，把法律、行政、舆论等手段通通用来为自己的选举服务，国民党还得乖乖地跟在后面起舞。

其实，细想民进党的"反红"操作，不仅吃"瑜"，后面还有更大的阴谋。民进党上台以来，无论是文化上的"去中国化"，还是经济上的"新南向"，根本目的就是要割断两岸的联结。然而，近年来，两岸交流越来越深入，台湾青年纷纷赴大陆创业就业，"去中国化"破功。而这一波"反红"操作却给两岸交流制造了障碍，起到了"去中国化"没能做到的效果。把旺中媒体打成"红媒"，在岛内媒体界必然形成"寒蝉效应"，"三立""民视""自由""苹果"等"台独"媒体将一统天下，民进党搞"台独"也就没有了后顾之忧。民进党这次"反红媒"真是一"瑜"三吃：宣誓了"反中"、消灭了异己、打击了竞选对手。神操作，绝了！

只是，台北市长柯文哲曾经提醒民进党的一句话，民进党可别忘了："强盗抢东西，别忘了警察在边上看着。"岛内怎么选举，你们自己玩玩好了，但是，要拿两岸关系作赌注，想趁机在"台独"路上再奔两步，大陆手上的警棍可不是吃素的。

这不，国防部前几天宣布，要在东南沿海举行大规模军演。蔡英文，你懂的！

2019年7月20日

国民党不能只是一群"残兵"相

台湾岛内的"蓝绿"两党都在进行竞争地区领导人资格赛。坚持"台独"路线的民进党,现任地区领导人蔡英文与前行政部门负责人赖清德已然翻脸,为争夺提名杀到"刀刀见骨"。然而,蔡赖虽然为提名相互攻讦,但在坚持"台独"路线,打击"蓝营"对手,抹黑污蔑大陆上却是出奇地一致。反观"蓝营"的国民党参选人,却是一群"残兵"之相。

所谓残兵,就是被对手杀得风声鹤唳,闻敌不战而逃,为了自己活命,对自己人凶狠逞强。看看现在的国民党诸君,何不是如此!

挟着去年"九合一"大胜的气势,国民党本有满把好牌打赢即将到来的地区领导人选举。然而,在党困境时缩着头的大亨巨头们都跳出来想趁大势捡好处,一把好牌要打到"烂糊"。

两岸牌一直是国民党的强项,民进党执政不彰的根本原因就在于拒不承认"九二共识"。然而,面对民进党对"九二共识"的污名化,国民党的候选人竟然失去了正本清源的能力和勇气,他们不仅不敢对抗民进党的歪理邪说,有的还用近乎"两国论"表述"九二共识"要大陆接受。更有甚者,"一国两制"是大陆出于善意而提出的两岸未来统一的方法，国民党的候选人不问青红皂白跟在民进党后面大喊反对。可以说，国民党的候选人们在两岸论述上已开始向民进党投降，成为民进党的尾巴，真是好一副"残兵"相！

对民进党投降，对自己人却是"降龙十八掌"，招招夺命。"黑韩"招招出，"黑郭"还有"司令部"，更有张弓搭箭待价而沽的"影武者"，一个"窝里横"现代版本正在上演。唉，"残兵"斗狠自相残啊。

请问国民党诸君，你们的参选是想打败执政不力的民进党让台湾走上正确的发展轨道？是想挽救由于民进党"反陆"而日益严峻的两岸关系？还是你们只想登上"大位"光宗耀祖？还是过了钱瘾财瘾再过一把"官瘾"？

近年来，岛内有识之士一直批评国民党没有了中心思想，批评国民党没有了论述能力。现在看来，国民党更在岛内丧失了话语权。民进党及各个"独派"势力不停地设计出各种议题，然后看国民党候选人们磕磕巴巴地去翻书找答案做试卷。也许，去年"九合一"大胜来得太突然太偶然，国民党没有从胜选中总结出之所以胜利的理论论述，更没有想到要用这种论述去说服台湾人必须彻底让民进党下台。所以，现在大选尚未正式开始，国民党内部已在民进党的进攻面前乱了阵脚，节节败退了。这样下去，正式决战时，国民党还有多少胜算？

所以，国民党要打赢明年初的选战，首先要去掉目前的"残兵"之相。要内部整军，分清敌我。争取出线资格当然重要，但这只是党内竞争，"黑韩""黑郭"这些愚蠢的"残兵"行为都要停下来。当兄弟杀成"敌我"，在民众中形成"非韩不投""非郭不投"时，即使出线了，最后也只能是败将一个，得便宜的只是那个终极对手而已。要坚守理念，炮火对敌。"九二共识"是发展两岸关系的定海神针，是当年两岸协商而来的共识，是否坚持"九二共识"是岛内政治力量的根本分野。面对民进党的污名化，国民党的候选人必须旗帜鲜明地反对，向台湾人民说清楚历史真相，决不能跟在民进党后面拿香跟拜，更不能迎合民进党表述成"一边一国"。国民党如果连这点战斗精神都不具备，打败民进党大概也只能是自己"喊爽"吧。

  以上，只是一个局外人对国民党及各位候选人的忠告，希望国民党及各位候选人能认识到，去年"九合一"的胜利并不能保证明年的选举一定赢。不能让去年好不容易积攒起来的优势一点一点地消失，不能让台湾人民对国民党的失望不断增加，否则，将白白断送了大好前程！

2019 年 6 月 13 日

蔡英文的一次"走私"之旅

台湾地区领导人蔡英文"窜访"加勒比海四国,回岛还没出机场大门,即爆出随行安保人员走私香烟9800条的丑闻,蔡英文"痛斩"两名负责维安的将军平息民愤。其实,利用权力和公器走私的何止是这些维安人员,蔡英文的"窜访"不就是一次"走私"之旅?

名为"固邦",实是走私"过境"。蔡英文这趟名为"自由民主永续之旅"的出访,访问台湾在加勒比海地区的几个"友邦",包括海地以及圣露西亚、圣文森、圣克里斯多福及尼维斯。这几个国家对大陆及多数台湾人民来讲,除了海地因为动乱大陆派出维和部队有一定知名度外,其他的真是很少听说了。蔡英文要去"固邦",大概除了撒钱及闹点旗包掉下来之类的笑话,能有什么成果?与前几次"窜访"一样,醉翁之意不在酒,蔡英文要的是暗度陈仓——"过境"美国。所以,"窜访"过程的重点都是在美国的行程,随行媒体报道的重点是"过境"费城、丹佛的活动,绿媒兴奋的"突破"也是蔡英文在美国开展的活动。蔡英文回到桃源机场发表讲话,也是炫耀"台美"关系有了"深化"。可见,蔡英文出访"固邦"是假,走私"过境"美国才是真。

名为"深化"台美关系,实为走私"拉抬"选情。这次走私买烟的承办人,少校保安吴宗宪在交代为什么要买这么多烟时说"可能没机会了"。"可能没机会了"是当前民进党内许多人的心态。去年"九合一"选举民进党大败,蔡英文也被迫辞去党主席以示负责,党内对她能否连任信心动摇,于是有了同党的赖清德挑战现任连任的"震撼弹"。虽然蔡英文利用权力"耍赖"赢了党内初选,但能不能赢得明年大选,民进党党内许多人心存问号。正是在这种"可能没机会了"的"末日感"下,吴宗宪们才干了一票大的。这种"末日感",蔡英文的感受应该是最深的,她的胞姐在丹佛说蔡英文前段时间生活在地狱里,大概描述的就是这种"末日感"吧。不过蔡英文这几年也在斗争中成长,她成功地把自己的"末日感"演变为岛内民众对"亡国感"的恐惧,用对抗大陆转移了人们对她执政无能的不满。而要对抗大陆,"投美抗中"也就成了蔡英文唯一的路。所以,寻求美台关系新"突破",营造美国支持蔡英文连任的幻象,成为蔡英文竞选连任的法宝。这次"过境"美国纽约、丹佛留宿两晚,都能说成是台美关系新"突破",到学校搞了个闭门交流变成了"准访问"。蔡英文非常在意谁来见了她,谁参加了她的活动,谁请她吃了饭,与"亲台反华"议员骑了回马也兴奋得香汗直流。当然,这些活动不能光在美国做,"出口转内销"才是根本,所以,美国同意蔡英文在丹佛与随行媒体公开茶会,立马成了"首次",象征意义大极了,仿佛只有蔡英文才是美国中意的不二人选。

其实,蔡英文这趟"走私"之旅到底有什么成果,岛内外大家心知肚明。蔡英文出岛前,正逢美国宣布22亿美元对台"军售",但价格却比台防务部门的预算多了二分之一。岛内舆论认为,这大概就是走私"过境"美国的"买路钱"吧。从另一个方面讲,当前中美贸易谈判正准备重启,在这个关键时刻蔡英文只不过又配合美国打了一把"台湾牌"而已,作为回报,美国对蔡英文的留宿时间、活动限制稍微放松了些，权当给了根"骨头"吧。

现在，抱美国大腿"挟洋自重"，是蔡英文"末日"自救的唯一途径。在中美竞争加剧的大势下，蔡英文肯定会更加卖力地充当美国的"棋子"，以换取更多的"骨头"。但是，我们也相信，就像保安们走私香烟会被抓住一样，台湾人民也会识破蔡英文卖身投靠的伎俩。

2019 年 7 月 24 日

不要两岸交流，还享陆客"红利"？
蔡英文你想得美

7月31日，大陆罕见地以公告的形式，叫停大陆民众赴台个人游。台湾地区领导人蔡英文污蔑大陆把"观光客当政治工具"，虚伪地宣称个人游是大陆"青年人认识台湾最好的方法，也是两岸交流最自然、最真诚的部分"，她觉得不舍。大陆为什么暂停赴台个人游，蔡英文心里比谁都清楚，正是她上台以来一点一点地掏空了两岸交流的基础，大陆的决定只是她的报应而已。

2011年，大陆开启赴台个人游试点，就是建立在两岸都承认"九二共识"的基础上的。国民党执政期间，大陆陆续有47个城市开放赴台个人游，2015年，大陆赴台旅游的人数创纪录地达到418万人次，其中个人游达到了132万人次。2016年蔡英文上台以来，拒不承认"九二共识"，大陆赴台旅游的人数直线下降，2018年仅269万人次，其中个人游107万人次。2018年底，国民党在"九合一"选举中大胜，一举夺回全台22个县市中15个县市长席位，国民党的胜利引起大陆民众的认同，赴台旅游又兴起热潮，据台湾相关部门公布，今年上半年大陆赴台游人数达到168万人次，个人游达到63万人次，预估全年人数将达到甚至超过顶峰的2015年。从这里可以看出，大陆民众赴台旅游，当然是两岸政治基础和情感认同的体现,是两岸关系的晴雨表。

然而,在大陆民众热烈赴台旅游的时候,民进党当局却在对两岸交流做什么呢?

蔡英文上台后就走上了一条"文化去中""经济脱中"的"台独"路线。2018年底"九合一"选举大败后,蔡英文更是把"反中"作为巩固政权的主要手段。今年元旦,蔡英文一改几年来都不发表元旦讲话的做法,喊出"四个必须""三道防护",把矛头直指两岸交流。习近平在《告台湾同胞书》发表40周年纪念会上发表重要讲话后,蔡英文在污蔑"一国两制"的同时,立即召开所谓的"国安"会议,提出"七项应对措施",污称两岸正常的交流"构成当前台湾最大的风险",通过开罚在厦门社区任职的台湾青年等动作,为两岸交流制造"寒蝉"效应,通过提高"退将"及高官赴陆管制年限,变相剥夺了这些政治人物赴大陆交流的权利。最近又通过修订所谓的"国安五法",把大陆形塑成台湾的敌人。更为可耻的是,民进党当局正在力推"中共代理人法"过关,随时可以对主张两岸交流、认同"两岸同属一个中国"、宣传两岸统一的人扣帽子,妄图使岛内无人敢与大陆交流。在民进党当局的操作下,两岸已无交流之实,只剩下大陆民众单向赴台旅游的经济"红利",这种交流还能长久吗?

更为可气的是,近一段时间来,民进党当局操作"反中",到了走火入魔的程度,蚍蜉撼树般地把手伸到了香港"反修例暴乱"中。香港特区政府提出"修例",本是因港人在台犯罪而无法审判之事而起,蔡英文当局却多次发表谈话妄议特区政府,污蔑"一国两制",为香港"暴乱"分子提供支持和庇护,成为香港"暴乱"的策源地和"暴乱"分子的逃亡地。蔡英文当局污称大陆"一国两制"失败,用"今日香港明日台湾"恐吓台湾人民,再以"护主权"骗选票。真是"蚍蜉"虽小心却大，要跟大陆下一盘大棋。

在这股"反中""恐中"氛围中，民进党当局在"台独"之路上越走越远，大陆还应该鼓励民众赴台旅游吗？当大陆客的"红利"成为民进党当局的"反中""政绩"，用来骗取连任选票的时候，大陆的背包客们是不是应该停下赴台的脚步？当台湾主张两岸统一的人、认同"两岸同属一国"的人、推动两岸交流的人都被"红帽子"压得不敢出声的时候，大陆还要每年让几百万人去进行那种已没有交流意义的旅行吗？

当然没必要。台湾那些因此而受影响的普通民众，真是对不起了。但是，享受两岸交流的红利，主动权还在你们手上，明年1月，顾好你们手中的选票吧！

2019年8月3日

民进党只是一个急于分赃的利益集团而已

去年台湾地区"九合一"选举中,民进党在号称"民主圣地"的宜兰县翻盘失利,国民党的林姿妙获胜。国民党能翻转宜兰,有台湾朋友告诉我,第一助选员应该是民进党的代县长陈金德无疑。

陈金德曾是陈菊任高雄市长时的环保局局长、副市长。2016年民进党全面执政后,在陈菊的推荐下,陈金德北上台北任高薪的台湾中油董事长,时运不济,任职仅11个月就因全台大停电而辞职下台。然而,陈金德乃民进党内最大派系"新潮流"大将,有民进党内大姐大陈菊撑腰,丢了董事长却又很快重返政坛,到自己的出生地宜兰任代理县长,大有先代理再转正之意。然而,玩权惯了的陈金德,一回宜兰就干了一件大事,将非法农舍合法化,并退回原来征收的罚款,在宜兰闹出轩然大波。后又爆出,陈金德早就在宜兰持有农舍,在高雄任职时就将其改为民宿经营,是"白马花园屋"民宿及"长安文创有限公司"两家营利企业的负责人。陈也因此遭到岛内监察部门的弹劾。陈金德利用职权为自己图利,违反有关规定经营企业,虽遭弹劾,却未下台。但岛内监察部门干不了的事,宜兰人民用选票让民进党在宜兰县翻了盘。

陈金德只是2016年民进党全面执政后,疯狂进行人事酬庸的一个缩影。享誉两岸的"高薪实习生"吴音宁，抢了"北农"总经理职位，导致国民党的韩国瑜失业而南下高雄，在去年"九合一"选举中，一举夺得民进党老巢高雄市长席位，被讽"抢了菜摊，丢了江山"。最近又爆出蔡英文身边的安全人员利用出访专机走私香烟1万余条的丑闻，华航的人事酬庸也被摊了出来。

华航董事长不用说是民进党安排的，一众民进党人寄生华航更是触目惊心。华膳空厨董事长叶菊兰是陈水扁任地区领导人时的秘书长，华储董事长陈宗义是民进党前民意代表，华夏航科董事长赵麟是陈水扁的同学，华旅旅行社董事长周玲妏是民进党前高雄市议员，桃园航勤董事长张杨是民进党前民意代表，等等，真是数也数不清。台湾有数百个公营事业单位，民进党上台后如饿虎扑食，根本不顾吃相，不管前任任期如何，一律赶走分赃。

民进党分赃，又跟内部派系实力大小联系在一起。新潮流是党内最大派系，自然从官位到肥缺占得最多也最肥。原高雄市长现蔡办秘书长陈菊既是新潮流系大姐大，更是蔡英文倚重的党内大姐大，菊系人马当然地遍插"府院党"及公营事业单位。蔡英文上台时，台湾就总结蔡英文用人"三字经：高新清"，听起来挺高大上的。但是，实际上，"高"就是陈菊的高雄帮人马，"新"就是新潮流系人马，任人唯亲不避嫌呀。

新潮流吃肉，小派系只能喝汤。然而，斗争精神很强的民进党小派系也不是吃素的。早就发誓不再进入政坛的苏贞昌，借去年"九合一"选举征战新北的资本，在今年初赖清德辞去行政部门负责人后接班。苏贞昌甫一上任就组建了由落选县市长组成的"败选者联盟"行政机关，大肆安插苏系人马。4月份又趁蔡英文与赖清德因党内初选打得火热无暇顾及政务之际，一举更换第一金控、华南金、彰银、土银四大公营行库的董事长，苏系人马再一次打了个漂亮的翻身仗。苏贞昌如此，别人也不甘落后。丢了台中市长的林佳龙，出任交通部门负责人，立即把他在台中的班底搬到台湾交通部门，把持了该部门的大小职位。

民进党口口声声宣称自己为了台湾人民，然而上台以来对各级机关的把持，对各个公营事业单位分赃式酬庸霸占，早已是台湾社会的吸血鬼寄生虫，民进党也早就失去了代表台湾人民的资格，只是一个利益集团而已。

2019年8月11日

柯文哲的"一箭三雕"

2019年8月23日,台湾岛内最热闹的新闻应该是"郭(台铭)柯(文哲)王(金平)"同框了吧。借着"八二三音乐食宴",上周日破局的"桃源三结义"终于在台北实现了。为了这一天的到来,号称超越"蓝绿"的台北市长柯文哲可是花费不少心思。最近一段时间,柯文哲狠杠旺中传媒老板、曾经的台湾首富蔡衍明,可以说是这个计谋中的关键一环,柯文哲真可谓是一箭三雕。

一是抢青。柯文哲号称"白色力量"是岛内最大的"第三势力"。柯文哲杀"蓝"打"绿",确实对岛内选举影响甚大,"蓝绿"两党在初选民调时都不得不纳入柯文哲作对比。然而,各种民调也都显示,在"蓝绿"归队的情况下,柯的支持只是"小三",特别是他的"台湾民众党"成立后,柯的脸书竟然"掉粉"10多万,民意支持度直直往下走。而柯文哲的支持者"柯粉",以年青人为主,拉回年青人的心成为柯的第一要务。柯环顾左右,看到蔡英文化身"辣台妹"对抗大陆一下争取到年轻人的支持,便想有样学样。但是,柯文哲号称是自己是"中国、美国、日本三方都能接受的人",上海台北"双城论坛"是目前两岸联系的"唯一官方渠道",当然不能自砸品牌直接攻击大陆。于是,曾经交好，被"绿营"贴上"红媒"标签的旺中集团，立时成为最好的攻击目标。柯文哲首先进一步"抹红"旺中，公开说"你们是全岛认证的红媒"，然后自曝因为"没有照着旺中集团董事长蔡衍明的话发言而失去支持，旺中从此转而支持高雄市长韩国瑜"。柯文哲与蔡衍明你来我往的一番争斗，果然使柯文哲赢得了媒体版面，柯文哲与国台办是对手关系的形象也隐隐约约地确立起来。

二是拉郭。鸿海创办人、台湾首富郭台铭在国民党内初选中败给高雄市长韩国瑜一直心有不甘。初选后，郭到美国、日本"沉淀"，然后闭门不出，玩起了"躲猫猫"。郭台铭及王金平的态度让"蓝营"处在分裂的恐惧中，加上韩国瑜应对失措，民调不断下滑。其实，郭台铭如果坚持选到底无非三条路可走。一是等国民党"换韩"，如果韩国瑜的民调一直下落，很难说国民党不会重演当年的"换柱"戏码。二是"报备"参选，就是郭不脱党，征得国民党中央同意参选。三是脱党参选，这要背负叛党的骂名。郭台铭的心境让柯文哲看到了机会。郭台铭有资源，台湾首富有用不完的钱，郭台铭有支持者，经过初选凝聚了大量"知识蓝""经济蓝"为核心的"郭粉"。与郭联手，一解"台民党"粮草之忧，二是在"柯粉""郭粉"支持下，"台民党"在立法机关的席位即使成不了多数，肯定也是关键少数，未来四年柯文哲就有了显身手的平台。推郭台铭选，选上了柯是造王者，选不上，柯是无本买卖，只要"台民党"在立法机构席位有斩获，柯就是赢了。所以，拉郭是柯文哲能否在2020年选举中赢得未来政治资本的关键。郭台铭与蔡衍明本有矛盾，初选中，郭台铭更是直接杠上旺中集团。给旺中贴上"红媒"标签，郭是功不可没。这段时间，柯文哲大力"抹红"旺中蔡衍明，真可谓是郭蔡争斗的下半场，特别是柯文哲的现身说法，似乎在证实郭台铭当初说的都是真的，郭台铭躲在家里看到这些一定爽死。郭柯合不合，可以再讨论，但现身同框照个相，对郭、柯、王都没有坏处呀。

三是打韩。韩国瑜曾说柯文哲对他"有知遇之恩"，柯文哲也说韩国瑜是朋友。但现在看，他们的友情是很脆弱的。去年"九合一"大选后，柯文哲数次南下，韩都避而不见。柯开始酸言酸语，现在则抓住机会攻韩了。柯说韩国瑜"能力可以后天训练，品德很难"，一下给韩打了个"不及格"。其实，柯很明白，他的支持者与蔡英文重叠，在"绿营"展示团结的前提下，要赢回来很难。而"绿营"也是他始终不能放弃的依靠，去年"九合一"选举中，要不是最后关头"绿营"弃保，他能不能连任都很难说。所以，裂解"蓝营"，特别是争取"郭粉"，才能实现利益最大化。蔡衍明的旺中媒体，从韩国瑜选高雄市长到争取选台湾地区领导人资格，一直都是坚定的支持者。打旺中就是间接地打韩国瑜，"抹红"蔡衍明也就是间接地"抹红"韩国瑜。柯文哲的这个手法真是"四两拨千斤"，既满足了自己的政治需要，又拉拢了郭台铭。郭台铭参选的正当性都是建立在韩国瑜赢不了的基础上的，柯打韩愈烈，对郭帮助愈大。

自喻情商"157"的柯文哲，一任台北市长当下来，已从政治"素人"蜕变成了政治"精算师"了。然而，柯文哲的一箭能否"三雕"，在翻脸如翻书的台湾政坛还有很长的路要走。柯文哲说他是国台办的"对手"可能是贻笑大方，郭柯王会否结盟也可能只在郭的一念之间，韩国瑜是否经打，还要看韩的耐力和战法。岛上这点茶壶里的风暴，我们只当是看风景吧，不急！

2019 年 8 月 24 日

郭董的大义能成就韩国瑜的胜选吗?

台湾政坛又抛震撼弹。16日深夜,几乎全台湾都认为宣布参选2020年箭在弦上的郭台铭发表声明,宣布不参加2020年台湾地区领导人选举。这是郭台铭继12日发表退党声明后又一次震撼台湾。

郭台铭不参加2020年台湾地区领导人选举,体现了经过国民党党内初选后这一段时间的沉淀思考,认识到了自己对社会的责任,认识到了计利当计天下利的大局。郭台铭的声明避免了"蓝营"的分裂,促使许多还在观望,在韩国瑜与郭台铭之间为选边为难的人能迅速归队,坚定地支持国民党候选人韩国瑜。如果说前几天的退党声明还是意气用事,是一种被揭到伤口,感到没有被人理解的愤怒的话,那么,今天的不参选声明则体现了郭台铭的责任担当。无疑,韩国瑜是这颗震撼弹的最大受益者。只是,郭董的高风亮节,能让韩国瑜进入稳赢的保险箱吗?恐怕未必!

郭台铭不选了,避免了"蓝营"分裂但并不能保证"蓝营"的团结。郭台铭如果参选2020,必将导致"蓝营"分裂,分裂的后果是郭台铭、韩国瑜都选不上地区领导人,这也是"蓝营"焦虑所在。现在,郭台铭不选了,这个"蓝营"分裂的最大因素消除了。但是,从避免分裂到团结一致还有很长的路要走。"蓝营",特别是中国国民党内部不团结是一个传统问题,影响团结的因素往往是这个解决了另一个又冒出来了。从去年"九合一"选举大胜到如今一把好牌打到"烂糊"就是例证。下一步,面临"不分区"提名与排位及各地民意代表提名,肯定会出现许多重大矛盾,主席吴敦义及候选人韩国瑜如何协调解决这些问题?党内精英骨干是否肯学学郭台铭的高风?还有,党内另一个大佬王金平参选的念头还没放下来,谁去做工作拉回来一起支持韩国瑜?这些问题处理不好,"蓝营"还是一盘散沙。

郭台铭不选了,支持郭台铭的"郭粉"不一定就会来支持韩国瑜。一直认为,郭台铭的支持者是"经济蓝""知识蓝"以及40岁以下的年轻人,而支持韩国瑜的"铁粉"以50岁以上的"深蓝"为主力,这从韩国瑜的造势现场就能看出端倪。所以,把"郭粉"拉回来,是韩国瑜赢得选举的关键。韩国瑜认识到自己为什么吸引不到"经济蓝""知识蓝"及年轻人了吗?韩国瑜的团队准备用什么去争取、呼唤这些人?

郭台铭不选了,郭台铭不一定会全心全意支持韩国瑜。郭台铭不选了是郭台铭放下了"小我",但是,韩国瑜的胜选未必是郭台铭心中的"大我"。一场初选,心结已在,现在,解"铃"的主动权在韩国瑜手上,韩国瑜必须放下身段全力争取郭台铭的支持。郭台铭对韩国瑜的支持越早,越有利于"蓝营"的团结,越有利于韩国瑜争取"知识蓝""经济蓝"及中间选民的支持。

郭台铭放下了个人得失,韩国瑜更应该轻装上阵。这段时间,韩国瑜的民调与蔡英文越拉越大。原因很多,但根本的原因是韩国瑜有包袱,不能轻装上阵,没有了选市长时背水一战的勇气。这一点,韩国瑜必须向郭台铭学习。郭台铭之所以经过两个月的沉淀思考才宣布不选2020了,就是他背着台湾首富、背着创造鸿海奇迹的包袱。郭台铭搞经济无往而不胜，在鸿海帝国至高无上，他怎么能轻易接受失败。但是，当他想清楚大局的利害得失，个人的荣辱又可以置之度外。所以，当了市长的韩国瑜也要放下包袱，找回选市长时的激情和胸怀，把"蓝营"通通找回来，把中间选民吸引过来，让"浅绿"选民佩服起来。

今天，郭台铭给了我们一个不一样的郭台铭，我们期待这个不一样的郭台铭能成就另一个不一样的韩国瑜！

2019年9月16日

蔡英文的傲慢,经得起台湾人民"闻香"吗?

蔡英文,终于肯让台湾人民"闻香"了。

纷纷扰扰几个月后,昨天(23日),台湾地区领导人办公室终于把蔡英文当年在英国伦敦政经学院的博士论文拿出来了,据说将授权台北图书馆供民众阅览。蔡英文的博士学历早在2015年就遭人质疑,最近几个月更是遭到"绿营"同门的检举,"深绿"名嘴彭文正甚至组织"闻香"团赴伦敦政经学院"围观"蔡英文的博士论文。然而,大家"闻香"之后,旧的疑问不仅没有消除,新的疑团反而又冒出来了,彭文正、吕秀莲就认为"蔡英文为圆谎而说更多的谎"。蔡英文的文凭是真是假,终会有水落石出的一天,但是,蔡英文处理这个问题的态度却是值得台湾人民深思的。

蔡英文的这次文凭危机是她自己秀出博士文凭并夸耀"可以获1.5个博士学位的论文"而引起的,而"追杀"她的还是她的"深绿"同党。面对社会质疑,蔡英文没有像她曾经的上级陈水扁、吕秀莲所说的"拿出文凭、论文给大家看看",而是选择对其中三人提告,企图以讼止谤。蔡英文这种傲慢的态度激怒了彭文正们,才有了组团"闻香"蔡英文的闹剧。

其实，蔡英文的傲慢，并不是从现在开始的。刚当上台湾地区领导人时，她说要"谦卑谦卑再谦卑"，"劳工是心头最柔软的一块"，然而，当有人质疑低薪，她却是一副事不关己的样子，"找老板商量呀"，要她出面就是"公亲变事主"。去年"九合一"选举民进党惨败，蔡英文反省的是"人民没有理解民进党的改革"，措施是民进党从上到下变身为"网红"吸引民众眼球。蔡英文更是化身"辣台妹"，呛大陆、呛"蓝营"、呛不投票给她的台湾民众。

前几天，蔡英文在台中拜庙造势，谈到去年的市长选举，说台中人欠林佳龙（当时竞选连任失败）一个道歉。看看，台中人没有选民进党的林佳龙，在蔡英文眼里是一个不可饶恕的错误，必须道歉，傲慢之态跃然而出。谈到高雄市长选举，蔡英文又说高雄"好像菊姐（陈菊）带一个小孩长大却被骗走"。连陈水扁都看不下去，说"高雄是高雄人的共同母亲，不是小孩，高雄人是城市的主人，更不是小孩"，质疑蔡英文是"封建思想"。想想也蛮好笑的，一个"台独"的前地区领导人批评现任的"台独"地区领导人是封建思想，这个现任的傲慢应该是到了什么程度呀。

陈水扁、吕秀莲、彭文正等一干"绿营"同门之所以这么厌恶蔡英文，是蔡英文的傲慢不仅对台湾人民、对政治对手，同时，也对"绿色"阵营的同门们。

今年3月，自称"台独工作者"的赖清德挑战蔡英文党内初选提名，蔡英文一脸鄙视，要赖说说"正当性"，然而利用权力胜了初选。赖清德输后虽然没有口出恶言，但一直认为蔡英文"胜之不武"，是"诈赌"。

台湾是一个选举社会，在热闹的选举中，有时反而会忽略了对候选人的鉴别。去年"九合一"选举，台湾人民教训了执政不力的民进党，

"讨厌民进党"成为最大党。现在的民进党并没有什么改变，只是变得更疯狂和大胆而已。民进党的"党产会"，曾自誉为"东厂"，选后并没有停下追杀政敌的脚步。民进党的酬庸政治，并没有因为"高薪实习生"吴音宁的"被辞职"而有所改变，去年败选后，行政部门成了"败选者"联盟，一个曾经的贪污犯竟然一人独占两个公营单位的董事长、总经理四个位置，随便找一个都比吴音宁更吴音宁。台湾人民还要选这样的领导人和政府吗？

台湾人民不能被民进党蔡英文制造的"芒果干"遮住了眼睛，选谁，还是先要拉出来"闻香"一番，要不，就"头家"变"小孩"啰。

2019年9月24日

从"私烟"案看蔡英文如何与"国军"同心

最近,台湾岛内大小"绿"内讧互打。刚成立政党的"喜乐岛联盟"揭出蔡英文的伦敦政经学院博士"论文门",蔡英文熬了几个月,对其中三人提告,企图"以讼止谤"不成,不得已从仓库底找出"论文"公开。然而,"论文门"未了,又被"时代力量"籍民意代表黄国昌揭出,当天那个戴着白手套仿佛抱着远古文物一样抱着蔡英文论文盒子的清纯女孩林家如,竟然也涉私烟案,机上订购37条,远超每人限购一条的规定,被罚款新台币4.5万元。

针对社会质疑,蔡英文办公室第一时间出面为林家如"护航"外,蔡英文亲自对外定调:"这件事和司法调查的走私烟案不同性质。"对照林家如的好命,这次走私烟案中的军人就没有这么幸运了。

今年7月下旬,蔡英文窜访加勒比海地区4个"邦交国",返岛被黄国昌爆出随机人员走私香烟9800条,后进一步追查共有一万多条。"国安局长"彭胜竹辞职,蔡办侍卫长张捷自请处分调职。负责下单订购的蔡办侍卫少校吴宗宪被拘押,这个不抽烟,只买了一条烟的军人恐怕要赔上军旅生涯、终身俸禄,面临牢狱之灾了。

就在私烟案发生前不久,蔡英文在一次公开讲话中说,她上台以来用最多时间做的事除了"外交",就是"国防",说"国军"过去都是和国民党在一起,和民进党不亲。她上台后和军方沟通、合作,现在"他们(指军队)已经和我们一样同心","现在都是对台湾有感情的孩子在当兵"。

然而,这些与民进党"同心","有感情的孩子"终究不是蔡英文的"孩子",只是关键时刻被推出来挡子弹的人肉"盾牌"而已。

这次揭露蔡英文专机走私烟的黄国昌,与蔡英文可谓颇有渊源。2012年蔡英文竞选时,黄是蔡英文司法改革的起草人,被誉为"小英男孩"。2014年,"太阳花"学运中黄国昌是骨干,后成立"时代力量"政党,成为立法部门的"小绿"。然而,黄不甘被称为"小绿",被认为是"大绿"民进党的附随,时常杠上民进党。这次私烟案中,黄国昌大出风头,民进党却叫苦不迭,直喊不知什么地方得罪了黄国昌。然而,就这样民进党也没有出手打击黄,要"保留合作空间",真是"亲骨肉"呀。

而这位购买37条香烟的林家如是蔡英文办公室的咨议,像黄国昌一样被称作"小英女孩"。林家如"舱内购买"携带出关不是走私,吴宗宪"机边交货"则被检察官依贪污、逃税等刑法罪名而起诉。亲不亲,真是泾渭分明了。

蔡英文上台以来,"以武护独",一方面清洗前朝人马,大量任用亲信。一方面不停地在各处军营巡察,以显现在已是民进党当政,要官兵效忠,把军队变成民进党的"党军",三年多下来才敢说"他们(指军队)已经和我们一样同心"。又通过高价买回美军淘汰的武器更新"国军"装备,自认已经有了对抗大陆的资本,在"台独"之路上越走越远。

只是,在两岸力量天平越来越向大陆倾斜的今天,一旦"台独"引发战争，与"国军""同心"的蔡英文会与这些"有感情的孩子"一起血战到底吗？恐怕，那个自称"拿把扫帚战到底"的苏贞昌会连扫帚在哪都不知道，"国军"们"战海上、战沙滩、战山林、战街道"也只是掩护蔡英文专机逃跑而已。不是吗，私烟案中的吴宗宪少校们不就是为掩护蔡办的大小官员而牺牲了吗？

2019年9月28日

"蔡赖配"？充满算计的政治演出

离明年初的台湾地区领导人选举仅剩百天，蔡英文的副手搭档却还没有定下来。前几天，岛内"台独"大佬辜宽敏说"蔡赖配"快成型了。从最近民进党拼命营造"蔡赖配"的氛围来看，蔡英文找赖清德的迫切性确实增加了。

在岛内选举这部连续剧中，最近的剧情使人大跌眼镜。一个是台湾首富郭台铭宣布退出国民党，不联署参选地区领导人，那些忧心"蓝营"分裂的人似乎松了口气。一个是台湾地区前副领导人、曾经两任陈水扁副手的吕秀莲代表"喜乐岛联盟"登记参选2020，使最近一直得意民调领先的蔡英文惊掉了下巴。要知道，吕秀莲代表了"台独"内部部分对蔡英文不满的"急独"分子，一旦联署过关，"绿营"分裂，或者说将有几十、上百万选票将被吕秀莲分走，蔡英文的连任之路可能就到头了。拉回吕秀莲或者说拉回吕秀莲支持者的票，是一件比斗争"蓝营"候选人还重要的事情。

赖清德自称"台独"工作者，其实，他"台独"的底气来自于他的"根正苗绿"。这个被誉为"台独金孙"的民进党新潮流干将，才是民进党的"亲孙"。

找赖清德当副手拼连任，这是半年前就有的说法。今年3月，赖清德高调登记参加民进党初选，挑战蔡英文连任。坐困去年底"九合一"选举惨败愁城的蔡英文愤怒得无以言表，要赖先说清楚"参选的正当性"。威胁不成，又开出"蔡赖配"想与赖清德做一笔政治交易。无奈赖清德嗤之以鼻，竟说"蔡赖配"可以，但是谁为主要说清楚。利诱行不通，蔡英文便动用执政资源及党务系统"耍赖"，终于赢得了党内初选。自此，再不提"蔡赖配"了。

耍掉赖清德，犹如给蔡英文打了一针强心剂。蔡英文化身"辣台妹"，一路"投美、抗陆"营造"芒果干"（亡国感），民调竟一路上扬，领先国民党候选人韩国瑜。然而，就在蔡英文感到胜利在握之时，吕秀莲竟然跳出来了。蔡英文知道，"喜乐岛联盟"之流"急独"派，是赖清德挑战她的坚定支持者，他们中许多人认为蔡英文用不正当手段赢了初选，而为赖清德抱不平。要把这些票拉回来，非得赖清德不可。于是，民进党党内又开始营造"蔡赖配"的氛围，来化解初选后蔡赖间冰冻的关系。

也许是经过初选后两个月的沉淀，赖清德对今后的从政之路有了新的思考，赖清德的不合作态度开始动摇。赖清德虽然是"台独金孙"，但是如果不从了蔡英文，将面临今后四年没有政治舞台的局面。想选2024？更是未定之数。那时，中生代如桃园县长郑文灿等都成长起来了，哪还有落魄四年的赖清德的份？加上"台独"大佬辜宽敏的撮合，"蔡赖配"大有一拍即合的样子。

说到辜宽敏撮合"蔡赖配"，更是说明岛内政治的可笑。辜宽敏从来都是蔡英文的反对者。2014年蔡英文出来选地区领导人，辜宽敏就说穿裙子的人不宜选。蔡英文选上后，辜宽敏又说只做一任就好。这次赖清德出来挑战蔡英文，辜纠集一帮"台独"，是坚定的支持者。然而，转机很快就来了。前两个月辜宽敏病了，蔡英文去看他，一直坐在床边握着他的手，被握了半小时手的辜宽敏大受感动，决心要帮蔡英文做件事，即促成"蔡赖配"。蔡英文虽然对赖清德恨意未消，但也需要营造党内团结的样子，并没有表态。不想，形势比人强，蔡赖这对冤家，看来还会真的配上。

民进党党内人士放话，蔡赖于上月24日在高雄共同的友人家见过面，气氛还很好。过几天，赖清德还会中断在英国的休假专程赴美，走访旧金山、芝加哥、华盛顿、纽约四个城市，拜访侨界、智库、政要，发表演说，出席蔡英文连任的造势大会，仿佛已经是蔡英文的政治"分身"了。

从对手到"蔡赖配"，真是给台湾人民演出了一幕政治算计的大戏。为了个人利益，昔日同党变对手，为了政治前程，昨天的对手也可成"战友"。蔡赖最后配不配？端看正式登记前的选情变化了。

2019年10月5日

蔡英文会选赖清德配吗？

前天，蔡英文与赖清德牵手为台南民进党民意代表候选人造势，有民众问赖清德"蔡赖配"吗，赖回答"这个要问蔡英文"。针对媒体问"蔡赖配"，蔡英文给的答案是"会在最佳时间宣布最佳组合"，民进党党内欢呼"蔡赖配"终于成型了。

所谓"蔡赖配"，就是赖清德作为蔡英文的副手，搭配参加2020年地区领导人大选。"蔡赖配"也是今年3月时，蔡英文企图劝退赖清德而开出的条件。当时的蔡英文，由于去年底"九合一"选举民进党惨败，民意支持度跌到低点，党内大佬不断放话"只做一任就好"，"蔡赖配"当然不会被赖清德接受。然而，蔡英文利用手中权力连耍带赖，终于赢了赖清德，自此，不再提"蔡赖配"了。

就在蔡英文嚼着"芒果干"（亡国感），趁着国民党内乱象纷呈，民调起飞的时候，"独派"组织"喜乐岛联盟"正式组党，推出老一辈的吕秀莲登记参选，"绿色"名嘴追杀她在伦敦政经学院的论文。蔡英文发现她远没有搞定那些叫她"做一任就好"的"独派"大佬们，而这些人正是赖清德的支持者。在这些人眼里，赖清德才是他们的衣钵传人，是"台独金孙"。蔡英文明白，只有拉住赖清德，才能获得这些人的支持。于是，民进党内"蔡赖配"是"最佳配"的呼声又起。

民进党内台面上有意与蔡英文配的，还有现任立法部门负责人苏嘉全、现任行政部门负责人苏贞昌。苏嘉全曾经于2012年与蔡英文配过一次，是蔡英文信得过的人，但就其在"绿营"中的影响来讲并不能为蔡英文加分，最近，他又为侄子的民意代表选举，与民进党杠上，应该不在蔡英文名单上了。苏贞昌曾经是蔡英文的上级。陈水扁时代，苏贞昌任行政部门负责人，蔡英文任副手，但两人配合并不愉快。陈水扁就回忆说，苏经常到陈水扁处打小报告，甚至要求调走蔡英文。今年初，赖清德借着为"九合一"选举失败负责，决绝地辞去行政部门负责人，蔡英文数着指头，难寻合适的接任者，不得已又请出在新北市长选举中败北的苏贞昌。苏贞昌官威大、执行力强，竟然有点替蔡英文加分。但是玩惯权力的苏贞昌，趁着蔡英文内外交困之时，把权力玩到极致，到处安插苏系人马。蔡英文看在眼里，却也无可奈何，任他胡作非为。只是，号称"冲冲冲"的苏贞昌最近冲过头，接连失言，影响蔡的选情。苏贞昌心里清楚，他这个行政部门负责人，是蔡英文不得已而为之举，撑到明年初选结束，不管蔡英文胜负，他都干到头了。曾经在神明面前发誓"不再从政"的苏贞昌，几上几下，深知离开了权力的舞台，既得利益难保，就像他强行换掉赖清德人马一样，一旦没有了权力，自己的人马照样会被别人做掉，而要延续自己的权力，唯有当蔡英文副手一途。

蔡赖牵手确实有指标意义，它说明赖清德已经走出了因不满蔡英文持手中权力赢了初选的对抗心理。经过一段时间的沉潜，赖清德想清楚了他这个"台独金孙"，并不是天命的"储君"，如不接受"蔡赖配"，当民进党的中生代生长起来，四年的空窗期足够让民进党把他遗忘了。前不久，苏贞昌在桃园市参加一个开工典礼时开玩笑说，今天郑文灿市长主持开工，等竣工时，应该是地区领导人了。这个玩笑既是挑拨又是对赖清德寄希望2024年选举的警钟。所以，赖清德近一个月明显积极地为蔡英文辅选，上月中旬更是改变在英国的度假行程，到美国为蔡英文拉票，昨天在台南的活动中，更是提前到场，主动迎接蔡英文，两人手拉手高喊"冻蒜"，"蔡赖配"俨然成型。

离选举还有70天，最后登记更是近在眼前，在各方的盘算中，"蔡赖配"还是"蔡苏配"，又或是"蔡×配"，这个盖头很快就会掀起来了。

2019年11月4日

辜宽敏领着"独派"大集结，是要把台湾往危险的道路上逼

前天，由岛内 30 个"独派"社团串联组织的"大联盟"宣告成立，宣布支持蔡英文连任，蔡英文也到场呼吁团结。

最近一段时间以来，台湾岛内出现一派很诡异的现象，拼全力打蔡英文的不是竞争对手国民党，而是与民进党一家的"极独"团伙。他们翻出蔡英文留英博士的"论文门"，打得蔡英文肝疼；他们捅出蔡英文专机的"私烟案"，让蔡英文的民调往下掉；"喜乐岛联盟"更是推出吕秀莲登记参选地区领导人，直让蔡英文冷汗湿了一背。看着这一幕幕，许多人说"绿营"要分裂。然而，现在看，岛内"极独"团体其实很理智，先前的一幕幕闹剧，只是开价而已，他们要的是在台湾今后的走向上有更多的话语权，也就是逼蔡英文在"台独"之路上迈更大的步子，加速"台独"进程。这绝非台湾人民之福。

促成这次"独派"团体成立支持蔡英文联盟的"极独"分子辜宽敏，昨天在媒体刊登广告说，蔡英文如果连任，"最大的历史责任就是要完成'宪政'改革和'国家'正常化，让台湾加入联合国"。可以看出，岛内"极独"势力支持蔡英文是有条件的，而这个条件又以蔡英文接受"蔡赖配"的形式体现。赖清德自誉"台独工作者"，是"台独金

孙"。"蔡赖配"说明蔡英文不仅现在打选战是以两岸对立为主轴,连任后更是会向"极独"路线靠拢。

说起蔡英文能获得辜宽敏的厚爱,你还要佩服蔡英文的手段。2008年以来,辜宽敏一直是蔡英文的反对者。2008年,民进党选举失败,陈水扁辞去党主席之位,辜宽敏在与蔡英文竞争党主席中失败,从此一路反蔡。2015年,蔡英文收割"太阳花"学运成果,回锅党主席,获党内提名选地区领导人,辜宽敏就跳出来说,穿裙子的人不宜选地区领导人。蔡英文选上后,他又说只做一任就好。蔡英文请他当"咨政",他开出条件要蔡英文"特赦"贪污分子陈水扁。去年"九合一"选举民进党大败,"咨政"吴澧培、前"资政"彭明敏、长老教会牧师高俊明、前"中研院"院长李远哲四位"台独"大佬在媒体发表公开信,请蔡英文放弃连任,交出行政权并退居二线。辜宽敏随后也刊登广告,要蔡英文知所进退,"请蔡英文请赖清德出来选地区领导人"。今年3月,赖清德抛出"震撼弹",挑战蔡英文争取"大位",背后最大的支持者当然也是这帮"独派"团体。

然而,蔡英文连连"耍赖",在党内击败赖清德。遍体鳞伤的蔡英文知道这帮"独派"得罪不起,遂去医院看望生病住院的辜宽敏,过程中一直握着辜宽敏的手。你还别说,蔡英文这一握还真来电了,辜直夸蔡英文不错,要为她连任做点事,当即下功夫去促成"蔡赖配"。眼看着"蔡赖配"要成了,辜宽敏又奔走于"独派"之间,把打"蔡"的"独派"们拉到支持蔡英文的"大联盟"里来,完成了"绿营"的集结。蔡英文这手还真神奇,把"对手"握成"战友"了。

其实,这也没啥稀奇。蔡英文与辜宽敏之流本就是蛇鼠一窝。蔡英文是李登辉"两国论"的起草者,是陈水扁时代的"陆委会主委",当然是一个不折不扣的"台独"分子,只是她比辜宽敏等更理解大陆对统一台湾的意志,走了一条"渐进台独"路线而已。辜宽敏们本想逼蔡英文放弃连任,扶"金孙"赖清德登"大位",但第一回合赖清德不敌蔡英文。又想通过"论文门"等打第二个回合,但是,蔡英文依着第一回合中激起的斗志,左冲右突,居然民调不降。辜宽敏们知道,再打下去只会让国民党捡了便宜,便退而求其次,促成"蔡赖配",免得未来四年赖清德没有了政治平台,跌落了"储君"之位。同时,也通过支持蔡英文,在今后可以给她更大的压力,通过蔡英文实现他们心中的"台独"大梦。所以,也就有了"穿裙子的不宜当领导人"到"女性做台湾领导人,蔡英文是第一个,我们绝对不能让她失败"的"发夹湾"式的笑话。

离选举还有不足 60 天了,在辜宽敏等"台独"大佬的穿针引线下,走"台独"之路的"绿营"已展现出团结之态,他们想通过蔡英文的连任,走一条更快速的"台独"之路。这是一条让台湾毁灭的不归路。台湾人民,你们可要瞪大眼睛,不要被"芒果干"蒙住了心智,被"台独"们绑架了。

2019 年 11 月 12 日

蔡英文的"枪"

台湾地区领导人蔡英文是一个运气不错的"枪手",能经常捡到"枪"。特别是今年,蔡英文每遇险境,都会从路边捡到一支"枪",然后一顿狂扫突围而去。

年初,蔡英文深陷去年底"九合一"选举惨败的困境,被迫辞去民进党主席以示负责。一片惨淡愁云中,岛内"台独"四大佬刊登广告,要蔡英文辞去地区领导人之职,让位"台独金孙"赖清德。大佬们的逼宫,立时引人反感,岛内同情之声泛起。蔡英文抓住这杆枪,化身"辣台妹",将大陆呼唤台湾共议"一国两制台湾方案"的善意污名化,把自己塑造成"台湾主权"的维护者,竟然稳住了脚跟。3月份,赖清德以突袭方式登记,与蔡英文竞逐民进党党内提名。蔡英文要赖清德先说说参选"正当性",然而连耍带赖,赢了初选。当岛内质疑她赢得不光彩时,国民党党内初选更是热闹得像一锅粥,抓着这杆"枪",人们已不关心民进党的初选了。

赢得民进党党内初选后,人们并不看好蔡英文能赢国民党的候选人。这时香港发生了"修例风波",蔡英文又立时捡到"枪",一方面介入香港的"修例风波",攻击大陆在香港"一国两制"失败,另一方面,用"今日香港，明日台湾"恐吓台湾人民。香港街头的连绵暴力，竟然让蔡英文的民调不断上升。

现在，蔡英文的民调远远高于国民党候选人韩国瑜，似乎稳赢了。然而，韩国瑜造势场子高涨的人气，遍地的彩旗，总让蔡英文心里不踏实。就在柯文哲说后面这50来天是选举的"垃圾时间"的时候，蔡英文又捡到了一杆"枪"，而且，还是澳大利亚制造的洋枪。

昨天，澳大利亚媒体、美国媒体，还有岛内媒体同时报道，中国大陆间谍王立强向澳大利亚"投诚"。这位跑到澳大利亚"投诚"的王立强，接受澳媒采访讲的竟然是他如何介入台湾选举的事。更神奇的是，他说的竟然跟先前民进党攻击"蓝营"媒体、国民党、韩国瑜的说辞差不多。王立强的"投诚"仿佛是给民进党提供佐证。更神奇的是这位收买了岛内数家大名鼎鼎媒体、帮助国民党赢得"九合一"选举的"特工"，竟然是一位青年才俊，才26岁。蔡英文何止是捡到"枪"，这回是捡到"原子弹"啦。于是，蔡英文立马上阵，持枪扫射，"过去重要选举都能看见大陆的影子"，并吹嘘"这件事安全单位都有掌握"。

然而，这回蔡英文捡到的是一杆烂枪，这个王立强是一个被大陆判刑的诈骗犯，特工？间谍？蔡英文的"安全单位都有掌握"吗？

最近一段时间，蔡英文大肆对美军购，高价购买了大量美国二手武器给自己壮胆。在购买军火的同时，蔡英文也在购买"软武器"，即运作西方媒体刊发猜测性的不实报道，然而岛内"绿媒"用肯定的方式转载，以达到攻击大陆及"蓝营"的目的，这种手法屡试不爽。这次的王立强事件，从岛内媒体同步刊发王立强专访，民进党立时反应，岛内政权机器高速介入看，很可能又是民进党与美澳一起策划的一个"核爆弹"，企图一举击败国民党及韩国瑜，抹黑大陆干扰岛内选举。

其实，民进党用这种手法攻击大陆及岛内政治对手一点也不奇怪。

民进党上台以来，依仗所谓的"全面执政"，在岛内，花精力最多的是强推"转型正义"，意图消灭国民党和"蓝营"，确保"执政20年没问题"。在两岸，大搞"去中国化"，妄想"划海为界"，实现"台独"理想。对外，卖身美日充当棋子，企图"投美抗中"，躲在美日保护伞下免遭打击。民进党"投美""抗中""灭蓝"，就是一个目的，争取连任，让民进党执政。为了这个目的，民进党不惜挑动两岸对立，以"芒果干"激起岛内民粹，把大陆形塑为台湾的"敌人"，阻台商西进投资，阻青年赴大陆寻找发展机会，阻两岸业已形成的大交流。不惜挑动岛内族群对立，把"蓝营"特别是坚持"一个中国"、热心两岸交流的人士塑造成台湾利益的"出卖者"，把自己打扮成台湾的"守护者"。通过修订所谓的"国安五法"，增修"中共代理人法"，使岛内"绿色恐怖"弥漫。事实证明，民进党就是一个执政无能，只会斗争选举的自私政党。所以，蔡英文需要不停地捡到"枪"，不停地制造"枪"，"台独"大佬们成了她的工具，赖清德"被做出去，又被做进来"（柯文哲语），香港废青制造的废墟也成了蔡英文的营养钵。只是这个王立强案，原想造原子弹，却选了废材，成哑弹了。

2019年11月25日

说蔡英文无缺点，赖清德是真的从了蔡英文？

前两天，搭档蔡英文参选台湾地区2020年大选的赖清德接受媒体访问，称还没发现蔡英文的缺点，立时引起众人质疑。这个前几个月还与蔡英文为党内初选杀得"刀刀见骨"的赖清德，现在竟如此护主，是真的拜倒在蔡英文的裙下了吗？

民进党党内蔡赖心结已久，这是人所共见的事实。早在2016年台湾地区领导人大选，赖清德作为新潮流系推拥的"储君"，已展现出对蔡英文的挑战之势。蔡英文当选后，赖清德困守台南，坚拒蔡英文北上任蔡办秘书长的邀请。后来蔡英文的首任行政部门负责人林全辞职，蔡英文顺势拉赖清德"入阁"，才实现对赖清德的"就近看管"。任行政部门负责人的赖清德经常越权发表言论，蔡英文也未对赖清德完全放权，导致赖清德做起事来缩手缩脚，施政满意度不断下降。去年"九合一"选举失败后，赖清德不愿再被绑在蔡英文的战车上，不顾蔡的再三挽留，毅然跳车而去，留着蔡英文独自在风中飘零。你说，这赖清德能没发现蔡英文的缺点？

发现缺点很正常，但照着伤口捅一刀，赖清德也没觉得过分。赖清德跳车后回到台南，又出岛溜了一圈，3月18日现身民进党党部登记，挑战蔡英文连任。赖清德为什么这么做？一是岛内"独派"势力"打蔡拥赖"，要蔡英文"只做一任就好"。二是赖清德觉得蔡英文无能，民意支持度低，难以赢国民党候选人，他是出来救党救民进党基层民意代表选举。蔡英文要他说说"参选的正当性"，赖清德认为他能站出来就是正当性。你能说，赖清德不认为蔡英文是有缺点的人？

然而，赖清德的自负，让他低估了蔡英文的意志和能力。当蔡英文利用权力不断修改初选规则"耍赖"时，他才知道蔡英文何止有缺点，还有更多制他于死地的手段。赖清德利用台南市府台北办事处处理一下选举事务，立即被揭用公共资源为个人选举服务，受到警告，赖清德知道已被蔡英文利用政权工具盯上了。赖清德还在用签名售书这种老套方法造势时，蔡英文的"1450"网军已铺天盖地对他发动了攻击。蔡英文修改民调方法，坚持把对她有利的手机民调纳入方案时，民进党党内的所谓程序已荡然无存。这个时候的蔡英文何止是有缺点，已经是一个十足的"民主"破坏者了。赖清德只能徒呼哀叹，出岛沉淀去了。

民进党内最终促成"蔡赖配"，号称岛内最强配对，以显示民进党的团结。然而，"蔡赖配"只是多方算计的产物而已。国民党候选人韩国瑜虽然为"'蔡赖配'是武大郎配潘金莲，头齐脚不齐"而道歉，但是，这话糙理却对。对蔡英文来说，"蔡赖配"是前有"独派"辜宽敏等逼宫，后有拉抬南部基层支持度的需要，是不得不吞下的果子。对赖清德来说，面对党内郑文灿等中生代的崛起，未来四年必须有政治舞台保鲜，以延续"台独金孙"的"储君"地位，"蔡赖配"是一个退而求其次的选择。利益让这对心结已深的人儿，不得已又坐到了一条船上。

所以，赖清德护主，并不是他没发现蔡英文的缺点，而是为了共同的利益睁着眼睛说瞎话而已。赖清德说瞎话，也并不表示他已彻底从了蔡英文，只是他为了自己的未来，表面维护了蔡英文而已。要不了多久，选举结束之时，就是蔡赖互斗开始之日。选举热闹，选举之后民进党内斗还会更热闹。

2019 年 11 月 30 日

"网军司令"蔡英文

前段时间,所谓的大陆"间谍"王立强向澳大利亚"供述",去年台湾"九合一"选举,他建立了20多万个账号成立粉丝团攻击民进党及候选人,还收买了50多个网络公司及直播频道干扰台湾选举,帮助国民党候选人取得大胜。一直鼓吹大陆网军介入台湾选举的民进党立时捡到"枪",大肆渲染"大陆威胁"。然而,未等蔡英文的政权机器查出这些账号和网络公司,民进党的网络打手"卡神"杨蕙如,运用网络账号带风向,导致民进党当局驻大阪处长苏启诚自杀的丑闻就暴露出来了。

杨蕙如何许人也?此女因为善用信用卡八倍红利回馈、网络拍卖等手段从信托银行倒赚100多万,被卡友们视为心中的英雄,封为"卡神",成为网络"大V",遂组建网军成为民进党的打手。杨蕙如与民进党内各路人马关系密切,运用派系"乔"事,获得大量资源,养网军为民进党效力。

其实,"卡神"现形,只是民进党运用网络修理政敌、打压对手、对抗大陆的冰山一角而已。翻开民进党的网络霸凌史,蔡英文才是名副其实的"网军司令"。

2012年，蔡英文在台湾地区领导人选举中败北。辞去民进党主席的蔡英文成立"小英基金会"，投入岛内大学校园，培训年轻人投身社会运动。在后来发生的"洪仲丘"事件中，"小英网军"得到运用网络动员的初步锻炼。2014年，台湾发生"太阳花"学运，"小英男孩"成为运动的骨干，他们运用网络动员、串联、组织后勤保障，网络的"杀手"作用锋芒毕露，蔡英文也因此重回民进党主席宝座，成为党内共主。此后，网络成为民进党无往而不胜的利器。2014年底，民进党依据网络优势一举夺得岛内大部分县市长，岛内一夕"蓝天"变"绿地"。2016年初，蔡英文终于击败国民党候选人，成为台湾地区第一位女性领导人，民进党实现在岛内完全执政。岛内"蓝绿"两党总结这两次选举时，得出共同的结论就是"得网络者得天下"。民进党赢在网络，用网络把国民党抹成"腐朽""内耗""亲中""卖台"的形象，而老朽的国民党毫无还手之力，败选成为唯一的路。

蔡英文的网军有多少？这大概是蔡英文也说不清的事。前段时间，台大校园PTT清理社群，踢出的账号中竟然多是亲"绿"网军的，就连被蔡英文"乔"定为下届立法部门负责人游锡堃的账号都疑似网军而被关闭。蔡英文行政部门中的农业机关，不务本业，竟也公开豢养"1450"网军，充当蔡英文当局的打手。蔡英文竞选办公室的人马，基本都是前两届帮民进党打网络仗的高手。

网军，不仅是蔡英文攻击打压政敌的打手，也是消灭党内对手打压派系的大棒。今年3月，被誉为"台独金孙"的赖清德跳出来挑战蔡英文连任。大为恼火的蔡英文一方面要赖清德说清参选的"正当性"，不断修改初选规则，一方面用网军带方向，说赖清德承诺过不选，把赖清德打成诚信有问题的人。面对强大的网络攻击，赖清德最后抱恨而去。为了"独派"选票，蔡英文又通过网络带风向，说"蔡赖配"是岛内最强配,说基层呼吁"蔡赖配",终于把赖清德配成自己的副手。用台北市长柯文哲的话说,就是把"赖清德做出去,又做进来"。

有岛内媒体总结了民进党网军的四种战法。一是"假倒戈真卧底",前几天,网上流传"韩粉专"改挺蔡英文便是如此操作。二是"挂羊头卖狗肉",平时伪装成一般"粉专",关键时刻跳出来攻击对手。三是"假脑粉真反串",冒充"韩粉"攻击不相干的对象,塑造"韩粉"是脑残的形象。四是"制造意见领袖",把特定人捧红,然后由他带风向。其实,这只是平常手段,民进党的网军,依靠网上声量,将特定对象抹黑抹红抹臭,无所不用其极。韩国瑜就是这样被塑造成"草包""落跑市长""亲中""卖台""国安问题"形象的。

蔡英文说她是"国军的靠山",她这个"靠山"现在要"国军"放弃中立挺她。她养了这么多网军,当然必须效命她打击对手和政敌。"卡神"跌落,蔡英文便想与她切割干净,然而,凡走过必有影,她蔡英文,实实在在是"网军司令"。

2019年12月11日

强行通过"反渗透法"?
蔡英文要彻底阻绝两岸交流之路

台湾地区领导人蔡英文下令,要求台湾立法机关在12月31日必须通过所谓的"反渗透法"。"反渗透法"是蔡英文当局借所谓王立强"间谍案"而快速推出的一个"法案"。这个既未经行政机关内部协商,又未经立法机关各党协调的案子,民进党依仗立法机关的多数优势,强行推出,快速通过二读,想抢在本会期最后一个工作日通过生效。很多人说,蔡英文这么做主要是选举考量,意在催"独派"的票,阻挡在陆台商回台投票。然而,看蔡英文这三年半来的执政之路,蔡英文这么火急火燎地要通过被"蓝营"誉为"警总再现"的"反渗透法",既有当前选举的需要,但根本的还是要阻绝两岸交流之路。

蔡英文上台以来,走了一条对抗大陆的"台独"之路。蔡英文深知大陆在统一问题上的坚定意志,当然不敢贸然宣布法理"台独"。所以,在战略上,蔡英文走了一条逐进"台独"之路。在战术上,投美日抗大陆,抓住美国加大遏止中国的时机,利用地处第一岛链战略节点的地缘优势,投身美国"印太战略",获取美国保护。在文化上,以打造"台独"教科书为重点,进一步"去中国化",割断两岸的历史文化联结,培养"天然独"。在经济上,重拾李扁时代的"新南向政策",企图摆脱对大陆市场的依赖。为达到"投美抗中""文化断根""经济脱中"的目的，蔡英文民进党当局一方面把大陆污名为台湾的"敌人"，彰显对抗大陆的"正当性"，另一方面就是要阻止两岸人民的交流，消灭主张两岸交流、促进两岸统一的力量。

蔡英文利用执政权力，特别是立法机关的多数席位，不在经济民生上着力，而是在"转型正义"的名义下，运用"党产条例"不遗余力地追杀国民党，妄图消灭这个岛内最大的政治对手。彻底修改了教科书，走完了"文化台独"的"最后一里路"。谁说蔡英文执政没成效？打压对手，文化"去中"还是做了很多事的。只是去年底"九合一"选举，民进党惨败，蔡英文发现，国民党这个对手之所以僵而不死卷土重来，就是大陆的影响在台湾无时不在。在民进党眼皮底下，台湾青年西进大陆成热潮，旅游业翘首以待盼陆客，农渔民期待产品销大陆，台商更是需要大陆市场求发展。

蔡英文当然不会顺着主流民意改善两岸关系，而是逆向操作，在釜底抽薪断绝两岸交流上下功夫。一是贩卖"芒果干"（亡国感），把大陆打成"敌国""敌人"。攻击大陆插手台湾选举，号称要对大陆建立"三道防护网"，污名化大陆"一国两制"的善意，强势通过所谓的"国安五法"，把大陆定义为"敌国""敌人"，在岛内营造"芒果干"的恐怖氛围，把民进党蔡英文打扮成台湾的守护者，形成对抗大陆限缩两岸交流的"民意"。二是法规工具化，两岸交流成"陷阱"。前段时间通过的"情报法"及蔡英文下令12月31日必须通过的"反渗透法"，是两个典型的针对特定群体的工具化法律。"情报法"中的"经济间谍"，剑指在大陆发展的高科技企业，任何与大陆的技术合作、技术转让都可能被打上间谍罪。"反渗透法"则把两岸交流活动一网打尽，任何两岸交流活动都可能被污说成"渗透"活动。这两个"法案"给两岸交流挖了一条波涛汹涌的"黑水沟"。三是精确打压，制造两岸交流寒蝉效应。这两年，台湾青年西进找机会，成为两岸交流的一道风景线。民进党当局在贩卖"芒果干"的同时，对那些渴望到大陆发展的青年坚决打压。对部分到福建任社区助理的台湾青年处以罚款，对到大陆参访的各界人士给予"国安"关注。最近，更是突击查处了多家办理大陆团组入岛参访的旅行社。民进党当局的目的就是要在岛内形成不敢与大陆交流的恐怖氛围，使台湾人不敢到大陆交流，不敢邀请大陆人士到台湾交流，台商及青年不敢到大陆发展，把大陆对台湾的影响降到最低最少，关起门来搞"台独"。

所以，在离明年选举投票仅剩十来天的当下，蔡英文要求强行通过"反渗透法"确实有一箭数雕的效果。向因为放弃了"中共代理人法"而不高兴的"独派"们有了交代，呼唤他们给蔡英文投票。进一步制造了"芒果干"氛围，催促青年们回乡投票。给嚷嚷着"下架蔡英文"的大陆台商们头上悬了把剑，回来投票吗？小心被抓。还有，就是彻底完成了阻止两岸交流的"法律"拼图。蔡英文也怕过了这村就没这店了，虽然这段时间民调是"躺赢"，但蔡英文心里并没有底，除了"芒果干"和政策大饼，确实是"空心菜"呀，选输了，就没机会立这个"法"了。

只是，台湾人民愿意为蔡英文断绝两岸交流的政策"买单"吗？还有，更重要的是大陆能够让蔡英文的伎俩得逞吗？

2019年12月22日

用"反渗透法"阻挡两岸统一？
别忘了大陆还有《反分裂国家法》在

赶在2019年最后一天，台湾当局立法部门终于如蔡英文所愿，运用席位多数强行通过"反渗透法"。这部被国民党候选人韩国瑜喻为在"人民脖子绑炸弹"的法律，将对两岸关系的发展造成根本性的影响，蔡英文是在开两岸交流的倒车。

"反渗透法"意在加深两岸敌意，阻止两岸交流。"反渗透法"明定大陆是"境外敌对势力"，是"渗透来源"，鲜明地把大陆塑造成"敌人""敌方"，把两岸关系塑造成"敌对"关系。蔡英文之所以这么做就是要营造大陆"统战"兵临城下的紧迫感，用所谓的台湾"民主与自由"存亡的危机感，来塑造自己阻止两岸交流的"正当性"。由于历史和文化的天然联系，两岸交流在没有外力阻挡的情况下，是一件很自然的事。有这种天然而生的亲近在，蔡英文的"去中国化"就很难彻底成功，岛内统一的力量也很难彻底消灭。要想"独"，就必须断了两岸交流，让大陆的"统战"之水无法流到台湾，让岛内的统一力量无法在中华文化中吸取营养壮大力量。所以，"反渗透法"很恶毒，它是用"法律"宣示对大陆的敌意，用"法律"制造两岸的敌意，用"法律"阻止两岸人民的交流，也可以说是在用"法律"宣示"台独"。

"反渗透法"意在制造岛内对立,分化"蓝营"民众。"反渗透法"剑指两岸交流,规范的首先是往来大陆的台湾民众。近年来,岛内在选举文化的操作下,"蓝绿"对立已成为社会结构性矛盾。一般来讲,"绿营"支持"台独","蓝营"虽然经常要"各表"但承认"一中"。所以,来大陆投资创业的、推动交流的以"蓝营"人士为多。按"反渗透法",这些往来大陆的人士,首先成为规范的对象。在民进党当局的操弄下,他们当然地成为台湾利益的"出卖者",是"卖台"分子,是"中共代理人",是"中共同路人"。昨天,在立法部门通过"反渗透法"的会场,民进党党团总召柯建铭就扬言国民党"永远拥护中国大陆"应该"随时消灭"。在"反渗透法"营造起的敌对氛围下,"绿营"对"蓝营"人士的敌意必将进一步加深,"蓝营"人士也将随时成为被检举的对象。在这种社会高压下,为了生存,"蓝营"的分化甚至瓦解也就一点也不奇怪了。

"反渗透法"意在选举,将起到催"绿"阻"蓝"的作用。距离选举投票还差10天,遇到韩国瑜这个非典型国民党对手,蔡英文民调虽高,但并无必胜的把握,催出"基本盘"是当务之急。为了催出"深绿"选票,蔡英文放下身段把"深绿"的"台独金孙"强揽为副手,但彭文正等追打"论文门"并没有停止。现在蔡英文强行通过"反渗透法",表明了"台独"的坚定意志,向这帮"深绿"有了交代。虽然年头卖"芒果干"(亡国感),赢得了青年的支持,但年轻人投票率低,"反渗透法"进一步营造了"芒果干"的现实感,可以号召青年人回乡投票。在催"绿"票的同时,"反渗透法"又犹如悬在那里的一把达摩克利斯剑,大陆的百万台商,还敢回去投票吗?寒蝉效应已经显现,据台湾媒体报道,在大陆的台商已不敢谈选举、不敢给韩国瑜政治献金了,"断金流阻投票"效果真是立竿见影。

蔡英文上台以来，走了一条对抗大陆的"台独"路线，"反渗透法"条文虽少，立意险恶，集执政三年半来走"对抗大陆"之路之大成。"反渗透法"给两岸交流釜底抽薪，不仅断了两岸交流之路，更是在摧毁两岸和平发展的现实基础。没有交流何来理解？没有交流何来感情？没有理解和感情的两岸，在"敌意"的操弄下会发生什么呢？"反渗透法"无情打压政治对手，也在毁掉"台独"们的退路。几十年来，"蓝营"一直是大陆民众和平统一的希望，当"蓝营"在岛内消失的时候，大陆14亿人如何看待台湾？中国共产党如何说服14亿人要坚持和平统一的方针？强行通过"反渗透法"，蔡英文赢了小仗输了大势，这个开历史倒车的行为，是挖了一个埋葬自己和"台独"的坑。

别忘了，大陆有《反分裂国家法》！

2020年1月1日

看清民进党的"台独"狰狞面目

蔡英文的竞选办公室发言人、民进党籍民意代表林静仪日前接受"德国之声"采访,宣称"主张统一构成叛国",引起岛内民众哗然之声,林也闪辞发言人。

蔡英文虽然极力撇清,但是林静仪是民进党的"国际部主任"、不分区民意代表,她当然知道民进党的政策,她的观点当然也是民进党的立场。只是,她也许被蔡英文的高民调冲昏了头脑,或者是吃"芒果干"(亡国感)中毒,竟把民进党在两岸关系上的立场、民进党执行"台独"的步骤,把民进党只做不说的事都说出来了。

民进党要消灭主张及支持统一的力量。林静仪的"主张统一构成叛国"正是民进党当前追杀岛内"统派"及支持统一力量的手段。蔡英文上台以来,虽然没有直白地说"主张统一是叛国",但是,她执政三年半来,一方面引导社会把"台独"形塑成岛内"主流民意",把主张两岸交流、追求统一支持统一的政治力量及人士形塑为"卖台"人士。另一方面,运用政权工具消灭政治对手。在"转型正义"的名义下,用"党产条例"追杀国民党,用"年金改革"把支持"蓝营"的军公教打成"米虫",是年轻世代的对立面。现在,又要用"反渗透法",把与大陆交流的"蓝营"人士打成"中共同路人""中国代言人"。当民进党再给这些人士扣上"叛国"的帽子，以国民党为代表的"蓝营"还有翻身之时吗？那些统派人士还不被关进大牢吗？民进党不就"永续执政"，专心搞"台独"了吗？林静仪的话印证了蔡英文上台以来，从"年金改革"到"党产条例"、从"国安五法"到"反渗透法"，就是要一步步地消灭岛内支持、主张统一的力量，为"台独"扫清障碍。

借壳"中华民国"寻机走向"法理台独"。林静仪的立场，暴露出了民进党搞"法理台独"的阴谋。在两岸力量发生根本性变化的今天，民进党虽然在岛内取得完全执政，但他们知道搞"法理台独"必将受到大陆的坚决打击。所以，用"中华民国台湾"，把"台独"寄生在所谓的"中华民国"身上，企图借壳上市。在这个条件下，民进党开始在"法理台独"上小步快走。他们把"台湾省"省会预算归零，实际停止了"台湾省"运作，把"监察院"职能变更，改变原来的"五权"架构，这样一点一点地掏空现行"宪法"，为最后"修宪"打基础做准备。

"投美抗中"求保护。民进党为什么主动地投身美国的"印太战略"？林静仪认为加入了"印太战略"，就是躲在美国的"保护伞"下面了，大陆不敢对"台独"动武了。民进党的想法还真是幼稚。

所以，林静仪说的都是实话，说的都是民进党正在做的事。民进党的"台独"战略其实很简单，就是扯一块"印太战略"的大旗披在身上，躲到美国的"保护伞"下，消灭主张及支持"九二共识"（包括要"各表"）的政治对手，戴着"中华民国台湾"的面具，一点一点地掏空所谓的"中华民国"，最后实现"法理台独"。具体手法上，就是挑动台湾与大陆的对立，用"芒果干"激起民粹主义，把国民党及其他对手打成"卖台"消灭之，民进党就坐收"永续执政"之利了。

林静仪把民进党的如意算盘全盘托出了，当然让蔡英文脸上挂不住，只能挂冠而去。

　　林静仪辞职了，但也把民进党在两岸关系上的狰狞面目摊到了阳光下。蔡英文一直讲"维持现状"，"不挑衅大陆"，只是为了欺骗世人，给"台独"披一块遮羞布，为"台独"打掩护而已。林静仪把蔡英文在两岸关系上的所做所为都列出来了，把民进党的"台独"步骤都摆出来了，她告诉我们蔡英文上台以来一刻也没停止过"台独"活动，民进党是两岸关系现状的破坏者。有人说"台独"是骗选票，是"假议题"，现在看，"台独"很顽固，"台独"战略很明确，"台独"正在往危险的道路上走。两岸人民，特别是台湾人民要擦亮眼睛，认清"台独"危害，不能让"台独"破坏了两岸和平！

2020 年 1 月 4 日

没几天就要投票了，台湾的青年人还要选这个"政府"吗？

台北的一位朋友来电说，现在邀请他来上海的话，他有时间了。原来，公司不景气，放无薪假了。

放无薪假，大概是台湾流行的一个热词。前几天，岛内劳动部门公布，截至2019年12月底，放无薪假人数逾3000人，创下新高。同时，截至2019年11月，共有189个事业单位通报大量解雇，涉及制造业57件8872人、批发零售业44件2292人，解雇人数高达1.5万余人，也创下近七年来同期新高。

可是，争取连任的民进党候选人蔡英文给我们描述的可不是这样的风景。她说台湾经济表现亮丽，去年经济成长是"四小龙"之首，台商回台投资创新高，达7000亿元，民进党执政后薪资增长幅度远超前任政府时期，就连受大陆游客影响的旅游业也是形势大好，前段时间还举行了第"1111"万名旅客入境式。在整个世界经济因中美贸易战而低迷的大环境下，台湾是风景这边独好呀。台湾的年轻人，享受着经济增长的幸福，嚼着民进党喂给的"芒果干"（亡国感），成为了蔡英文坚定的支持者。这段时间来，台湾所有的民调出炉，蔡英文的支持率都遥遥领先国民党候选人韩国瑜，而且，蔡英文的支持率在40岁以下的年轻人中更是一骑绝尘，甩韩国瑜千里之外。

台湾的年轻人，你们真的享受到经济成长的成果了吗？你们真的感受到生活的浪漫了吗？你们真的想好了把票投给谁了吗？

跟台湾的朋友聊天，经常听到六福皇宫关店了、永福楼不营业了、葡吉小厨的美食成绝响了这一类的消息。去年几次去台北，夜市看不到早几年的人声鼎沸，知名的商圈在关店，金石堂书店不见了，敦化南路的诚品书店也不 24 小时营业了。感觉不到这"四小龙"之首的增长率给街市带来的繁荣，更体会不到台湾人的自豪感、幸福感。感觉台湾在变，但不知道要往哪儿变。

也许，台湾统计部门的数字，能给我们一些启示。

前几天，台湾统计部门公布了 2018 年受雇员工全年总薪资数据，中位数为 49 万元（新台币，与人民币比价约 1∶5），大概就是 10 万人民币的年收入。这就意味着有 50％约 400 万劳工的年收入低于 10 万元人民币。这可是当年号称"钱没了脚"的台湾呀。根据台湾统计部门的数字，有近七成劳工的年薪低于 62.9 万（新台币）这个平均数，中位数与平均数的差距从 2012 年的 11.1 万元（新台币）扩大到 13.9 万元（新台币）。工资收入差距在扩大，绝大多数劳工没有享受到经济成长的果实。

统计还进一步显示，在各年龄段中，未满 25 岁的平均年薪是 36 万元（新台币），中位数是 33.7 万元（新台币）、25 岁至 29 岁的平均年薪是 50.9 万元（新台币），中位数是 46.2 万元（新台币）、30 岁至 39 岁的平均年薪是 62.6 万元（新台币），中位数是 52.9 万元（新台币）、40 岁至 49 岁的平均年薪是 73.9 万元（新台币），中位数是 56.5 万元（新台币）。这个数字确实不高呀。可笑的是，蔡英文正是在这几个年龄段中有着高支持度。

感受不到经济成长，应该是台湾绝大多数劳工阶层的共同体验。根据瑞士信贷全球财富报告，在台湾，2017年5%的富人占了社会财富的47.4%，1%的顶级富豪占了社会财富的29.6%。这个数字到2019年变成了50.9%、31%。富人越来越富，他们占据最多的社会财富。蔡英文说台湾经济增长据"四小龙"之首，如果真有的话，经济成长的果实也都到了富人的盘子里了。

其实，台湾的年轻人还真不要被蔡英文的"四小龙"之首迷了眼。1998年时韩国的人均GDP为8085美元，台湾是12840美元，是韩国的1.6倍。现在，韩国人均GDP是3.1万美元，而台湾是2.5万美元，只有韩国的80%了。而香港是4.9万美元，新加坡是6.4万美元，台湾才是真正的"四小龙"尾巴而已。

去年以来，民进党为什么要操弄"芒果干"？就是因为他们知道民进党全面执政以来没有给台湾带来真正的经济成长，炒作"芒果干"使年轻人沉入民粹，才能骗到选票。现在看，民进党似乎要得逞了。

没有几天就要投票了，台湾的年轻人，你们可要好好地想想，你们需要一个什么样的政府？你们需要这个政府给你们带来什么？你们还想在低薪闷经济中待多久？想好了，再投票哟！

2020年1月6日

帮韩国瑜，国民党该行动了

台湾媒体报道，由"Wecare高雄"尹立等发起的罢免韩国瑜连署，至11日晚已收到连署书23万零753份，超过法定的22万8千份，在未来的4天里争取超过30万份。罢免韩国瑜成案已确定无疑。

韩国瑜的危机早在他去年宣布"被动参选"台湾地区领导人时就已酿成。当时，陈菊时代的高雄市府文化局局长尹立在网上建立"Wecare高雄"，发起"公民割草行动"，誓言罢免韩国瑜。之后，罢免之声一路伴随韩国瑜的竞选之路。当时的韩国瑜仗着2018年底选高雄市长时的人气，在钢铁"韩粉"的支持下，一举赢得国民党党内初选，继而又通过复制选市长时的模式，全台造势累积人气。背水一战的韩国瑜只要赢了大选，罢免自然不攻而破。然而，韩国瑜虽然成功唤起"蓝营"基本盘获552万票，但是远逊于蔡英文的817万票。回到高雄的韩国瑜只能面对民进党的追杀了。

然而，韩国瑜的困境并不是韩国瑜个人的。虽然，尹立们要罢免的是韩国瑜，但是，罢免韩国瑜却是以民进党为代表的"绿营"对残存的蓝营的再一次追杀，或许，这次还是一次绝杀。"蓝营"能否保住韩国瑜象征意义极大。

韩国瑜输掉选举，有很多原因。但是，韩国瑜全台造势催出"蓝营"基本盘的目的达到了。韩国瑜的552万票，基本上就是包含了"蓝营"数量了。"蓝营"基本盘也是"讨厌民进党"的基本盘，他们中许多人对民进党的"台独"路线不满，对民进党借"转型正义"剥夺军公教不满，对民进党施政荒腔走板不满。这批人多是60岁以上之人，他们拖着老弱病残之体跟着韩国瑜奔波在岛上各个造势场子，是"死忠"的"铁粉"。有人看了韩国瑜的得票，乐观地说，"蓝营"基本盘还在，国民党还有希望。但是，这些人不知道的是，这次选举，可能是"蓝营"最后一次大集结，是"蓝营"最后一次最坚定的反攻。选举后，许多人自誉为"最后的外省人"，自叹"尽力了"，满是心灰意冷的悲观情绪。所谓"蓝营""绿营"，最直接的还是以省籍为基础的，这些人的后代们，受"去中国化"教育的影响，已经不知道爷爷辈父亲辈的故事了。无论岛内政治力量如何重组，这些"最后的外省人"仍然是"蓝营"最基本的力量，从前年底"九合一"选举开始，韩国瑜才是最有能力唤起他们的人。是韩国瑜让他们看到了打败民进党统治的希望，是韩国瑜让他们看到了夺回被民进党剥夺了的利益的希望。他们集结了，他们唱着"夜袭"，进行了一次失败的反攻，如果韩国瑜再失守高雄，这些"最后的外省人"将彻底泄气灰心，不再有斗志，"蓝营"可能就是一个历史概念了。这绝不是危言耸听。

所以，韩国瑜的困境，就是国民党当前的又一个危机。国民党必须帮助韩国瑜守住高雄才能稳住"蓝营"基本盘。目前，国民党内正忙着党主席补选，似乎还没有看到帮助韩国瑜守住高雄对国民党的意义。国民党在支持韩国瑜选地区领导人这件事上心就不齐，现在更把守高雄看成是韩国瑜个人的事，甚至更有人在等着看韩国瑜的笑话。国民党内甚至出现一股抛弃"九二共识"这个"蓝营"基本的两岸路线去争取年轻人的思潮。但是，国民党要明白一个问题，没有了"蓝营"基本盘，你又能找到多少年轻人呢？打了败仗赶紧收拢队伍是最基本的常识。民进党之所以要罢免韩国瑜，就是要彻底击溃"蓝营"基本力量，这个时候抛弃"九二共识"这面"蓝营"旗子，正中民进党下怀，当韩国瑜被赶出高雄的时候，"蓝营"也就彻底瓦解。失去"蓝营"基本盘的国民党，无论你以后"反共"也好，"反统"也好，将永无出头之日，沦为"小绿"一个！

帮韩国瑜就是帮国民党。国民党要从主席补选中腾出精力来帮助韩国瑜。首先，要组织舆论支持。现在的韩国瑜已无发声反击的力量，国民党的文宣机关要组织力量帮助韩国瑜发声，让高雄人知道韩国瑜爱高雄、建设高雄的决心。其次，要组织力量让韩国瑜出政绩，与韩国瑜一起为高雄做事。第三，要动员"蓝营"救高雄，通过帮助韩国瑜守高雄，凝聚住"蓝营"，提振起"蓝营"信心。

帮韩国瑜，国民党该行动了！

2020年2月12日

想搭新型冠状病毒参加世卫大会?
蔡英文想多了

正当大陆上下协力抗击新型冠状病毒时,台湾执政当局却借毒搞"独",打起新一轮的"台独"进攻战。如果说"法理台独"是民进党的终极目标,那么,民进党这次想要达到的是一个阶段性目标,即"以台湾之名参加世界卫生组织大会"。

世界卫生组织是联合国旗下只有主权国家才有资格参加的国际组织。作为中国的一部分,台湾当然没有资格参加。在国民党马英九执政时代,因为有"九二共识",大陆对台湾参加世界卫生组织相关活动作出了"合情合理的安排"。也就是在"一个中国"的前提下,台湾当局是可以参加世界卫生大会的。蔡英文上台以来,拒不承认"九二共识",当然也就收不到世界卫生组织的邀请函了。所以,每年的世界卫生组织年会,成了岛内鼓噪"反中""反统""台独"的喧嚣时刻,民进党当局派出代表团到会场闯关,花钱请一些所谓的"邦交国"发声,在场外邀请一些国家开研讨会,"台独"团体也借机以"抗议"为名搞一趟境外游,真是花样百出、丑态尽现。

然而,这些闹剧,隐藏着民进党"渐进台独"的大阴谋。"以台湾之名"参加世界卫生组织大会,是"以台湾之名参加联合国"的一个前哨战。这一战斗成功了，就为"台独"分子"以台湾之名"加入其他各类只有主权国家才有资格参加的国际组织提供了先例和示范。当"台独"分子"以台湾之名"不断地参加各个国际组织之时，也是"台独"分子在"台独"之路上逐渐迈出的一个个脚步。这个图谋成功了，"法理台独"也就实现了。

民进党抓住医疗卫生事关民生福祉、影响大、容易获得同情的特点，把参加世界卫生大会作"渐进台独"的突破口。这次新冠肺炎发生后，民进党当局以"台湾不能成为防疫破口"为由发起了新一轮的"以台湾之名参加世界卫生组织大会"的总攻。他们先是罔顾事实说台湾不能及时得到第一手防疫资料装可怜，继而渲染大陆疫情在岛内制造恐怖气氛，再而游说美日欧寻求支持。搭乘"新冠病毒"参加世界卫生组织年会，已经成为民进党志在必得的"台独"图谋。

民进党当局这一轮鼓噪，似乎有了一定的效果。出于打"台湾牌"，美日都宣布支持台湾参加世界卫生组织年会，在岛内，败选的国民国忙着检讨两岸路线也宣称支持民进党当局参加世界卫生组织大会，个别国民党大佬甚至要求大陆不应阻碍台湾参加世卫组织。然而，美国支持台湾参加世卫组织，并不是要替台湾出头，只是对大陆打"台湾牌"而已，美国国会每年都通过决议要求行政部门帮助台湾参加世界卫生组织大会，今年虽然力度加大，但有联合国决议在，很难成功。对台湾来说，卫生健康是民生，但参加世界卫生组织大会却是政治，不解决两岸政治问题，参会当然是不可能的。在这个大是大非问题上，岛内的各式政治人物不要企图以"民生优先"混淆是非，如果你们认为"民生"为大，那就不要"执着"于"以台湾之名"，而是什么名称能参会就用什么名称才对。

5月份又要召开世界卫生组织大会了，两岸的攻防战已经硝烟弥漫，民进党想搭着"新冠病毒",在美国及西方国家的支持下,一举攻进世界卫生组织的图谋不会得逞。这次,"台独"与病毒合流,但照样会撞得头破血流。

2020年2月16日

操弄"反中抗陆",蔡英文要把台湾带往一条不归路

在大陆团结一心抗击新型冠状病毒的时候,台湾社会的冷漠甚至表现出的幸灾乐祸让人不齿。从台湾行政部门负责人苏贞昌下令不准卖口罩给大陆获得一片喝彩,到质疑苏贞昌做法的艺人在网络被追杀,"反中抗陆"似乎已经成为台湾社会的集体意识,民进党正把台湾带上一条对抗大陆的不归路。

"反中抗陆"是蔡英文赢得台湾地区领导人选举的主要战法。2018年底民进党惨输"九合一"选举后,蔡英文在台湾社会的声望跌至低点,许多人都认为她将是岛内第一个不能连任的领导人。岛内"独派"分子要她知进退主动放弃连任,她现在的副手赖清德也跳出来对她发起挑战。然而,这种巨大的压力反而激起蔡英文的求生本能。她一边高声反呛大陆,树起"辣台妹"形象,一边把"芒果干"喂给台湾青年,制造"危机感"。蔡英文成功地把"台独"分子的"反中抗陆"意识变成岛内民众多数人的意志,把自己塑造成"台湾守护者",以817万票大赢国民党候选人韩国瑜。

当蔡英文沉浸在胜利喜悦中的时候,台湾社会却因饱食过多"芒果干"中毒而不能自愈。"反中抗陆"形同恐怖病毒开始剥夺岛内坚持统

一、认同一个中国党派及人士的话语权，让那些认同祖国大陆的人不敢说话。国民党也开始检讨"九二共识"的两岸路线，认为能处理两岸关系这个强项已经是国民党败选的包袱。

民进党正竭尽所能，要把岛内的政治光谱变成一色。蔡英文过去说民进党赢了，大陆就会靠过来，她的第一任期证明这是不可能的。她现在又认为只要台湾社会能一致对外，大陆就会靠过来。她追杀国民党，消灭统派，就是要让岛内"反中抗陆"光谱最大化，成为向大陆叫板的本钱。

然而，蔡英文似乎弄错了一个重要的概念，赢得岛内选举和主导两岸关系是完全不同的两个范畴。用民粹可以赢选举，用民粹可以消灭岛内不同的政治主张，用民粹甚至可以在岛内杀人。但是，用民粹来冲击大陆"九二共识"的底线，能成功吗？这招陈水扁当年就用过，陈水扁说"台独走不通就是走不通"，在两岸力量对比早已发生根本性变化的今天，台湾的民粹更无撼动"九二共识"的可能。大陆早就说过，选举是台湾内部的事。说白了，岛内选举谁输谁赢那只是茶壶里的风暴，"九二共识"才是两岸关系的定海神针！

民粹也正在销蚀大陆人民对台湾民众的好感。即使在两岸兵戎相见的上世纪五六十年代，大陆政府都告诉百姓台湾人民是勤劳勇敢的人民，大陆人民始终对台湾人民抱有好感。两岸"三通"后，大陆许多人说台湾最美的风景是人。但经过蔡英文一年"反中"操作后，大陆人民对台湾的厌恶已不仅仅是"台独"分子了，对岛内民粹也深不以为然。这次抗击新冠疫情，更是让大陆人民对台湾仅存的一点好感，随风逝去。

其实，当蔡英文用民粹筑起对抗大陆的高墙时，自己也已经是民粹牢笼里的囚徒。蔡英文是以对抗大陆的"辣台妹"形象赢得连任的，现在要改变形象就会失去当选的正当性,民粹们不会答应,只能硬着头皮抗大陆。好在还有美国这根"救命稻草"在,像所有的"台独"一样,"投美抗陆"是蔡英文的最终选择。

但是,两岸的问题终究只能是两岸解决,大陆什么时候屈服于美国的强权?民进党想"倚美护独"只是白费心机。

817万票,多吗?多,它比当年马英九创下的765万票纪录高多了。817万票,少吗?少,台湾前途必须由包括台湾2300万人在内的14亿中国人决定。蔡英文如果想借这个数字来对抗大陆,只能把台湾带向一条不归路。选举结束了,民进党该沉静一下了,"芒果干"赢了选举,但不能当饭吃,靠打民粹的鸡血,路走不远。

2020年2月19日

"洪酬庸"？民进党派系分赃的序曲

台湾新一届立法部门负责人游锡堃甫一上任，就把在民意代表选举中败北的前"时代力量"民意代表洪慈庸延揽为立法机关顾问。对这个任命，岛内舆情澎湃，纷纷质疑民进党刚刚胜选又老病重犯搞起酬庸。有媒体哀叹，洪慈庸变"洪酬庸"，当年洪慈庸代表的一干青年人有多少要哭倒在路上。

酬庸任命是民进党执政的一大特色，2015年民进党在岛内完全执政，一时间，公营库行等各色高薪肥缺即被瓜分一空。去年上半年，蔡英文的特勤们利用蔡的专机走私香烟，民进党的酬庸任命被揭露出来，国民党制作了民进党酬庸扑克牌昭告大下，只是在一片"芒果干"声中，岛内人民似乎忘了对民进党酬庸政治的不满。再次全面执政的民进党，当然更不会记得人民对他们酬庸的愤怒了。

洪慈庸，就是2013年7月，台湾军中那个被虐至死的洪仲丘的姐姐。那次事件，台湾20万人身着白衣走上台北街头，籍籍无名的洪慈庸也在次年的民意代表选举中当选为"时代力量"籍的民意代表。至今，留在人们印象中的洪慈庸还是那个戴着口罩走在游行队伍前悲愤地为弟弟讨公道的青年人，而她在立法机关的问政却表现平平，难怪在年初的选举中失败了。

然而，这个问政能力平平的洪慈庸被任命为立法机关顾问了，拿着"次长级"的高薪。奇怪吗？理一下洪的朋友圈，就觉得很正常了！

洪慈庸的丈夫叫卓冠廷，这个卓冠廷就是现任交通部门负责人林佳龙的子弟兵，林佳龙是民进党党内派系"正国会"掌门的接班人，而"正国会"龙头正是游锡堃。所以，洪慈庸的任命与其说是酬庸，倒不如说是民进党内派系分赃的开始。

民进党党内派系林立，驾驭派系是领导人的必修课。这次大选前，蔡英文在稳操胜券的前提下，突然把已经70多岁早已宣布退出政坛的游锡堃纳入不分区民意代表安全名单，并明示是未来的立法机关负责人。这不能不说是蔡英文驾驭派系的高招，当然这也是党内派系生态逼出来的。以陈菊、赖清德为大佬的新潮流系是民进党内最大的派系。在上个执政期，新潮流系可说是分得盆满钵满，占尽了机关及公营事业单位的肥缺。然而，在前年底"九合一"选举惨败后，最先跳船的是新潮流系，更有"台独金孙"赖清德跳出来挑战蔡英文的连任，差点就让她翻了船。现在，赖清德虽然成了她的副手，但心结已在，这新潮流系还能信任吗？而党内另一"天王"苏贞昌，前年底再战新北，虽然败了但功劳尚在，去年顺势接替赖清德成为行政部门负责人。苏贞昌一上任，利用蔡英文穷于应对选举之际，各处安排子弟兵，苏系竟由此败部复活。这苏贞昌在陈水扁时期就任过行政部门负责人，蔡英文曾是他的副手，两人多有不和，陈水扁爆料，当年苏贞昌多次找他要换了蔡英文，可想而知，这苏蔡当年的心结有多深。苏贞昌号称"酷吏"，外号"冲冲冲"，趁着蔡英文焦头烂额之际，大刀阔斧，大胆用人，大把撒钱，竟然人气很高。更危险的是，据说苏系与新潮流系暗中勾连，蔡英文哪能不防？所以，请出"正国会"的游锡堃出山，让"正国会"与苏系、新潮流系斗一斗，平衡一下派系力量是很正常的事。

　　立法机关是在地区领导人任期前换届的，所以，我们现在看到的是游锡堃开始在立法机关任用自己的人。随着"520"的到来，蔡英文将开始下一个任期，台湾行政部门及公营行库事业单位又面临新一轮的洗盘，行政部门如何改组，谁占公营肥缺？民进党内派系角力已是波涛汹涌。刀光剑影之下，洪慈庸只是浮出水面的一个小泡沫而已，更多的"洪慈庸"们在后面排着队呢！

2020 年 3 月 4 日

平衡民进党内派系,"水牛伯"出手了

真可谓"新官上任三把火",刚就任岛内立法机关负责人的游锡堃放了三炮。一是在分别会见"美国在台协会"(AIT)理事长莫健及台北办事处处长郦英杰时鼓吹"台美建交";二是任命前民意代表洪慈庸为立法机关顾问,享受"次长级"薪酬;三是在脸书上炮打警察,说他受到恐吓警察不管。这三件事,大的很大,事关"台美"、两岸,不应该是他这个立法机关负责人管的事。小的很小,简直是鸡零狗碎。

然而,你要真是这么看,游锡堃会不高兴的。因为,在游锡堃眼里,这每一件事都是意涵深远,经过深思熟虑后出招的。

先说这第一件事,"投美抗中"已经是岛内流行病,游锡堃当然不能免俗,说一点语不惊人死不休的话语来表明立场,讨美主子欢心,让"独派"放心,向蔡英文表示忠心。只是,此乃兹事体大,莫健们也只能王顾左右而言他。第二件事,只是拉扯一下子弟兵,建立自己的队伍,顺便宣示一下,立法机关乃"正国会"地盘,我的地盘我做主。只是这第三件更不一般了,显示出游锡堃的心机,此乃一箭三雕也。

堂堂立法机关负责人在家里受到恐吓,治安部门竟然没有及时破案处理,所在地的台北市长柯文哲难逃干系,当然被打脸。这柯文哲去年

很多人估摸着要出来选地区领导人，后来虽然没有披战袍，但他组了个民众党，竟然得了不少政党票，得了5席不分区民意代表，成功进入立法机关。在国民党僵而不死的情况下，柯文哲及民众党将成为民进党的重要对手，逮着机会打击柯文哲已经是民进党的既定方略。这第二箭射的当然是警察治安部门了。岛内警察负责人陈家钦何许人也？乃民进党大佬陈菊的爱将，陈家钦在高雄时深得陈菊赏识，当了警察负责人后，更是把整个系统打造成"陈家军"。蔡英文虽然与陈菊关系不一般，但前年底"九合一"选举后，陈菊的新潮流系，与蔡英文离心离德，甚至出现了赖清德挑战她连任的高潮戏，蔡英文当然要压制修理新潮流了。这第三箭更是有隔山打牛之功。前几天，警察负责人陈家钦任用了几个自己人，在警察内部引起强烈反弹，陈为自己辩护说，行政部门负责人苏贞昌支持这个人事案。行政部门分管内务事务的徐国勇对警察系统跳过他直接向苏贞昌汇报大光其火，有心修理陈家钦却因为新潮流系又加上苏系而忌惮。所以，游锡堃这第三箭打的是苏贞昌。

苏贞昌在陈水扁时代就是行政部门负责人，蔡英文曾经是他的副手，苏蔡不仅不和而且心结很深。前年底，民进党在"九合一"选举中大败，时任行政部门负责人的赖清德坚决跳船逃生，不得已，蔡英文请苏贞昌回锅任行政部门负责人。这位早就宣布退出政坛的民进党"天王"，抓住蔡英文忙于应对党内外挑战而焦头烂额之际，大刀阔斧，四处安插子弟兵，苏系子弟一时扬眉吐气。台北市长柯文哲评价说"苏贞昌是20年来最有实权的行政部门负责人"。蔡英文卖了一年"芒果干"，虽然得了817万票，但难掩大权旁落的无奈。特别是最近，苏贞昌为了保住权力，竟然开始勾连新潮流系，蔡英文的忧虑更深了。

游锡堃是民进党内四大"天王"之一，早已退休在家。去年，蔡英文在连任稳操胜券之时，毅然请他出山，排民进党不分区民意代表安全名单，并钦定为立法机关负责人。这个人事安排，凸显蔡英文的权谋。通过扶持游锡堃的"正国会"派系，来平衡党内最大的新潮流系及去年以来顺势坐大的苏系，稳住蔡英文在民进党内的主导地位。游锡堃人称"水牛伯"，在人生谢幕之年有蔡英文知遇之恩而东山再起，当然要使出牛劲报答了。

然而，民进党内分分合合，既斗争又合作，现在又是全面执政，很多事利益交换一下就解决了，所以，这些戏可能是刚开场就会落幕了。

2020年3月6日

武汉解封了，滞留当地台胞的回家路还有多长？

2020年4月8日零时，按下暂停键76天的武汉重新启动，武汉与外界的水陆空通道全部开启。当武汉人重新奔向心中目的地的时候，因为疫情滞留武汉的台湾同胞的回家路却还遥遥无期。

滞留武汉台胞迟迟未能回家，完全是由民进党当局的"双重标准"造成的。从2月3日247名滞湖北台胞搭乘东航春节包机返台，3月10日361名滞湖北台胞搭乘东航、华航包机返台，到湖北解除武汉外交通管制后，民进党当局不顾民众千里奔波的艰难，指定滞鄂台胞到上海搭乘2架华航飞机返台。每次飞机降落，停机坪即成为政治表演的舞台，机场如临大敌，实行全面严格的检疫流程，全身防护的化学兵以高压水柱冲洗车辆，所有乘客乘密封车辆至隔离所严格隔离14天，仿佛这飞机载来的不是同胞而是病毒。相关部门还拍摄画面，制成影片在网络播放，用心之机巧，不言而喻。

然而，民进党当局对美国来的班机却是另一副嘴脸。最近有一班从纽约到台湾的班机，已有10人被确诊为新冠肺炎，有的还传染给了家人，被称为"华航毒班机"。这些从欧美重灾区回台北的人，不用到隔离所隔离，只要居家隔离14天就行。

民进党当局之所以用"双重标准"阻断滞鄂台胞的回家路，是他们的"台独"本性决定的。去年以来，民进党当局通过操弄"反大陆"赢得了"大选"，使台湾社会沉浸在"反大陆"的氛围中。尝到"反大陆"甜头的民进党当局当然会抓住一切"反大陆"机会来巩固手中权力。武汉疫情发生后，民进党即开始"反大陆"政治操作，以达到"以疫谋独"目的。从不顾世界卫生组织对新冠病毒的命名坚称"武汉肺炎"，到借口得不到防疫信息而鼓噪要加入世卫组织参加世卫大会，岛内"台独"声浪一浪高过一浪。在这波以防疫为借口、以"反大陆"为操作、以加入世卫为目标的"以疫谋独"政治鼓噪中，滞鄂台胞的安危冷暖、旅途劳顿已经不算什么了，只要能抹黑大陆，只要能激起岛内"反大陆"民粹情绪，同胞就是他们手中的"人质"，是他们与大陆斗争的一张牌。

用阻滞湖北台胞返台来为"以疫谋独"服务，也是民进党当局唱和美国"以疫遏华"的需要。前几天，特朗普不顾美国国内疫情暴发，仍然签署"台北法案"。这个以帮助台湾维护"邦交"为主要内容的法案，既是为民进党当局"反大陆"撑腰，又是对民进党"反大陆"的奖励。疫情发生后，美国没有表现出病毒是人类共同敌人的同理心，而是把它作为攻击中国抗疫防疫的借口。民进党当局看在眼里，心领神会。他们一方面用疫情攻击大陆，充当美国"以疫遏华"的马前卒，另一方面企图在美国的支持下，以防疫为借口，突破世卫组织，达到"以疫谋独"的私利。在这个棋盘里，滞湖北台胞的安危冷暖与民进党何干呢？

然而，人算不如天算，人民利益才是天道。在大陆团结一心抗击疫情的时候，美国企图"以疫遏华"，没有珍惜大陆为世界赢得的宝贵时间，以致现在的纽约疫情严重。民进党当局坚持"双重标准"妄图"以疫谋独"，导致欧美输入病例没有得到有效控制，防疫缺口已经形成。

事实证明，对待新冠肺炎，民进党当局可以政治操作，但病毒不懂政治，哪里有缺口就奔向哪里，携手抗疫才是正道。

武汉解封了，希望民进党当局早点从"以疫谋独"的迷幻中醒来，以台胞利益为重，早日为滞湖北台胞回家开启方便之门。

2020 年 4 月 9 日

民进党当局，
不要让岛内的政治霸凌手段到国际社会现丑

因不堪来自台湾岛内的攻击，国际卫生组织秘书长谭德塞点名台湾进行回击。台湾岛内从地区领导人到外事部门，从民意代表到网络乡民，又掀起一波骂战，纷纷要求谭德塞道歉。其实，梳理一下近两个月岛内各色人马对世界卫生组织的态度，就知道谭德塞所言不虚，他和世卫组织确实受到了来自台湾系统的、有组织的攻击，应该道歉的恰恰是台湾的民进党当局。

新冠疫情暴发后，民进党当局罔顾事实，借口"台湾因被世卫组织拒之门外而错过疫情信息"，攻击世卫组织。早在2月6日，台湾地区外事部门负责人吴钊燮就在推特破口大骂世卫组织"你有什么毛病？"（What's wrong with you?）上个月，谭德塞称赞大陆防疫成就，台湾地区领导人办公室发言人黄重谚在脸书发文呛谭德塞："快把这家伙带去量个体温吧！这是武汉脑炎吗？今天还有报道说，武汉数据不可能造假！"台湾外事部门也在推特中以吴钊燮署名对谭德塞开呛，责问谭德塞是继续坚持这些言论还是撤回？最后还打了"hello?"台湾地区副领导人陈建仁更是自诩卫生专家对谭德塞指手画脚，指责谭德塞"成事不足败事有余"，叫嚣"改造世卫组织，从秘书长开始"，气急败坏溢于言表，简直是斯文扫地。

在民进党当局高层的带领下,岛内网军齐声杀出。3月12日,在批踢踢(PTT)八卦版一篇题为《因为各国"不作为"谭德塞终于宣布新冠肺炎全球大流行》的帖子下,大量网民留言用"嗯烂尼哥种北京犬""废物尼哥吃屎啦"等带有种族歧视的不雅语言谩骂谭德塞。这两个月来,检视岛内网络,这种歧视和谩骂充斥各类论坛。

在一波波对世卫组织及谭德塞的攻击中,岛内"绿媒"更是充当了不光彩的"打手"角色。3月7日,台湾雅虎新闻转发了《上报》的一篇独家评论,将谭德塞污蔑为一位"声名狼藉"、"被政治野心吞噬"的机构负责人。台湾《自由时报》《苹果日报》等"绿媒"更是从多种角度对世卫组织及谭德塞进行攻击和谩骂。翻翻近期的台湾"绿媒",简直就是一个"黑谭"的酱缸。

民进党当局发起的这波攻击和污名化世界卫生组织及谭德塞的浪潮,首先源于对不能加入世卫组织及参加世卫大会的不满和绝望。从陈水扁时代开始,加入世卫组织、参加世卫大会,就是民进党当局制造"一边一国"争取"台湾国际空间"的标志性动作。长期以来,世卫组织坚持国际社会公认的"一个中国原则",拒绝了台湾的无理要求,世卫组织及秘书长早成为台湾某些人的眼中钉。这次,民进党当局以"台湾不能成为防疫缺口"为由,妄图趁全世界忙于抗疫时突破世卫组织,达到"以疫谋独"目的。然而,世卫组织及谭德塞先生鲜明的"一个中国"态度,让民进党当局再次绝望,于是,通过攻击和污名化世卫组织及谭德塞来泄愤,来引起国际社会注意,以获得国际社会同情,为加入世卫组织和参加世卫大会作最后一搏。

其次是源于岛内恶劣的民粹氛围。岛内由选举政治发展而来的民粹文化已成主流。这种民粹文化,不问是非,只讲敌我;不问是非,只看

"蓝绿"；不问是非，只管同道。政治人物带方向、名嘴推波助澜、网络攻击霸凌、媒体从中谋利已是台湾社会生态。前年，网军霸凌致驻日外事人员苏启诚自杀。去年，"1450"网军上阵，让挑战蔡英文的赖清德灰溜溜地败下阵去。蔡英文又通过挑动民粹制造"芒果干"反大陆，打败韩国瑜而获得连任。所以，抹黑、霸凌、污名化既是岛内政治斗争手段，又是政治常态。这不，为了发泄对世界卫生组织的不满和仇恨，这些手段也都用上了。

第三，当然是策应美国讨主子欢心啦。对抗新冠病毒，特朗普浪费了中国为世界争取的宝贵时间，以致美国成为重灾区。特朗普为掩饰自己的无能，不断地"甩锅"中国及世卫组织。民进党当局对世卫组织及谭德塞的攻击，声援配合了美国的"甩锅"行为，也得到了美国的表扬。美国国内抗疫形势那么糟，但国务卿蓬佩奥还在宣扬台湾是抗疫典范，也不知道哪来的自信。

民进党当局一直想通过加入世卫组织和参加世卫大会来"扩大国际空间"，但是，有"一个中国原则"在，想通过攻击谩骂来实现，是走错了道。还是坐下来静静想一想，别把岛内这些下三滥手段用到国际社会中，丢人现眼！

2020 年 4 月 10 日

"太阳花"们有罪了，煽动他们犯罪的民进党呢？

台北的法官判处当年攻占台湾行政机关的"太阳花"们有罪。这个判决来得有点晚，但总算是来了。然而，"太阳花"们有罪，当年鼓动这班青年攻占政府机关、攻击警察的民进党呢？那个收割了"太阳花"成果，摘取了地区领导人大位的蔡英文呢？

2014年3月23日晚7点，"黑岛青年阵线"召集人魏杨等人领着"太阳花"们攻进台湾行政部门办公楼。学生们捣毁楼内设备和公物，攻击守护大楼的台北警察。那一晚，站在他们身边，铆足全力挺他们的是民进党。"苏贞昌主席与蔡英文、谢长廷、游锡堃率同民意机构党团同志及党务干部们，现已步行进入行政机关办公楼内，和院内的同学们一起。"当时民进党主席苏贞昌在脸书上宣布了这个悲壮的行动。蔡英文发表声明，要马英九"应立即出面，针对人民诉求，给予正面回应"。24日凌晨，台北警察开始强力驱离学生，谢长廷与学生手拉手躺在地上。蔡英文则把大头贴换成黑色，严词谴责马英九。苏贞昌更是痛骂"历史必将对此留下严厉的骂名，而人们永远不会原谅"。看看，这个时候的民进党不正是与"太阳花"们一起躺在战壕里的战友吗？没有民进党的蔡英文苏贞昌们，这班学生有这么大的胆气进行这么猖狂的行动吗?

民进党支持"太阳花"们,当然不是支持"太阳花"们所谓的"公民不服从",更不是为了什么"民主"。蔡英文苏贞昌们有着更现实的算计,这是那班幼稚的"太阳花"们无法企及和理解的。蔡英文由于更早地耕耘青年,领头的"太阳花"们也都与她的"小英基金会"有关,理所当然地成为"太阳花"学运的收割者。"太阳花"学运后,蔡英文强势回归民进党主席,在当年的"九合一"选举中,挟"太阳花"之威,一举击溃国民党,赢得多数县市执政。在接下来的地区领导人党内初选中,蔡英文傲视党内诸雄,党内最大的竞争对手苏贞昌知趣地放弃登记。2016年初的地区领导人选举中,大比例击败国民党候选人朱立伦,民进党终于再次在岛内执政。看看今天台湾政坛的头面人物,除了地区领导人蔡英文外,苏贞昌成了行政部门负责人,又回到当年他鼓励学生攻占的大楼上班了,游锡堃成了台湾立法机构的负责人,那个是"太阳花"们首先攻占的地方。最不济的谢长廷,这个"驻日代表"指挥"网军"还像当年拉着学生的手冲击警察一样厉害。民进党轻松地摘了"太阳花"的果子。

今日"有罪"的"太阳花"成就了当年的民进党,但"太阳花"的贻害却由两岸特别是台湾人民来承担。贻害最深的就是两岸关系的倒退。"太阳花"之后,岛内政治向民粹发展,在民进党的操弄下,岛内民意也由"恐中拒陆"向"反中抗陆"转变,"反中"成为岛内政治正确。特别是2019年,民进党为赢得地区领导人选举,不断操作"反中"议题,在"芒果干"的催化下,一切与大陆有关联的人和事都会在岛内引起广泛的反对。这次抗击新冠病毒中,民进党当局用双重标准对待在大陆的台湾同胞,使他们的回家之路曲折而漫长,这种不合理操作却得到了岛内一边倒的支持。两岸关系经过民进党执政的对立冲撞,已经到了十分危险的关头了。

民进党搞砸了两岸关系，但买单的却是台湾人民。由于民进党当局拒不承认"九二共识"，动摇了两岸交流的政治基础，原来业已形成的两岸"大交流"格局戛然而止，大陆民众赴台旅游锐减，直至大陆暂停了赴台个人游，岛内旅游业者成为最大受害者，夜市萧条，饭店倒闭，整个行业一片凄惨。民进党当局为了阻挠岛内青年赴大陆就业创业，开罚在大陆就职的青年人，推高了岛内失业率。由于民进党借新冠疫情损害陆生权益，大陆学生赴台就学意愿下降，岛内大学又失去生源。也许，民进党当局本就想与大陆"脱钩"，只是，台湾怎可能离大陆而去？"脱"的结果，可能就会是更激烈的"融"。到时候，台湾人民又将成为最大的"买单者"。

如果说，判"太阳花"们有罪，是迟来的正义，那么，台湾人民更应该问的是，纵容、鼓励、收割"太阳花"的民进党应该承担什么样的责任？台湾因"太阳花"而起的民粹会把台湾带向何方？民粹就像海边的一个个浪头，看着威力巨大，但终将死在沙滩上，民进党只是那个捡贝壳的人，他们挽不住浪头，只要那个彩色皇冠。就像他们现在手握大权，却看着送他们上台的"太阳花"走向牢房。

台湾人民，特别是台湾的青年人，该冷静下来了，思考一下台湾的未来，思考一下大陆与台湾的关系。

2020年5月3日

蔡易余"干话"后面的"台独"大愿

台湾民进党籍的民意代表蔡易余最近声量看涨,让蔡易余涨声量的并不是蔡干了什么了不起的大事,而是他"当了一回小丑"。前段时间,蔡易余提案要删除"两岸人民关系条例"等法律中"因应国家统一前"的表述。这个近似要"法理台独"的疯狂提案让朝思暮想要"台独"的民进党都吓了一跳。不得已,民进党由立法机关的"党鞭"柯建铭出马,逼着蔡易余撤回了提案,以"柯建铭当黑暗骑士,蔡易余当小丑"的结局落幕。

台湾的立法机关共有113位民意代表,虽然人数不多,但要有点声量也很难。为了维持热度,民意代表们经常通过制造一些热点来涨声量。这个蔡易余上一次涨声量还是在2017年7月。那次,蔡易余的老爸发威,要求当会期担任法案组召集人的蔡易余把"特赦"陈水扁的"赦免法"排入议程,否则就断绝父子关系。面对媒体追问,蔡易余自嘲"我爸是干话之王"。"干话"是台湾市井俚语,意思是听起来好像有道理但等于啥也没说的大话、废话等。蔡易余的一句话,立时让不登大雅之堂的乡间俗语成为台湾官场热词,政治人物、演艺明星、各类媒体"干话"连篇,好不热闹。

蔡易余三年内两次涨声量,虽然都是说的"干话",但是,他却反映了台湾社会的变化，反映了民进党当局不断冲击两岸底线，图谋"台独"的本质。

2017年，民进党虽然已完全执政一年多，岛内"独派"不断施压蔡英文"特赦"陈水扁，民进党党内高层基本上也都支持"特赦"。但是，特赦一个"贪污机要费"的陈水扁，当然会影响民进党的形象，把特赦陈水扁的"赦免法"排入会期议程，也就只能是一句"干话"。所以，在后来的民进党党代会上，针对大多数党代表都签了字的"特赦陈水扁"的党内提案，蔡英文策划了一次"尿遁"，表决前，让代表们休息上厕所，多数人一去不归，造成参会人数不够表决数量，成功予以化解。而蔡易余这一次的提案，虽然也被民进党自己人挡下，但它只是在台湾社会"反中仇陆"的社会氛围中，民进党众多冲击两岸关系底线动作中的一个。民进党当局知道冲向"法理台独"兹事体大，大陆《反分裂国家法》的利剑悬着呐，收敛一点动作而已。

所以，蔡易余胆敢提出删除"国家统一前"的文字表述，并不是蔡易余的心血来潮，它是民进党执政以来，通过"去中国化"、操弄"反中仇陆"，让"主张统一就是犯罪"，最终使"台独"成为台湾社会政治正确的必然结果，它也是民进党坚持"台独"路线的本质写照。只要民进党照着这条"台独"路线走下去，蔡易余式的民意代表会越来越多，删除"国家统一"式的提案也会越来越多，两岸关系当然也越来越面临巨大的考验。

民进党当局自己挡下删除"国家统一"提案也充分说明，大陆反"独"促统的强大力量，反对任何"台独"的坚定意志，是两岸关系发展的根本保证。我们必须睁大眼睛，紧盯岛内"台独"分子各式"台独"花招，决不能让任何"台独"伎俩得逞。

2020年5月18日

"罢韩"，台湾政治由民粹向"郊拼"发展

乾隆四十九年（1784），台湾镇总兵柴大纪在给朝廷的奏折中用"分类械斗"描述了台湾岛上为了争夺土地、水源、山林等资源，以地域、宗族、血缘划分的不同群体之间的大规模斗殴。此后的80多年间，"分类械斗"经常出现在台湾及福建官员给朝廷的奏折中。

台湾有记载的械斗发生在康熙六十一年（1722），据《台湾省通稿》记载，自康熙六十一年至同治五年（1866）的145年间，台湾发生较大的民间械斗28起，小规模的不计其数。台湾连绵不断的械斗，有其特殊的社会原因。台湾是个移民社会，移民们一穷二白，争夺生产生活资料是攸关生死存亡的大事，移民们依地域血缘而居，遇事当然抱团相助。特别是清廷统一台湾后，禁止移民携带女眷来台，这样就形成了大量无家无业的流浪汉，俗称"罗汉脚"。这些"罗汉脚"无牵无挂，平时就争勇斗狠，一旦族群有事，往往也奋勇当先。原汉冲突（台湾少数民族与汉人移民）、漳泉械斗（祖籍漳州与泉州的移民）、闽客械斗（福建移民与广东客家人移民）、异姓械斗、宗族内械斗，真是"三年一小反，五年一大反"，严重危害社会安定。

历史翻过了数百年，台湾社会也自称进入了"民主"社会。但是，

看看台湾社会的政治乱象，看看民进党运用执政资源打压政治对手的残酷，仿佛台湾社会又回到了"分类械斗"的时代。前几天，民进党发起的"罢免韩国瑜"行动，就是台湾政治生活中的一场"顶下郊拼"（1853年发生在台北艋舺的泉州晋江、南安、惠安三邑移民，俗称"顶郊"，与泉州同安移民，俗称"下郊"之间的血腥械斗）。

6月6日，高雄市以近94万票"罢韩"成功。罢免韩国瑜是民进党的一场复仇运动。高雄是民进党的"起家厝"，让民进党一战成名的"美丽岛事件"就发生在高雄，民进党在高雄连续执政20多年，"挖地三尺都是绿"，高雄是民进党名副其实的大本营，是民进党所谓的"民主圣地"。2018年，韩国瑜在高雄刮起"韩流"，一举击败民进党市长候选人陈其迈，成为高雄市长。"老窝"被掏，民进党上下视为奇耻大辱。韩国瑜上任市长后，罢免就如影随形。这次罢免，就是2018年市长选举的延长赛，民进党终于如愿夺回高雄。

民进党为了夺回高雄，更是发起了一场强者对弱者的霸凌行动。为了打赢"罢韩"这一战，蔡英文亲自下令民进党全党动员，行政部门的多个机关全力参与，学校延期考试，高铁票价优惠并开出多列加班车，连中钢这样的企业都给工人11个小时加班费回乡投票。民进党倾执政资源使"罢韩"战又变成了一场地区领导人选举的延长赛，蔡英文又彻底地将政治对手羞辱了一番，就像"分类械斗"的胜利者看着失败者舔着自己的血一样兴奋。

"罢韩"战的成功，再一次验证了民进党追杀对手的残酷，这也是民进党歼灭政治对手新方法的又一次成功实践。民进党全面执政以来，以"转型正义"为名，成功追杀政治对手，通过制定"安全五法""反渗透法"限制岛内统派政党及人士的活动。这次"罢韩"，又以"民主"之名开启了新一轮的清算政治对手高潮。所以，"罢韩"本质上更是民进党当局对"蓝营"的追击战,"罢韩"只是开始,彻底击溃"蓝营"后这场战役才会结束。

当年的"分类械斗"是先民们为了获得生存资源进行的同类相残,今天民进党的政治"郊拼"则是为了长期执政对政敌展开的政治绞杀。年初,民进党通过鼓起岛内"反中"民粹实现了选举胜利,现在,民进党又把民粹引导到政治追杀上。民进党的政客们、"绿营"媒体、"绿色"名嘴仿佛是现代政治的"罗汉脚",他们张开血盆大口,撕裂台湾社会。在这一波"械斗"中,国民党如果不能组织起有效的反击,就可能被击垮裂解,以国民党为代表的"蓝营"将成为一个历史名词。当民进党独占岛内资源成为一个政治怪兽的时候,对台湾、对两岸,将是一个巨大的威胁。

台湾同胞要明白,这决不是台湾人民之福。

2020 年 6 月 10 日

台湾社会的那一抹"残绿"

前两天，台湾岛内鼓吹"台独"的某"绿色"媒体，发了一条被誉为"哭晕地理老师"的大陆新闻："三峡大坝泄洪淹掉凤凰古城，黄河水杀到钱塘江口。"此文一出，岛内有识之士指出"不是傻就是坏"，"人一绿脑就残"。

岛内"绿媒"一直以攻击污蔑大陆为能事，只要耸人听闻能吸引眼球，基本的常识都是可以不要的，所以，刊出"三峡大坝泄洪淹掉凤凰古城，黄河水杀到钱塘江口"这样的新闻就一点也不奇怪。也许，他们可能知道这个地理常识错误，但只要坚持攻击大陆这个"政治正确"就行。还有，他们可能还真不知道这个地理概念是错的。

台湾岛内自李登辉时代开始，进行了多次教科书的改造，从开始偷梁换柱地用"台湾史"代替中国史，到现在彻底地把中国史归入东亚史，使中国史成了台湾的"他国史"。蔡英文终于集李登辉、陈水扁之大成，走完了"历史台独"的"最后一里路"。没有了"长江、黄河、长城"的教科书教出来的孩子，当然没有中国认同，也不会知道长江、黄河的壮美了。现在，这些从小学习"台独"教科书的孩子，有的已经走上社会，遍布于各行各业，有的已经进入大学，充满校园。这几年，民进党当局在岛内掀起"反中抗中"浪潮，教改后成长起来的青年正是他们的社会基础。这些人从小被灌输"反中"理念，基本没有来过大陆，他们中的许多人更不愿意了解大陆。"人一绿脑就残"，几乎成了岛内的一种政治生态，只要坚持"反中抗中"，以他们对大陆有限的了解，闹点牛头不对马嘴的笑话也没人会责怪他们。

为了"台独"这个历史"大业"，民进党把台湾青年变成"残绿"还不够，现在还正在把台湾变成"侏儒"。新近出版的教科书竟然称日本是台湾的"母国"。这种连日本人都感到"错愕"的说法，其实在民进党嘴里说出来是很顺畅的。台湾外事部门负责人就称日本是"大哥哥"，台湾是"小弟弟"，台湾前立法机关负责人苏嘉全也肉麻地说"台日是夫妻"，民进党当局"驻日代表"谢长庭不但不为台湾争权益，反而处处维护日本利益，被台湾民众称作"助日代表"。这种教科书和当权者教育出来的孩子还能堂堂正正走向世界大家庭吗？

民进党之所以要培养这些"脑残""侏儒"，是"台独"政治生态决定的。民进党"台独"搞了几十年，各个时代的"台独"形态虽有不同，但有一个共同的特征，即"文化脱中"。只有"文化脱中"，才能构建起新的"国族认同"，而教科书的"去中国化"是"文化脱中"的直接抓手。从台湾社会的政治现实看，"去中国化"正在改变台湾社会特别是台湾青年人的"国家认同"，台湾社会在快速"绿化"。

然而，民进党当局并不满足于用教科书来逐步"绿化"青年人，而是要直接插手校园，更快更方便地催生出更多的"绿色"青年。前段时间，台北师范大学征集新的校歌，唱了几十年的校歌为什么要改呢？原来老校歌里有"重归祖国"四个字，这在现在的台湾当然是政治不正确。岛内最有名的台湾大学学生会向校务会议提案，要求成立"校园转型正义小组"，调查处理校园内所谓"具威权意象"及"不义遗址"，目标就是台大校园内的"傅钟"。"傅钟"是为纪念原台大校长傅斯年而立,已是台大的校钟,只是它与国民党相联,有"中国文化"意象,于是成了必欲除之而后快的形象工程。这个提议虽未通过,但民进党当局的"党产会"负责人杨翠已发出声援之声,"傅钟"还能挺立多久令人怀疑。民进党当局把手伸进校园,就是要把学校变成培养"天然独"的基地。

民进党经过几代人的努力,特别是蔡英文当局利用全面执政的优势,"去中国化"正在大见成效。只是,这种为"台独"服务的"去中国化"会给台湾造成无穷的灾难。没有了中国文化,"台湾最美风景是人"已成为一个历史记忆。民进党当局推动的"反中抗中"路线已使岛内政治进一步民粹化,"投日靠美"的"台独"战略,更让岛内意识形态进一步自我殖民化。

只是,当民进党当局进一步控制学校,培养出更多的"绿色"青年,甚至,将台湾社会基本"绿化",让和平统一遥不可及的时候,台湾最后可能只会剩下一抹"残绿"。

2020年7月4日

靠制造"走路工"事件的
陈菊保护台湾"人权"?

昨天,台湾岛内所谓的"人权委员会"在台湾监察机关挂牌,台湾地区领导人办公室前秘书长陈菊在就任监察机关负责人的同时,担任这个"委员会"首任主委。陈菊在台湾岛内可是响当当的角色,她是民进党党内最大派系新潮流系的"大姐大",连续担任高雄市长十多年,被誉为"南霸天",是"绿营"的"高雄帮"帮主。

陈菊赢得如此"英名",当然离不开当年的"美丽岛"事件受刑人的形象,还有,就是十多年高雄市长威势的加持了。

然而,陈菊当年赢得高雄市长宝座并不光彩。2006年12月9日凌晨,距离高雄市长选举投票只剩几个小时了,民调落后的民进党籍候选人陈菊阵营突然召开记者会,陈菊竞选总部的陈其迈(就是前年输了高雄市长选举,今年又回来参选的陈其迈)指控对手黄俊英阵营发给"走路工"新台币1000元。当天,陈菊以1千多票的微弱优势赢得高雄市长。

"走路工",源于闽南语"行路工",是代劳报酬的文雅说辞,在选举中指小额买票行为。黄俊英在民进党制造的"走路工"负面新闻的影响下,输掉了选举,虽然后来法院判决还了他的清白,但输掉的市长却再也赢不回来了，而陈菊从此开启了她的"南霸天"之旅。说起来可笑，黄俊英是陈菊当年硕士论文的指导老师，陈菊面对这个应该有师生之谊的竞争对手，竟然用抹黑的下三滥手段赢了选举，其内心是多么卑鄙。

陈菊从2007年至2018年，在高雄执政12年，把高雄建成了民进党的大本营，说"挖地三尺都是绿"一点都不为过。这位新潮流系大佬，给高雄留下3000多亿债务，拍拍屁股走了。担任蔡英文办公室秘书长期间，又从治下的特勤部门用蔡英文专机走私香烟案中从容脱身。在民进党立法机关多数的护航下，闯关爬上监察机关负责人高位，尽显"南霸天"本色。现在，蔡英文要依仗这个给老师挖坑下套的人来维护"人权"，还真是有点黑色幽默。

其实，从民进党在岛内二次执政以来的所作所为看，台湾所谓的"五权分列"早已丢魂掉魄，成为民进党一党专制的工具。民进党占绝对多数的立法机关，早已成为行政机关的护航图章。监、考两部门成为"办蓝不办绿"的复仇队。民进党以"人权"之名搞"转型正义"，只是为了清算国民党，打垮政治对手。那些真正需要政府来维护的弱者，民进党是视而不见的。

前几天，位于台北大稻埕的台湾唯一一座"慰安妇"纪念馆"阿嬷家——和平与女性人权馆"宣布，由于门票收入不抵租金及募款减少，将于11月关闭。强征"慰安妇"是日本军队在二战犯下的滔天罪行之一。据有关资料，日本在二战期间，强迫40多万妇女成为日军性奴。战后，韩国等国就"慰安妇"问题要求日本政府赔偿道歉，成为两国关系的标志性事件。台湾有2000多名妇女成为日军"慰安妇"，这些人在台湾社会被歧视而生活在最底层，她们身背精神枷锁，不敢主张她们的权利，绝大多数人把遭受的苦难埋在心里，直至郁郁而终。台湾民间组织创办这个纪念馆，就是要人们不要忘了这些社会底层人应有的权利，要政府、要社会去争取，还她们公道。民进党去做了吗？民进党当局缺这个钱吗？

所以，民进党当局成立这个所谓的"人权委员会"，你千万不要当真，那只是一块牌子而已，"南霸天"的身上也没有维护底层人权的基因，一个用政治抹黑栽赃陷害自己老师的人内心能有公平正义吗？对陈菊来讲，监察机关负责人、"主委"是她在党内政治分赃中应得的一块肉，她要做的就是随时用"人权"这把刀砍向政治对手。

陈菊就任台湾监察机关负责人，让民进党这一轮权力分赃画上了句号。但句号不是终点，而是另一轮权力争夺的开始。全面执政的民进党，对外，将利用执政资源斗垮在野党；党内，则围绕下一轮选举再杀一个头破血流。至于像"慰安妇"这种低等小民的"公平、正义"，哪儿凉快哪儿待着去吧！

2020 年 8 月 2 日

蔡英文要的"蓝绿"携手终于来了，干了票大的

这几天来，台湾岛内新闻特别多。然而，令台湾民众震惊的肯定不是"台独教父"李登辉病故，而是上任不到三个月的蔡英文办公室秘书长苏嘉全辞职。

苏嘉全何许人也？此人乃蔡英文的亲密战友，这两位台湾屏东县的老乡，2012年搭档选台湾地区领导人，未成。2016年蔡英文选赢上任台湾地区领导人，即点名苏嘉全出任立法部门负责人。苏嘉全任上全力贯彻蔡英文的意志，把一个本应保持独立的立法机关变成了民进党的附随组织，深得蔡英文欢心。蔡英文连任后，本打算让苏嘉全就任行政机关负责人，怎奈现任行政部门负责人苏贞昌，因去年助选有功，又因年初防疫成绩不错奈何不得，便先安排苏嘉全出任办公室秘书长相机行事。然而，人算不如天算，近一个月来苏嘉全家族连爆弊案，苏嘉全不得不辞职灭火，以图置绝地而后生。

今年7月以来，先是爆出苏嘉全的外甥张仲杰担任唐荣铁工厂总经理连涉四桩弊案，相关文件却被列为密件。据传，张仲杰把公司当自家，把员工制服、员工福利等多项服务外包给自家亲友。7月20日，苏嘉全又遭指控与侄子、民意代表苏震清绕过台湾外事部门访问印尼图

利。压垮苏嘉全的最后一根稻草，也是这个苏震清。

7月31日，台湾地区立法机关爆出重大丑闻，苏震清等3位民意代表及前民意代表徐永明、陈唐山涉嫌收受贿赂被检察机关搜查，其中苏震清收受贿款2000万元，数额最大。8月2日，苏嘉全辞职下台。

苏嘉全下台后抱怨说"苏震清都50多岁的人了，还什么事都扯上苏嘉全"，好一个怨妇苏嘉全。然而，苏嘉全家族之所以能有涉贪犯弊的资本，不都仰仗苏嘉全的势力吗？张仲杰原只是唐荣铁工厂的一个普通员工，就是苏嘉全当了立法机关负责人才"升天"为唐荣总经理的，也才犯了案还被列为机密未被惩处。苏震清案苏嘉全就更脱不了干系了。去年，苏震清回屏东选民意代表，民进党内以苏震清涉入诚美材公司掏空案不予提名。苏嘉全利用自己在民进党内影响力，策划"中执会"流会，为提名设置障碍。后来还是蔡英文亲自出面协调，让原民进党提名的庄瑞雄列不分区，把选区让给苏震清，苏震清用"报备"方式参选，苏震清当选后又回立法机关民进党党团运作。今天，我们看着受贿2000万的苏震清，怎能不想起拉着苏震清的手高喊"唯一支持"的蔡英文、苏嘉全？

其实，民进党党内的贪腐弊案，何止苏嘉全一家。去年，蔡英文亲信陈明文将300万元现金遗忘在列车上，现金何来到现在也没说清楚。同样出自屏东的行政机关负责人苏贞昌，争权不遑多让，夺利也是一把好手。苏贞昌被誉为"史上最有权的行政部门负责人"，去年，他利用蔡英文与赖清德厮杀的时机，一举任命5个公库行董事长总经理，今年即爆出因涉远航掏空案及合库超贷案，第一金董事长廖灿昌、土银董事长黄伯川、合库总经理陈世卿遭起诉。苏家有小女，在行政部门拨款分预算后，便去各市县标案，赚得盆满钵满。

民进党全面执政才数年，蔡英文连任才开始，民进党已呈现出系统性腐败，蔡英文也很快进入"后执政"时期，连民进党内自己人都看不下去，提醒民进党将面临全面执政带来的腐败危机。

然而，令蔡英文忧中有"喜"的是，蔡震清同案竟也有两位国民党籍的民意代表。蔡英文上台后，面对民进党一手制造的"蓝绿"恶斗，呼吁台湾内部团结，共同应对大陆的反"独"促统压力。现在看，"蓝绿"政治恶斗涉及执政大事难以调和，但是，贪腐谋利还是可以不分"蓝绿"的，蔡英文希望的"蓝绿"团结终于来了，还干了票大的。蔡英文也放心了，有这样的对手在，民进党虽腐但执政还是无忧的。

只是，台湾民众你们是不是要哭晕在厕所里？

2020年8月4日

"两次踏入同一条河流"的民进党

古希腊哲学家赫拉克利特有一句流传千古的哲言:"人不能两次踏进同一条河流。"哲人之言揭示了运动绝对性与静止相对性的统一,是我们认识世界的重要方法论。然而,台湾民进党两次执政的所作所为,正在颠覆我们的认知,他们正在贪腐这条河流里如鱼得水,欢快向前。

2001年9月17日,台风"纳莉"袭击台北,暴雨使北台湾成为一片汪洋。台北的著名商业街忠孝东路也被大水淹没,位于忠孝东路的SOGO百货被迫停业五天,损失数亿元。灾难也导致SOGO母公司太平洋建设公司集团陷入财务困境。为避免波及SOGO,太平洋建设集团总裁章民强决定从集团分出资本额1000万元设立太平洋流通投资公司(简称太流),以太流控股SOGO百货,太平洋百货和章家分别持有太流四成及六成股份,然后,章家又把股权信托登记给李恒隆。章家原以为经过这种复杂的股权设计可保SOGO无忧,然而,台风"纳莉"已把忠孝东路变成一条贪婪之河,章民强的设计开启了第一次尝到执政甜头的民进党的贪腐之门。

SOGO百货是当时台湾最赚钱的百货公司,据说它周年庆一天的销售量就相当其他百货公司一年的销售额,当章家陷入财务危机时,觊觎之人众多。最后，远东集团增资40亿元一举夺得SOGO的经营权。从此，创立SOGO的章家、李恒隆、远东，为争夺SOGO的经营权缠斗了18年。这一时期，民进党先后两次执政，民进党的要员们也先后两次跳入SOGO这个太平洋里游泳。

2006年4月，国民党籍民意代表李全教揭露，陈水扁夫人吴淑珍收受太平洋百货数十万元的礼券，他怀疑这些礼券是获得SOGO经营权的人士送给吴淑珍的谢礼。后来查明，围绕SOGO经营权，财团的老板们纷纷走进陈水扁的官邸，第一夫人吴淑珍，陈水扁的亲信陈哲男、马永成以及陈水扁的家庭医生，即台湾百姓所说的"一妻二秘三师"都深涉其中，在吴淑珍的干扰下，SOGO终于花落远东。当然，陈水扁为此也付出沉重代价，SOGO经营权案是陈水扁的八大贪腐案之一，也是把陈水扁送进牢房的重要因素。民进党第一次执政就以第一家庭贪腐，陈水扁坐牢而告终。

然而，盼着蔡英文"特赦"，天天在网上放"新勇哥"狂吠的陈水扁并没有能对民进党起到警示作用。二次执政的民进党又掉入了SOGO这个太平洋中。前几天，民进党籍民意代表苏震清被检调部门声押。苏振清刚刚当选民进党中常委，是英系重要骨干，将苏震清拉下水的就是这个与远东缠斗了18年，一心想夺回SOGO经营权的李恒隆。这次，李恒隆花4000万元，意图拉拢民意代表修法助自己夺回SOGO经营权，苏震清作为主角一人独得2000万，真是好大的胃口。

当然，第二次执政的民进党踏进贪腐之河与陈水扁时代却有不同。陈水扁时代，民进党占立法机关少数并未完全执政，反对党的监督力度也大，腐败主要集中在第一家庭及亲信群中，而现在的民进党"五院"全占，给反对党贴上"亲中"标签，再用"转型正义"之名打翻在地，在一片"绿油油"媒体的护航声中，从行政系统的大官小职，到各类公营库行肥缺，民进党派系分赃酬庸，各类贪腐行为早已全面化系统化了。蔡英文的"出访"专机成了领导人办公室走私的运输工具，"绿色"媒体几乎独占政府标案，"1450"网军政府出资豢养，公务人员系列可以不经考试而任命，为"绿色"青年大开方便之门，"史上最有权行政部门负责人"苏贞昌一句"用人唯才"就可把有案底的人捧上公库行董事长高位，同样是苏贞昌家父亲台上分预算，女儿台下得标案。民进党把台湾各种利益好处吃干抹净，已经成为"全面执政必然腐败"的样本。

民进党的各色贪腐还伴随着激烈的派系斗争。民进党内各派围绕2022年的县市长选举、2024年的地区领导人接班，开始布局抢食地盘。苏震清案导致蔡英文办公室秘书长苏嘉全辞职下台，党内英系受到重创。综观近期民进党暴露出来的各类案件，无不是派系放话及假手反对党使之公开的，媒体的监督、多方制衡早已沦为笑谈。这也是民进党之所以肆无忌惮吞噬各种资源的底气，他们早已严密控制了台湾社会的方方面面，青年被洗脑，媒体已"绿化"，反对党被打成"卖台"，就剩下他们可以为所欲为了。

这真是台湾人民的悲哀！

2020 年 8 月 9 日

台湾人会比库尔德人好运吗？

"投美"是民进党当局的重要"台独"战略，大陆"武统"，"美国来救"是岛内"台独"分子的"护身符"和强大的心理支撑。为此，民进党当局投美国所好，甘愿充当美国遏制大陆的棋子。为了加大"台湾牌"的分量，美国也加大了对民进党当局的支持。特朗普上台以来不断加大对台"军售"的数量和质量，提高访台官员的层级，给蔡英文"过境"美国提供高规格礼遇。美国国会更是不断地制定各类"友台"法案。美国的"以台制华"与民进党当局的"投美谋独"互为唱和，不断踩踏大陆红线，成为台海乱源。不过，美国真的会为"台独"与大陆打仗吗？库尔德人被美国抛弃的命运，就是台湾的镜鉴。

台湾人会比库尔德人好运吗？

为打击"伊斯兰国"组织出了大力的库尔德人被美国抛弃了。这个与美国并肩战斗，在地面战场与"伊斯兰国"恐怖分子殊死搏斗的民族，因为美国的背叛而陷入土耳其的炮火中。

库尔德是一个古老的民族，分布在跨越伊朗、伊拉克、叙利亚、土耳其的广袤山区，他们有自己的文化、语言、习俗，人口在4650万至4750万之间，在中东是仅次于阿拉伯、波斯、突厥的第四大民族，然而，在漫长的历史长河中，库尔德人始终未能独立建国。目前，约900万伊朗库尔德人平静地生活着，其他三国的库尔德人一直与所在国政府进行斗争。最近几十年来，中东地区的乱局，加剧了库尔德人独立建国或者高度自治的梦想。两伊战争中，伊拉克的库尔德人利用联合国划定的"禁飞区"保全了自己，并在伊拉克战争后取得自治。叙利亚危机爆发后，叙利亚的库尔德人以为历史机缘来临，迅速组建"叙利亚民主军"，在美国的训练和支持下，先与叙利亚政府军对抗，后又成为与"伊斯兰国"组织进行地面战斗的主要力量。他们以为与美国人并肩战斗，有了美国做靠山，在弱乱的叙利亚北部山区建立一个独立的"库尔德斯坦"，作为对库尔德人在对抗"伊斯兰国"中流血的回报，应该不是问题。然而，库尔德人显然高估了自己在美国人心目中的地位，错判了美国在中东的利益，终于成为一个被美国"从背后捅刀子"的弃子。

看了库尔德人的遭遇，台湾是否有兔死狐悲的凄凉感？台湾人与库尔德人本没有可比性，库尔德是一个古老民族，而台湾人是中华民族的一员，但他们都把美国作为分裂祖国的靠山，把获得美国的支持作为第一优先的大事。

民进党上台以来，走上了一条"投美抗陆"的"台独"之路。他们以为，随着美国把中国列为最大的竞争对手，中美将走上一条对抗之路，而中美对抗正是"台独"的机遇。随着美国"印太战略"雏形初现，台湾在美国围堵中国的第一岛链的重要性再次显现出来。民进党自诩站在对抗大陆的最前沿，以甘当"棋子"为投名状，赢得美国的支持。像企图肢解叙利亚而训练、支持库尔德人一样，美国也加大了对台湾的支持，甚至提高了售台武器的质量。但是，也像支持库尔德人一样，美国也不可能轻易地逾越底线。美国虽然通过了"台湾旅行法"，但蔡英文仍不能"过境"华府。美国的"国防授法权"有美台军舰互停的条款，但美国军舰仍不会去靠高雄港，对台"售武"更多的是向台湾收"保护费"而已。

特朗普上台以来，高举"美国优先"的大旗，干了一大堆背弃盟友的事。有人说，这是特朗普的个性特色决定的。其实，这里更多的是由历史发展规律决定的。近年来，资本主义制度的弊端不断显现出来，经济增长乏力、贫富差距悬殊、既得利益者把持国家机器、民粹主义盛行成为常态，特朗普的当选本身就是美国走向衰退而出现的怪胎。现在，美国把自身的衰退怪罪到中国的头上，企图用阻止中国的发展来维持其老大地位。台湾作为遏制中国最廉价的棋子，美国当然会给些好处，增加棋子的分量。然而，历史也证明，美国对台湾的支持力度有多大，是由中国在世界格局中的战略地位决定的。当贸易战不能阻止中国经济发展，美国也不可能在贸易战中全身而退时，台湾期望的中美"脱钩"也就不可能出现。中美不"脱钩"，中美竞争中合作一面就会出现，为了维持中美关系，美国又会给"台独"套上笼头，需要时放出来吠几声，不需要时就关进笼子，这就是"台独"的宿命，而"台独"又拼命地拉全体台湾人民陪葬。所以，在"台独"的拉扯下"投美抗陆"，台湾人的命绝对不会比库尔德人好，台湾终究只会是"废棋"一枚。

其实，台湾人有比库尔德人更好的选择。我们两岸是血脉相连的一家人，两岸统一，台湾就有无限的发展机会，两岸人民共享中华民族复兴巨大荣耀，何不快哉！

2019 年 10 月 27 日

美国军舰过台湾海峡？
来吧，没什么大不了的

据媒体报道，美国太平洋舰队的两艘巡洋舰于7月7日、8日通过了台湾海峡。笔者上次在台湾海峡遭遇美国军舰是2007年11月。那时，党的十七大刚刚召开没几天，我应邀给福建宁德市某单位作关于军队和国防建设的辅导报告。记得那天我说，今天早晨美国小鹰号航母经台湾海峡北口向东北外海去了，美国航母走台湾海峡，只要它遵守国际法，不是什么了不起的事，它正说明中国建设强大国防的紧迫性和重要性。十多年过去了，我也换了工作岗位，但我还是要告诉大家，美国军舰走台湾海峡，没什么了不得，无论美国出于什么目的，它改变不了两岸军事实力对比早已发生质的变化的事实，它改变不了在台湾海峡甚至在第一岛链内中国已无惧任何国家舰队的事实。

十年前的2007年，台湾的陈水扁叫嚣海峡两岸"一边一国"，正在筹办大选绑"公投"，台湾海峡风高浪急。美国航母走台湾海峡确实给陈水扁发出了错误信号。说实话，当时的中国人民解放军虽经几年的"对台军事斗争准备"，但因军队建设欠债太多，能拿得出手的武器装备并不太多。但是，陈水扁的"台独"叫嚣，也激发出了广大官兵维护祖国主权和领土完整的坚定意志，消灭"台独"、打垮有帝国主义支持的

"台独"，已内化为广大官兵强烈的求战愿望。一艘在我二炮、岸防火力射程内的航母，一艘可以组织导弹快艇饱和攻击的航母，有什么可怕的呢！

当然，美国军舰这次通过台湾海峡与2007年有着大不同。那时，美国虽然仍把台湾当作遏制中国的筹码，但在中东"反恐"优先的战略下，不希望台湾挑事，把要举行"入联公投"的陈水扁定位于"麻烦制造者"。小鹰号过台湾海峡，更多的是因为停靠香港遭拒而与中国的赌气行为。虽然客观上长了陈水扁叫嚣的声量，但也体现出了中国无惧美国压力的决心。而现在，美国已把中国定位于"修正主义国家"，是美国的战略竞争对手，遏制中国发展已成为美国国策。在这个大环境下，中美贸易战已经点燃，台湾作为美国制约中国的一张最好用最廉价的牌，当然不能闲着。最近一年来，从奥巴马临下台时批准大规模"对台军售"，到特朗普尚未上任就与蔡英文通电话，到美国国会接连推出"美台军舰互停""邀请台湾军队参加军演""美台高官互访"等一连串的"亲台"法案，美台关系的实质已出现变化。美国眼里的台湾，正从遏制中国的"牌"向阻止中国崛起的"钉子"发展，美国已开始违反中美三个联合公报，向单方面定义"一个中国"转变。所以，美国军舰过台湾海峡，它更具象征意义，是对海峡两岸发出的信号。

所以，对过台湾海峡的美国军舰我们并不用太关心，那是东部战区研究的问题，或许还是东部战区各部队一次极好的练兵机会。我们要注意的是：美国军舰过海峡给两岸传递了什么样的信息？对岸的蔡英文民进党当局会拿这个信息做什么样的文章？"台独"分子会乘机闹些什么动静？还有，更主要的是美国的两岸政策将向何处发展？

美国会改变现行的"一中政策"，动摇中美建交的政治基础吗？这个问题类似于中美贸易战，美国是为了解决贸易不平衡，还是要遏制中国崛起？或者说这是联系在一起的两个问题，美国将中国定义为战略竞争对手，要通过贸易战削弱中国的时候，台湾问题当然要成为遏制中国的另一个手段，改变行之多年的"一中政策"也就一点也不奇怪了。问题是，美国会走到哪一步？

美国会走到哪一步，这取决于中国的实力和意志。中美贸易战，当中国退却时，那么台湾的现状可能也要大大地改变了。当中美胶着，甚至中国下狠劲将美国打痛的时候，美国也就会在台湾问题上止步。另一方面，不管中美贸易战如何，大陆都要展现出在台湾问题上的坚定意志和信心，高举《反分裂国家法》这把利剑，牢牢守住决不允许国家领土分裂出去的底线，何惧美国在台湾问题上走到哪一步？

总之，美国军舰过台湾海峡没有什么可怕的，它只是给中国崛起设障而已。台湾的蔡英文民进党如果以为这是"鸡血"，那就打一针试试看，它可以试出美国到底敢不敢为"台独"一战。

2018年7月8日

会有一道"冷战"铁幕让"台独"喘息吗?

10月10日,台湾地区领导人蔡英文又发表讲话。蔡的讲话了无新意,与往年略有不同的是,蔡英文在讲话一开始,就表达了对国际局势的看法。

蔡英文说,"国际政经局势正在面临剧烈的变化。美中之间的贸易冲突,让国际产业分工出现重组,也对原有的经贸秩序带来冲击";"中国试图挑战区域现状的作为,已经引起国际社会高度的关注";"当全世界都在因应中国势力扩张的同时,我所领导的政府要让世界看见台湾的强韧"。

呵呵,蔡英文的意思,中美贸易战仿佛在远方的天际线上给穷途的"台独"送来了一丝亮光,新"冷战"的铁幕已经拉起,"台独"可以在此喘息并伺机而起了。

蔡英文上台以来,一直采取"倚美抗陆"的"一边倒"战略,视美国为"台独"最大的靠山。中美贸易战爆发后,民进党当局更是研判对台湾有利,通过高价采购美国大豆等在背后给大陆捅刀子。看到西方社会防范遏制中国的声音在加大,乘机渲染大陆与西方在社会制度、意识形态方面的差异,不断挑拨大陆与国际社会特别是与西方的关系,鼓吹

"中国威胁论",积极加入围堵大陆的阵营。就像当年朝鲜战争爆发时,蒋介石预判第三次世界大战即将爆发,"反攻大陆"机会就要来临一样,民进党当局心里期盼的大概就是中美"冷战"早日到来,让"台独"在中美争斗中实现吧。

然而,民进党当局的梦想会实现吗?可能会像当年蒋介石期盼第三次世界大战,历史却在另一个轨道上前行一样,中美新"冷战"时代也并不会如民进党当局所愿而到来。

中美矛盾源自美国对中国发展是否会动摇美国霸权的忧虑,是中国强劲的发展势头与美国相对衰落之间的矛盾。西方社会经过长期的发展,不适应现代社会要求的一面不断暴露出来,如贫富差距拉大等,导致民粹主义盛行,"美国第一"当然会在美国国内得到呼应。现在,虽然美国及西方遏制中国的愿望比历史上任何时候都强烈,但"冷战"并不符合美国及西方的利益。"冷战"是为了霸权,但新的"冷战",却将使世界出现两个或多个霸主,这是美国想要的吗?"冷战"时,西方各国又回到美国保护的时代,他们愿意重做仆从吗?另一方面,中国并没有"冷战"意愿,一个更加开放的中国会对世界有更大的吸引力。

当然,以中美贸易战为标志,中美关系进入了一个新时代,遏制与反遏制、摩擦与反摩擦,将是这一时期的主轴。在这个过程中,台湾因为地缘上的特点,在美国围堵大陆的战略上重新起到枢纽作用。说白了,就是美国会对大陆更多地打"台湾牌"。为了增加"台湾牌"的力道,会给这张牌加上更多的砝码,就像特朗普上台以来所做的一样,更多地强调"与台湾关系法",把口头"六项保证"变成书面的宣示。会用"美台军舰互停""高层互访"在两岸关系上悬更多的利刃。

但是,大陆决不可能在台湾问题上屈服于美国的压力。美国打"台湾牌"的结果只能是一个,就是大陆对"台独"更警惕,打击"台独"

的力度更大。蔡英文上台以来，连丢数个"邦交国"就是例证。

其实，民进党当局也是两难。坚持"台独"路线，与大陆对抗就必须取得美国的支持，甘心成为美国的一张牌，花钱花精力"建构台湾不可取代的战略重要性"。另一方面，民进党当局也知道，充当美国遏制大陆的牌，更多的只会引火烧身，"面对打压，有些人希望政府采取更具对抗性的立场"，蔡英文呼吁"但是各位，越是剧烈的变局，台湾就越要维持稳定，以沉着的态度化解压力，冷静地寻找生存的利基"。民进党当局内心很清楚，用美国的支持迷惑岛内民众可以，吓唬大陆却太幼稚。美国支持"台独"势力是为了打"台湾牌"，迫使大陆屈服。而支持"台湾独立"却是踩踏大陆红线，反而使"台湾牌"失去效力。最近，美国对"美台军舰互停"、对蔡英文"维持现状"等态度就说明，美国还不想在台湾问题上与中国彻底翻脸。让"台独"喘息的"冷战"铁幕并未开启，"台独"借中美竞争之船出海的时机还没有到来。所以，民进党当局才忙着与"急独"的"喜乐岛联盟"切割，蔡英文在讲话中也用"不会贸然升高对抗，也不会屈从退让。我不会因一时的激愤，走向冲突对抗，而两岸关系陷入险境"等新"四不"向美国表态，向大陆喊话。

"台独"与统一是一对不可调和的矛盾，这个矛盾不会因为中美竞争而消失。美国加大遏制中国的力度，增加了中国崛起的成本，是中国前进道路上必须经受的考验。但是，中美竞争决不是"台独"的机会，"台湾牌"打过头、"台独"冲过头，就是统一机会的到来。

奉劝民进党当局正确判断时势，特别是中美关系对台湾的影响，确立一个真正有利于台湾世世代代永续发展的两岸政策。

2018年10月10日

蔡英文的"美国牌"能打响吗?

台湾地区领导人蔡英文曾在接受媒体采访时说,在处理岛内外关系上,"台湾也是棋手"。这几天,蔡英文还真的过了一回"棋手"瘾。

每年的10月10日是台湾地区领导人发表例行讲话的日子。今年蔡英文的讲话,与前两年大不相同。蔡在讲话中竭尽攻击大陆之能事,大肆宣扬"两国论",彰显其坚持"台独"路线的本质。在两岸关系越来越严峻的今天,蔡英文为什么有这么大胆给两岸关系雪上加霜呢?看看蔡英文的讲话就知道了。

蔡英文在讲话一开始就点出中美贸易战,呼应美国副总统彭斯不久前对中国的无端攻击,掰着手指头数出美国、日本及欧洲议会对台湾的所谓"支持"。此时的蔡英文仿佛抓了一手好牌,美国当然是"大王"了。蔡英文抓着"美国牌"漫天挥舞起来,好像能搅动宇宙一样,似乎"台独"的机遇就在眼前了。

只是,蔡英文真是那个牌桌上的打牌人或者叫"棋手"吗?

美国总统特朗普上任以来,美国国内的"遏华"势力抬头,遏制中国成为美国对华战略的主轴。为了迫使中国就范,美国发动了针对中国的贸易战,中美关系经受着严峻的考验。台湾作为"遏制中国的最廉价的牌"，当然地成为特朗普手中的一个工具。于是，美国国会出台了包含"美台军舰互停"的"国防授权法"、开放"美台高层互访"的"台湾旅行法"，重启了对台军售。民进党当局对此感激涕零，誉为"对美外交重要成果"，表忠心要加入美国遏制大陆的"印太战略"，并可怜兮兮把自己比喻为早期煤矿工人测试矿井中瓦斯含量的"金丝雀"，以示自己在美国围堵大陆战略中的重要性。

看看，这哪里还是"棋手"？分明就是美国手中的一张"台湾牌"嘛。

明知是"棋子"，却还要装大牌，这是民进党当局的"台独"本性决定的。搞"台独"，不管"急独"还是"缓独"，不管是"真独"还是沽名钓誉的"假独"，视美日为靠山，特别是抱美国大腿是"台独"分子的共同特征。从李登辉、陈水扁到蔡英文，竭力讨好美国，游说美国"反中""友台"势力，取得美国"背书"是他们的头等大事。这样挟洋自重，在岛内可以宣传美国支持，为"台独"打气鼓劲，对大陆可用美国"保护伞"抵挡打击。保护伞挥舞的次数多了，似乎也能找到打牌的感觉，蔡英文不觉飘飘然认为自己也是"棋手"了。

其实，美国对民进党当局想当然地要当"棋手"，还是很警觉的。美国在不断给民进党当局"甜头"，鼓励他们对抗大陆的同时，也不断地在提醒民进党当局不能冲太快。前不久，"美国在台协会"（AIT）主席莫健就说"美国航母停靠高雄港，会让中国有启动《反分裂国家法》的理由"，等于间接否定了"美台军舰互停"的可能性，美国国防部以"资源有限"否定了美国国务院派"陆战队进驻'美国在台协会'台北办事处"的请求，就连彭斯在历数中国对美国挑战演讲的最后，也强调美国"信守一个中国原则"。这些都告诉民进党当局，中美关系远没有到彻底翻脸的时候，美国不希望更不愿意因为"台独"肆意挥舞"美国牌",把美国拉入两岸"热战"的旋涡。

由于美国维护霸权的需要,中美竞争将是一个长期的过程,台湾必须学会在中美竞争态势下如何处理两岸关系。"棋子"就是棋子,打"美国牌",对大陆无效,让美国惊心。台湾弹丸之地举不动"美国牌",腿不稳、步不齐,说不定就摔到太平洋里去了。

唉,蔡英文,这个"棋手"你还真当不了!

2018 年 10 月 15 日

别让美军科研船"汤普森"号
这个"屁"吹乱台湾海峡的水

苏东坡任职瓜州时,他的好友佛印大和尚在对岸金山寺做主持。东坡先生也是学佛之人,一日静坐后,忽有所悟,遂写就一首五言诗:"稽首天中天,毫光照大千。八风吹不动,端坐紫金莲。"着书童过江送大和尚把赏。佛印接过书童送来的诗,取笔批了两个字叫书童带回。书童归来,东坡以为大和尚称赞自己,心中暗喜,打开乃见"放屁"二字。东坡先生大怒,立马渡江找和尚论理。船到对岸,佛印在渡口大笑迎接:"你不是'八风吹不动'吗?怎么我一屁就把你吹过江了?"东坡先生大感惭愧,深知修身无境,自己还是有差距呀。

这两天,台湾高雄码头的一艘船,也搅得我们许多人心神不宁。一艘隶属美国海军的科研船——"汤普森"号停靠高雄港9号码头。有人惊呼,美国海军真的在实施"国防授权法"中"美台军舰互停"条款了,更贴出我驻美大使馆公使李克新有关"美国军舰停靠高雄之时,就是解放军武统台湾之日"的发言截图,敦促有关部门反击。

这"汤普森"是何方神圣,惹得我们群情激愤?资料显示,美国海洋科研船"汤普森"隶属美国海军研究办公室,排水量3250吨,1990年下水,1991年7月交船,同时租给华盛顿大学海洋学院,船员都为文职,船上也没有武器装备。原来，引得大家愤怒的，是"汤普森"的产权属于美国海军，从广义上讲，它是一艘美国海军船只。

然而，在中美贸易战正酣，两岸形势严峻的当下，我们有必要与这艘挂美国海军"羊头"，卖海洋科研"狗肉"，亦军更民的科研船"汤普森"较劲吗？

不错，"汤普森"隶属美国海军研究办公室，是一艘美国海军船只，我想它也肯定执行过美国海军的任务。但它从下水起就租给了华盛顿大学海洋学院，非军人操纵，没有武器装备，执行学校的科研任务，进出高雄港也不是台湾防务部门批准，履行的是一般民用船只的手续，早已不是完全意义上的军舰了，还真没有必要这么严肃地对待它。而且，它在美国总统特朗普签署"国防授权法"之前就停靠过高雄了。

其实，我们要认真思考的是，台湾媒体为什么在中美贸易战激烈、台湾"九合一"选举胶着的时候，曝出"汤普森"停靠高雄。

今年是台湾岛内选举年，岛内各种力量相互较量厮杀。民进党挟执政资源，原以为有胜选优势。然而，由于执政无能导致民怨遍地。在被誉为民进党搬个西瓜出来都能胜选的大本营高雄，竟然被国民党候选人打成"五五波"。民进党急欲找到一个凝聚"绿营基本盘"、让"绿营"民众归队的事件。"汤普森"的到来，就是一个从天而降的馅饼。炒作美国海军舰船停靠高雄，可以显示美国在履行"国防授权法"，支持民进党，这对"绿营"有着天然的号召力。"汤普森"今年已四次停靠高雄，其中两次停靠时间都达半个月之久。这么长时间媒体没发现没报道，这次刚靠上码头就被捅了出来，其中玄机太明显了吧。民进党当局知道，美舰停靠高雄，是大陆的底线，炒出来大陆肯定会愤怒难平出手反制。而大陆的反制，一来会激怒美国，给目前严峻的中美关系雪上加霜，导致美国加大对民进党当局的支持力度。二来会成为民进党再度动员的工具，以回击大陆打压为由激发"绿营"的团结。另外，炒作美国海军船只停靠高雄，还是呼应美国遏制大陆的一着好棋，让人觉得美国是在打"台湾牌"，迫使大陆妥协。这真是一举多得的好买卖，既讨好了美国提高了身价，又"打脸"了大陆显示了手腕，更重要的是动员了"绿营"，凝聚了"基本盘"。

所以，今年第四次停靠高雄的美国科研船"汤普森"号，大陆民众还真不用自乱阵脚，费脑费力地去分辨它是军舰还是民船，更不用把它与美国媒体鼓吹的美海军即将开展的所谓"台海军演"联系起来。台湾媒体说高雄外海是潜艇演习的场域，"汤普森"是为美国海军演习打前站。稍有常识的都知道，美军曾协防台湾多年，台湾周边海情水文还有哪里不清楚的？再说要调查的话前面停靠半个月时间的航次不去做，倒是要用这连头带尾才三天的航次来做？这不明显骗人吗。

当然，"汤普森"这件事也在提醒我们，现代科技条件下，我们对台湾诸如高雄港这些重点地方的监控能力的缺失。"汤普森"今年停靠四次了，我们还是在台媒曝光后才知道，如果是其他舰艇呢？所以，解放军还是要加强能力建设，要把台湾的重要海空基地监管起来。美国军舰靠高雄没什么可怕的，它敢在台湾海峡演习挺"台独"，我们就在高雄外海演习封锁高雄港打"台独"。1996年我海空演习，高雄外海就是预定弹着点，高雄港不就是"死港"了吗？现在，我人民解放军应该有更多办法了吧！

真的，两岸拥护祖国统一的人们别担忧，不要被"汤普森"这个"屁"吹皱了台湾海峡的水！

2018年10月18日

美国军舰过台湾海峡，
只是一次"护镖"行动而已

10月22日，在中国海军军舰的监视下，美国海军两艘驱逐舰由鹅銮鼻海域自南向北航经台湾海峡。美国海军的行为再一次挑动国人神经。其实，几乎在同时，一个对台海和平危害更大的消息，反而被人们忽略了。

10月19日下午4时许，一架只有洛克希德马丁公司原装涂装、编号6626的F-16V单座战机降落台湾嘉义空军基地。这架经过美国改装升级的F-16V战机，正式交付台湾当局空军。

1992年，台湾向美国采购150架F-16战机，1997年正式成军，成为对抗大陆空军的主力。20多年来已折损7架，性能也逐渐落后。2011年，美国同意出售升级配件，台湾当局也列编1296亿元新台币，计划将战机升级为F-16V，成为F-16家族中的先进战机。首批4架今年年底前交付，19日交付的是首架。其余战机，将以每年20至24架的进度，预计在2022年全部完成升级。

升级后的F-16V换装了先进的主动相位阵列雷达，配备最新型AIM-9X响尾蛇导弹等先进武器，战力有较大提升。

这批升级的F-16战机虽然改变不了台海两岸的军力对比，但它必然成为蔡英文民进党当局"以武拒统"战略的重要支撑。

在中美贸易战相持不下，台湾岛选举胶着的当下，美国四天之内连续两个动作，确实用心险恶、可恶至极。然而，在美国下大力围堵遏制中国的今天，我们还真没有必要花大精力在这些问题上与美国较劲。

其实，"台美"关系、美国对台军售是个什么东东，台湾许多人自己说得很清楚。

10月19日，美国媒体刊出对台北市长柯文哲的专访。在谈到"台美"关系时，柯文哲表示，在中美两强对抗的局势下，"台湾不过就是美国总统特朗普货架上的商品"。"台独"分子、台湾地区前领导人陈水扁，在10月20日发出的"新勇哥物语"第267期中说"台湾跟美国买武器，兼买保险"。柯文哲的话说明，在"台美"关系中，台湾只是"棋子"而已，随时都有被出卖的风险。陈水扁当然对"台美"关系更了解，也就说得更直白，为了不被出卖，台湾只有通过买更多的武器来交保护费。所以，台湾求着美国军售提升战力之外，更主要的是看主子还愿不愿意收保护费，收了才安心、才踏实、才睡得着觉。

所以，美国军舰过台湾海峡，只是收了保护费的主子，采取的一次"护镖"行动而已。

美国通过这个"护镖"行动，一方面向大陆打"台湾牌"，用它对台湾的掌控能力告诉大陆，美国有能力危及中国的核心利益，中国不在某方面作妥协，甚至签订城下之盟，有你好看的。另一方面，显示美国对蔡英文民进党当局的支持，在中美竞争态势下，一个不断挑战大陆的台湾显然是符合美国利益的。在台湾选举的紧要关头，美国的这种"护镖"行动，有利于蔡英文民进党当局在岛内的造势宣传，为蔡英文民进党当局背了书。

美国这些"护镖"行动早被中国人民看透。这次美国军舰过台湾海峡，国人就表现出了成熟的漠视。在美国把围堵中国作为主要政策的今天，美国军舰走台湾海峡这类行为会经常化、常态化，是遏制中国最廉价的工具。我们没有必要去多较劲儿，把美国海军在台湾海峡的行为上升到多大的政治高度。我们越不把它当回事，这种行为的价值就越低，对台湾岛内的影响也就越小。我们要做的就是加强军事斗争准备，进一步提升在海峡及周边的军事行动能力，把美国军舰在海峡的每一个行动都作为一次练兵机会。放心，大型水面舰艇在台湾海峡都是活靶子，真要打，这些过海峡的外国军舰，在我多种火力联合打击下，很快就会变成水下"渔堡"，成为鱼虾生长的天堂。

所以，我们还是要坚定自信，冷眼看美国，或者看着美国用吊线拉台湾一起表演。只要我们把自己的事做好，把力量建强，美国不能把中国怎么样，台湾更是跑不了。

2018 年 10 月 24 日

美国在介入台湾选举

近日,"美国在台协会"(AIT)主席莫健接受台湾媒体专访,声称"有外在势力试图改变台湾风向,散播不实讯息。两岸使用相同语言,使得假消息泛滥,这是非常危险的"。莫健的谈话紧密呼应蔡英文有关大陆"假新闻""假消息"操作台湾选情的指控。无独有偶,当国民党高雄市长候选人韩国瑜以高雄"又老又穷"掀起"韩流"席卷全台的时候,前"美国在台协会"高雄处长杜维浩在网络发文,表示高雄人应该以"新"高雄为傲,对自己的城市有信心和好感。

明眼人都会看出,在民进党当局执政无能,岛内形成台湾最大党"讨厌民进党","九合一"选情胶着之时,莫健、杜维浩的谈话、帖子是在支持特定政党及特定候选人,意在影响岛内选举,扶持亲美势力,培植岛内代理人。

毋庸置疑,美国是当今世界上最有能力影响台湾岛内政治走向的国家。可以说,在台湾地区领导人选举中,没有到华盛顿"面试"、没有得到华盛顿背书的候选人,是不可能赢得选举的。但对台湾县市长选举如此明目张胆介入的,似乎还没有前例。美国这么看重台湾的一场县市长选举,折射出美国对中美关系的焦虑,反映出美国对"台湾牌"的重视。

经过2014年"九合一"选举、2016年的地区领导人选举，民进党在台湾岛内不仅重新执政，而且实现了完全执政。民进党当局上台以来，执行了一条"倚美抗陆"的一边倒战略，把台湾的命运系于美国身上。有美国的纵容，民进党当局在两岸关系上用"去中国化"来对抗"九二共识"；在台湾岛内，用"转型正义"追杀国民党，放言"连续执政20年没问题"。然而，全面执政以来，民进党迅速成为一个利益通吃、贪污自肥的利益集团，岛内经济停滞，青年人看不到未来。当韩国瑜掀起民进党连续执政20多年的高雄"又老又穷"的面纱时，民进党当局执政无能的形象呈现在全体台湾人面前，讨厌民进党、教训民进党，成为岛内最大声音。这股洪流有席卷全台之势。如果任由发展下去，今年地方选举中的民进党就会犹如2014年国民党在选举中溃败一样，彻底动摇民进党的执政基础。

这是美国所不乐见的。虽然岛内不管是什么党执政，都会把对美关系放在重要位置，但在美国加大遏制中国力度的情况下，民进党执政的台湾，"棋子"站位更主动，领会主子的意图更准确，对抗大陆的力度也更强，用起来更顺手。近来，蔡英文多次声称要加入美国遏制大陆的"印太战略"，站在对抗大陆第一线，就得到美国的赞赏。在中美贸易战激烈之时，民进党当局高价采购美国大豆，协助美国制裁大陆芯片企业，就是在向美国表忠心，向美国喊话讨赏。

美国当然支持甘当"棋子"的民进党当局能长期执政。蔡英文上台以来，美国国会出台了一系列的"亲台"议案，美国行政部门官员访台的层级在提高，美国海军一反常态，军舰多次穿越台湾海峡，甚至在上个月公开了一艘海军科研船停靠高雄港的消息。就像当前中美关系处于严峻阶段一样，美国与台湾的关系也正在朝触碰中国底线的方向发展。

这两年来，美国与民进党当局似乎正在形成默契，配合美国打"台湾牌"已成为台湾对美交往中的自觉行动。

然而，台湾民众对这种一边倒的"台美"关系似乎无感。当美国宣布对台军售，升级台湾空军的F16战机、帮助台湾"潜舰自造"，民众斥之为"交保护费"式的"凯子军购"。当蔡英文宣布购自美国的"佩里"级军舰成军时，台湾民众普遍怀疑这款美军弃之不用的退役军舰如何能抵挡大陆的打击。当民进党当局不断宣示"对美外交成果"的时候，台北街头的"夹娃娃机"在增加，高雄街头转让店铺的告示在增加，台中上空的污染在飘荡。所以，"又老又穷"的高雄，犹如一颗火种点燃了台湾人民"讨厌民进党"的怒火，迫使民进党当局倾巢而出抢救各地选情，作为美国负责对台交往的最高负责人，莫健亲自上阵支持民进党也就一点也不奇怪了。但是，莫健、杜维浩们的力挺并没有看到效果，继登陆凤山、夜袭旗山，韩国瑜在高雄冈山的造势活动达到了空前的11万人，是高雄选举史上最大规模的群众集会，"韩流"正在全岛汹涌。

再过几天了就要投票了，我们相信，任何外来干涉都不能阻挡台湾人民对美好生活的追求。

2018年11月21日

台湾应该摆脱"擦屁股"的命运了

1月19日,台湾长荣航空的空姐被一位壮硕的美国乘客要求"脱裤子、擦屁股",引起舆论哗然。看着电视上空姐哭泣的泪脸,很是为她抱屈。细思这几十年来的美台关系,给美国人"擦屁股"的何止是台湾的空姐,为了赢得美国欢心,台湾不就是美国的一个"擦屁股"者吗?

在大陆,1月19日是一个值得纪念的日子。1974年1月19日,中国人民解放军海军在南海西沙群岛打了一场著名的海战——西沙海战。在那场永载历史史册的海战中,人民解放军海军英勇奋战,一举击沉南越海军一艘护航舰,重创三艘驱逐舰,收复甘泉、金银等岛屿,取得西沙海战的胜利。

有一段时间,我一直不理解,在美国决心结束越南战争,南越政权行将灭亡的时候,南越海军为什么还要挑起一场与中国的战争?后来明白,美国是南越政权支撑下去的唯一希望,南越就是想通过挑衅中国,来拖住美国撤军的脚步而苟延残喘。急于摆脱越战泥潭的美国,当然不会让南越政权如愿。美国撒腿跑了,南越也灭亡了。

越南战争是一场残酷的战争。当时据于台湾的蒋介石当局,也想借美国之力乘机反攻大陆,但到头来也只能在越战期间扮演一个"擦屁股"的角色。1967年12月22日,美国《时代杂志》封面刊登了一张台北北投两个女侍应生为美军士兵陪浴的照片,并说明"从台北坐计程车,只要30分钟就可到达北投,当地有75家温泉旅馆,其中最出色的是文士阁。虽然不是每个美军都会丢下台北的乐趣去找文士阁,但像来自辛辛那提的21岁陆战队班长亚伦贝利,是不会后悔这个决定的"。据说这张充满色情意味的照片让蒋介石颜面尽失。亚伦贝利的故事,源自越战美军轮休的"特别假"制度。当时,深陷越南丛林泥潭的美军,在越南服役超过90天就可申请赴东京、马尼拉、台北等地休假五天。台北成为美军休"特别假"最受欢迎的城市,被誉为"射精天堂"。蒋介石虽感丢脸,但为了美元外汇,为了美国保护,只能为美军"擦屁股"啦。越战中,台湾干的"擦屁股"事可不止这一件。越战开始,蒋介石就派出"奎山军官团"潜入南越,这些人身着便服,帮助南越军队进行政战、心战培训。台湾特种兵也以美国雇佣军的身份,加入丛林战。美国援助蒋介石的3架C—123运输机帮助美军运输人员物资,而空军飞行员则以"中华航空"的名义往返。台湾曾出动登陆舰帮助美军,但舰员都着便服。当时的蒋介石乐于干这种"擦屁股"的事,他寄希望这些"擦屁股"之事,能把美国拴在亚洲,拴在台湾海峡。

然而,历史的发展有它自身的规律。当年南越挑起西沙海战,并没有能留住美军撤退的脚步,蒋介石当局投靠美国的战略也没有挡住美国抛弃台湾与大陆建交。

今天的民进党当局显然没有从历史中吸取教训。蔡英文上台以来,采取了一边倒的"倚美抗中"战略,对美国一脸媚态。"台独"们以为中美竞争就是台湾的机会,对美国国会出台所谓的"友台"法案欢欣鼓舞,甘当美国遏制中国的"棋子"。台湾现在是美国"反华"议员的密集到访地、退役装备的高价购买者。一个过气美国政客的话也犹如"尚方宝剑"一般经用。民进党当局,就是乐此不疲地给美国"擦屁股",最让民进党害怕的事,大概就是美国不要他们"擦屁股"了。

只是,历史还是会按照它自己的规律往前走。西沙海战中国海军能用劣势装备维护祖国领土,今天的中国更有能力处理好与世界的关系。两蒋时代的台湾没有留住美国,今天的美国还有为台湾一战的力量和意志吗?

台湾的前途在于两岸的统一,融于祖国大家庭的台湾才能享受挺立于世界民族之林的荣耀。否则,台湾只会是强权遏制中国的一个"棋子",只能给别人"擦屁股"。"脱裤子、擦屁股"式的羞辱就会经常降临到台湾的空姐及台湾人民的头上。

2019 年 1 月 29 日

蔡英文的"投美制陆"不可能成功

今天是2月28日,47年前的今天,震惊世界的"上海公报"发表。1972年2月21日,时任美国总统尼克松访华,开启了"改变世界的一周",2月28日,中美签署"上海公报"。

中方声明:中华人民共和国政府是中国的唯一合法政府;台湾是中国的一个省,早已归还祖国;解放台湾是中国的内政,别国无权干涉;全部美国武装力量和军事设施必须从台湾撤走。

美方声明:美认识到"台湾海峡两边的所有中国人都认为只有一个中国,台湾是中国的一部分"。美对这一立场"不提出异议"。美确认最终要从台湾撤走其全部军队。

"上海公报"的发表,代表阻碍中美关系发展的"坚冰融化",为中美建交打下了坚实的基础。1978年12月16日,两国签订"中美建交公报"。

中美建交47年来,虽然两国在许多问题上有分歧,特别是台湾问题始终是美国遏制中国的一张牌,但中美关系不断向前发展这个大趋势没有变。

特朗普总统上任以来,执行了一条"美国优先"的贸易保护主义政策,中美在政治经济领域里的矛盾暴露出来,中美贸易战中,台湾自然成为美国一张遏制中国最廉价的牌。最近两年来美国国会出台了以"台湾旅行法"为代表的一系列所谓"友台"法案。台湾的民进党当局更是执行了一条"一边倒"的亲美政策,主动对美投怀送抱,妄图"倚美抗陆",以为可以在美国的支持下走向"台独"。一些"台独"分子认为,在美国遏制中国态势加剧的情况下,美国加大支持台湾的力度正是台湾寻求"独立"的机会。他们把美国对中国打"台湾牌"当作是支持"台独",甚至以"棋手"自居,对大陆打"美国牌",跟在主子后面吠声四起,不惜升高两岸对抗,鼓吹台湾能经受"大陆第一波打击",甚至发出"战海上、战沙滩、战街道、战山上""拿把扫帚也要跟大陆拼"的无知叫嚣。

台湾一直视美国为靠山,大陆攻台美国来救也是"台独"分子强大的心理支撑。为了维持这个心理上的安慰,台湾不停地通过"凯子军购"来交保护费,台湾成为美国退役舰船等武器装备的再生地。在这种心理下,美国也就有了更强大的左右台湾政局的影响力,每个要选台湾地区领导人的候选人都会乖乖地到美国"面试",没有美国主子的首肯和背书,基本是选不上的。所以,在即将到来的台湾地区领导人选举中,如何取得美国的欢心,当然是头等大事。

蔡英文上台以来,虽然在岛内执政不力,但积极配合美国对中打"台湾牌"还是深得主子赞赏的,在这一波争取美国支持中又拔得头筹。美国一些议员写信要求国会邀请蔡英文访美并到国会发表演讲,并派副总统访台,大有突破中美关系底线,甚至支持台湾分裂的趋势。民进党当局沾沾自喜,不断高声"呛陆",配合美国演出,似乎可以在"台独"的路上披挂出发了。蔡英文更安排在接受美国CNN专访时宣布要竞选连任,仿佛是在告诉台湾人民,她已经是美国首肯的下届台湾地区领导人。

只是，美国会支持"台湾独立"吗？大陆攻台，美国会来救吗？

上海锦江宾馆是一座美丽的园林式宾馆，当年尼克松总统访问上海期间就下榻在这里，"上海公报"也就是在宾馆的锦江小礼堂签署的。近50年过去了，锦江小礼堂经历几次维修，但还保持当年的模样。锦江小礼堂依旧，但上海早已不是当年的上海了，这个昔日的"东方巴黎"早已凤凰涅槃成为一颗耀眼的"东方明珠"。上海的发展只是中国改革开放的一个缩影，中国已成为世界第二大经济体。美国加大遏制中国力度，不过是对中国发展的焦虑而已。但是，中美竞争，美国愿意回到当年的冷战时代吗？台湾会成为美国遏制中国的一个战略支点吗？看看AIT出面反对台湾"台独"公投的态度就可知道，最近一段时间美国虽然不断在台湾问题上对中国出手，但只是把"台湾牌"的分量加重而已，并不是支持民进党当局在"台独"之路上走得更远。美国支持"台独"，只是要民进党当局配合打"台湾牌"。美国知道，当"台独"分子的行为触及大陆的底线之时，也就是美国麻烦的开始。当年李登辉访问康奈尔大学的时候，中美军事力量相差悬殊，两岸力量对比优势也不在大陆一方，大陆都作出了强烈反应，今天的蔡英文到美国国会演讲会是什么样的后果呢？美国还敢把航母编队开进台湾海峡吗？

所以，美国要的是"台湾牌"，有时作为奖励，装着没看到民进党当局打"美国牌"，但美国绝对不允许台湾损害美国利益。当年中美建交的政治基础不可动摇，当台湾要成为一个"麻烦制造者"的时候，美国就不许"尾巴摇狗"了。

当了几十年奴才，"台独"分子还不明白吗？"投美抗陆"之路走不通！

2019年2月28日

美械装备救不了蔡英文

这两天在台湾刷爆媒体版面的，莫过于台湾空军准备花 4000 亿新台币购买 66 架美式 F16V 型战机这个新闻了。

最近一段时间，民进党当局一方面不断升高两岸对抗，一方面也不断整军备武，摆出"以武拒统"的姿势。继去年以大陆攻台为假想调整所谓的"国防"战略后，又加大了对美军购的力度。花巨资升级原有的 F16A/B 型战机为 F16V，首架已于去年下半年交付，新购美海军退役的"佩里"级护卫舰也在去年成军。在加大军购的同时，民进党当局也投了巨资自造武器。前几天蔡英文视察"中研院"，要求加快"天弓三型"防空飞弹的制造，全岛要部署 500 套"弓三"应对大陆的"第一波打击"。这些大概就是蔡英文接受美国 CNN 专访时表示台湾能经受"大陆第一波打击"的底气吧。

美对台军售，是美履行所谓的"对台承诺"，维持岛内"国军"战力的一项特殊安排。也是美台"断交"后，台湾寻求美国保护的一个手段。也因此，在寻求对美军购时，台湾一直是处在不敢还价的弱势地位，使台湾成为美国退役武器的回收站。从海军的基德舰到陆军的 M1A1 战车，莫不如是。就拿空军飞机来说，台湾从 1980 年代就向美国申购 F16 战机，直到 1992 年的老布什时期才同意，当时台湾想要美国最新型的 F16C/D 型，但美国只肯卖给台湾美军淘汰的 F16A/B 型。这次台湾一直想买 F35，不料想美国却用 F35 的价卖给台湾性能远逊于 F16C/D 型的 F16V 型。

其实，美国与台湾当局心里都明白，美台间的军售，只是台湾向美国交保护费而已，什么时候收、收多少全是美国老大说了算。卖什么、卖多少，并不是台湾所谓的"防务"需求决定的，而是美国对台湾当局的认可度决定的。当美国满意当时的"美台"关系，要展现对某个台湾地区领导人支持的时候，军售的力度就大。所以，美国的军售，在很大程度上对台湾地区领导人的象征意义远大于对台湾"防务"的意义。军售，既是"美台"主仆关系的象征，更是美国是否支持某个当局的标志。

蔡英文上台以来，台湾内部治理不彰，民怨已久，"讨厌民进党"成为岛内最大党，导致民进党在去年"九合一"选举中大败。在接下来的地区领导人选举中，美国的支持背书是蔡英文胜选连任的唯一法宝。这个时候台湾空军提出巨额军购，它在相当程度上更是一种政治考量了。老大收保护费了说明还是要履行"保护协议"的，这个时候收，说明对蔡英文还是支持的，还给点值钱的东西，就是告诉大家，这奴才我还满意呢，你们旁人别争了。

蔡英文现在整军备武，既要军购又要在岛上插满"弓三"防空导弹，也只是向美国表决心：台湾决不会与大陆改善关系，她会掌好这个"印太战略"的节点，你老大随时可以打"台湾牌"。所以，这个被台湾媒体誉为"全民凯子军购案"，它所满足的只是蔡英文竞选连任的私利，全民买单只是为了民进党要胜选。可怜的台湾人民！

当然，美国的对台军售，也是中美关系的晴雨表，是美国打"台湾牌"的一个重要手段。然而,在中国整体实力越来越强大的今天,美国的那点军售除了掏空台湾外,已对中国丧失了吓阻作用。它只是告诉中国,你有"人质"在我手上,你不同意我的条件,我就拷打它,甚至我还有让它来咬你的能力。军售就是让台湾掏钱买"一支扁钻",替美国当看门狗。"以武拒统"?算了吧,当"大陆第一波打击"真来到时,苏贞昌们还有机会去"拿一把扫帚"吗?

台湾的安全系于两岸,台湾的前途在于统一,这是中华民族伟大复兴的必然要求。台湾的某些政党某些政治人物,不要把大陆坚持和平统一的善意理解为大陆惧于美国压力不敢动武的软弱。和平统一是出于同胞之情的心灵呼唤,台湾也应该用同胞之心来回应。有钱,多用在民生上。军购买背书,整军来拒统,蔡英文你可以休也!

2019年3月9日

大陆军机过"中线"？打"独"警美！

这几天，大陆的两架军机搅动了台湾海峡的春水。

3月31日下午，大陆两架歼-11战机越过所谓的"海峡中线"。台湾的民进党当局立马上演高声抗议的"剧本"，一方面声称"要强制驱离维护主权"，一方面"第一时间通知区域伙伴国家"向美国告状。美国国务院及国防部也相继发表声明，敦促大陆不要企图单方面改变台海现状。看来，两架歼-11的10分钟飞行，已经起到打"独"警美的效果。

2015年，主张"台独"的民进党上台以来，拒不承认"九二共识"，毁掉了两岸和平发展的政治基础。民进党的倒行逆施，既使两岸关系处于复杂严峻的境地，也极大地阻碍了岛内经济民生的发展，使"讨厌民进党"成为岛内最大党。在去年底的"九合一"选举中，民进党惨败。为了即将到来的地区领导人选举，执政无方的蔡英文使出民进党最拿手的选举伎俩：挑起"统独"恶斗，把大陆塑造成台湾最大的威胁，把"蓝营"塑造成台湾利益的出卖者，唤起"绿营基本盘"，依靠民粹主义来赢得选举，保住"绿色"执政，保住蔡英文连任。

今年元旦，蔡英文一改上台以来不发表讲话的惯例，出言污蔑大陆,声称要对大陆筑起"三道防线"。习近平总书记《告台湾同胞书》发表40周年纪念会重要讲话发表后,蔡英文迅速出声反对,表示绝不接受"九二共识",绝不接受"一国两制",召开所谓的"国安"会议,提出要在"七个方面"反制"一国两制"。同时,民进党当局开始收紧两岸交流闸门。修改"两岸人民关系条例",延长退将和退休政要访问大陆的管制期限,阻止"蓝营"与大陆的交流。提高两岸签订政治协议的门槛,堵住岛内各界与大陆政治协商的通路。开罚在大陆任职的相关人员,阻挡岛内青年西进大陆的脚步。诸多迹象充分说明了民进党当局敌视大陆、丑化大陆、污蔑大陆的"台独"本质。蔡英文正通过对抗大陆把自己塑造成台湾利益的维护者,以骗取下一个选举的选票。

蔡英文胆敢走一条对抗大陆拼连任的路,当然是看准了中美竞争态势下,美国要打"台湾牌",并加大了对"台独"的支持。

特朗普就任美国总统后,美国明确把中国列为竞争对手,在中美关系中持续打"台湾牌"。去年以来,美国国会相继通过了一系列所谓的"友台"法案,特别是"台湾旅行法",为"美台"高官互访提供了可能,"亚洲再保证倡议"明确把台湾纳入了"印太战略"。最近,美国国会部分"反华"议员又开始联署"台湾保证法",鼓吹邀请蔡英文访问华盛顿到国会演讲,要求行政部门执行"台湾旅行法",派副总统访问台湾,参加"美国在台协会"(AIT)台北办事处新址启用仪式。美国国务院也大力配合国会,采取了许多突破往常做法的动作。3月19日,AIT处长郦英杰在台湾外事部门与台湾外事部门负责人共同宣布,成立"印太民主治理咨商"对话,这是AIT处长首次公开在台外事部门举办记者会,其象征意义不容小觑。3月27日,蔡英文出访南太途经夏威夷,夏威夷州民防厅长罗根少将出场,这也是台湾地区领导人第一次与美国现役将军公开见面。美国外交人员公开与台湾驻南太及中美洲的外事人员共同活动。美国国务卿彭佩奥前几天放言,"台湾旅行法"是关键一环,会有更大动作。美国一方面表示不支持"台湾独立",一方面又不断突破中国的底线。特朗普以前的美国,对台政策还用一团雾将台湾包裹起来,不给"台独"清晰的支持,现在的美国则主动把那团雾吹散了,让"台独"一步一步地扯掉两岸同属一个中国的牵绊。

大陆必须出手了。所谓的"海峡中线",是台湾重要的"心防",打破了,对"台独"、对美国都会有极大的震慑。蔡英文反应越激烈,说明她心里越害怕。不要怕蔡英文借此操作"恐中"牌为她助选,当大陆的压力真正迎面而来,台湾人民真正感知到"台独"就是战争时,"恐中"就会转变为对"台独"分子操弄两岸关系的愤怒。不要怕美国的威胁,要用对"台独"的坚决打击告诉美国,"台独"才是两岸不稳定的根源,美国必须明智地回到中美三个联合公报上来。大陆要有掌握两岸关系主导权的自信,对美国、对台湾划出清晰的红线。中国不愿与美国对抗,但台湾是中国核心利益,不容妥协。美国给台湾越多,台湾遭受大陆的打击就越大。

如果蔡英文民进党要用两岸关系赌一把,我们就应该让"台独"分子生活在恐惧中。

2019年4月5日

蔡英文别玩太嗨了，
当心"后山"变"前线"

4月22日起，台军年度最大的军事演习——"汉光35号"将进行五天四夜不间断的"电脑辅助指挥所演习"。这次蔡英文玩得有点嗨，将演习设定为台军对抗"配备了歼-20隐形战斗机、卫士远程火箭炮、S-400远程防空系统的解放军"，台军的"爱国者三型""天弓三型"等防空导弹进驻各机场，确保机场安全，摆出了"以武拒统""以武护独"的架式。

蔡英文想的是对的，"台独"一旦突破大陆底线必将面临毁灭性打击。只是这种作战想得还是太简单了些，今日解放军的作战能力早已超出她的想象力。

前几天，也就是4月15日，人民解放军在台湾东部海域进行了一场海空演习。据报道，此次演习，东部战区出动包括驱护舰编队、轰炸机和侦察机在内的海空兵力。随着指挥员一声令下，预警机快速到达目标空域实施远程监控，电子干扰机对"敌"重要目标实施干扰压制，歼击机掩护轰炸机编队对"敌"目标突击轰炸。紧接着，驱护舰编队对"敌"残存火力实施补充打击，登陆编队抵达预定海域，直升机搭载突击力量投送预定地域。这次演习，大陆的预警机、电子干扰机、轰六战略轰炸机以及新型歼击机,海军驱护舰编队悉数上阵,与以往的绕岛飞行、航行不同,它是迄今为止解放军在台湾东部海域实施的一次规模最大的多兵种、成体系战役演练,表现出强大的进攻打击能力,它是在正告民进党当局,解放军完全有能力从台湾东部给予"台独"毁灭性打击。

台湾以中央山脉为界,西部地势较缓,自然条件好,集中了岛内主要城市和人口。东部,自然条件恶劣,台风等灾害较多,人口稀少,开发较晚,被誉为台湾的"后山"。近年来,"台独"为了逃避解放军的第一波打击,在"后山"修筑大量的机场坑道用于战时兵力东移,这里成了台军逃避打击的避风港。

今年以来,民进党当局为了挽回去年底"九合一"选举惨败的局势,不断升高两岸对立,把大陆形塑为台湾的敌人,企图以"保主权"的名义制造"统独"对立,激起岛内民粹主义情绪,以唤起"绿营"基本盘,达到延续政权的目的。为此,民进党当局不断提升"防卫"预算,加大了对美军购的力度,向美国提出购买F16V战机申请,升级现役的F16战机,购买美军淘汰的"佩里"级护卫舰。加快了"潜舰自造"的力度,企图制造不对称战力。在战略上加速投入美国怀抱,企图"倚美制陆",不断配合美国打"台湾牌"。前几天还公开了台军在美国的飞行训练基地,制造美国"挺台"假象。

美国对台军售严重违背中美建交精神,当然遭到中国强烈反对。对民进党当局来说,在大陆综合实力越来越强大的今天,台湾还有多少"以武拒统"的资本?对美军购而提升的所谓"战力"能经得住解放军的第一波打击吗?

4月23日是人民海军成立70周年纪念日,大陆在青岛进行了隆重的海上阅兵仪式。人民海军的新型战略核潜艇、航空母舰编队、新型万吨级驱逐舰展现出了强大的战斗力。中国海军既是维护国家主权与领土完整的强大支柱，也是一支维护世界和平的重要力量。中国海军已经具备在世界任何海域的行动能力，它以后更不会是台湾东部海域的稀客，西太洋将成为中国海军的常态训练巡航区域。

台湾的安全系于两岸的和平，这并不是大陆强大后产生的"王霸"逻辑。两岸同属一个中国，是历史事实，是国际现实认知。"台独"虽有历史原因，但它成为一个思潮一股力量也只是30年不到的时间。"台独"虽然在岛内闹得欢，民进党也两度执政，但在大陆的统一力量面前，终是个"鸡蛋"而已。大陆坚持和平统一，是基于两岸人民的血脉亲情，民进党切不可视为大陆软弱可欺，更不要认为大陆是害怕美国介入而不敢动武。当今世界已没有任何可以动摇大陆人民追求统一意志的力量。

台湾"后山"是一片美丽的风景，台湾更是两岸人民喜欢的宝岛。民进党当局，岛内的各类"台独"分子，不要因为你们的私利，破坏这片温馨的宁静。

2019年4月25日

美国永远带不来台海和平

5月7日，美国众议院以无异议方式通过"台湾保证法"，主要内容有美国对台军售常态化、美台洽签经贸协议、帮助台湾加入国际组织等。近两年来，美国国会相继出台了"台湾旅行法""亚洲再保证倡议法"等反华"友台"法案，岛内民进党当局欢欣鼓舞，仿佛"台独"之梦有了保障。

然而，历史告诉我们，美国从来都不可能成为台湾当局对抗大陆的"护身符"，美国更带不来台海和平。

今年是中国人民解放军海军成立70周年，在表彰的有功人员名单中有一位叫麦贤得的英模。

1965年8月6日，海军南海舰队组织4艘护卫艇及11艘鱼雷快艇，在福建省东山岛海域，对来犯的国民党海军"剑门"号、"章江"号编队发起进攻。我海军编队吨位小、火力弱，用"海上拼刺刀精神"抵近攻击，一举击沉国民党海军的美制大型猎潜舰"剑门"号、美制小型猎潜舰"章江"号，创造了"小艇打大舰"的奇迹。战斗中，我护卫艇611号快速冲到距"章江"号100米内，3台主机被打坏。轮机兵麦贤得头部被弹片击中，以惊人的毅力坚守在主机旁，保证主机运行。这就是名载史册的"八六"海战。

对台湾海峡来说,1965年是不平静的一年,国民党当局仗势"美台共同防御条约",依托海空优势,制定了反攻大陆的"国光计划",频繁袭扰大陆沿海。然而,人民海军也在不断成长壮大。以"八六"海战为起点,在当年的"崇武以东"海战中,我海军再次创造"小艇打大舰"的奇迹,一举击沉国民党海军"永昌"号护卫舰,击伤"永泰"号猎潜舰。讽刺的是,位于海峡的美军军舰并未前出协防支援,而是在战斗结束后,捞起落水的"永昌"号舰长陈德奎以及14人。

以"八六"海战、"崇武以东"海战为标志,台湾的国民党海军虽有美军协防,但已失去台湾海峡制海权,重挫蒋介石"反攻大陆"的信心,"国光计划"也束之高阁。

1979年1月1日,在美国与台湾当局"废约"、"断交"、撤军后,中美建交。但是,美国不甘心就此放弃台湾,国会出台了严重违反中美建交公报精神的"与台湾关系法"。美国依据这个法案,干涉台湾事务,开展对台军售。但与当年美国协防台湾一样,"与台湾关系法"同样不可能为"台独"分裂势力保驾护航。

1995年,美国批准时任台湾地区领导人的李登辉访美,引发第三次台海危机。1996年1月,我军展开大规模军事演习,向高雄、基隆外海发射导弹,岛内一片恐慌,抢购机票投奔海外,股市急剧下跌。2000年,民进党籍的陈水扁就任台湾地区领导人,以"一边一国""入联公投"等冲击大陆底线。大陆毅然制定《反分裂国家法》,为"台独"画出红线。在大陆的坚强决心面前,美国也将陈水扁斥之为"麻烦制造者"。民进党在2008年选举中大败,陈水扁也因贪腐大案狼狈入狱。

所以,两岸分离70年来,维护台海和平的,从来都不是"共同防御条约""与台湾关系法",不是巡航台湾海峡的美国军舰和美国的对台军售。大陆的强大力量和坚定的意志，台湾当局对两岸关系的正确认知，才是台海和平的坚强保证。

蔡英文上台以来，执行了一条"倚美日抗大陆"的"台独"路线。民进党拒不承认"九二共识"，污名化大陆"一国两制和平统一"的善意。为了换取美国的支持保护，民进党当局一方面加大军购力度，对美交"保护费"，把台湾绑上美国遏制中国的"印太战略"列车，以"台湾是印太战略重要一环"自居，甘愿成为美国的"棋子"。一方面加大在美游说力度，利用美国国会的"反华"及"亲台"议员，提出各类"友台"法案，在中美竞争加剧的大环境中渔利。民进党当局"自带扁钻"当美国遏制中国马前卒的做法，能收获"台独"的果实吗？当然不能！

前几天，在台北路过中山北路的"白屋"。"白屋"原来是当年美军顾问团的宿舍，现在是台北旅游的一个景点。朋友说，现在只是一个空着的房子而已，没什么好看的。是的，当年白屋一带住着美军顾问团及家属，是一个台湾当局不敢管的"租界"。现在，美国"挺台"，还真敢再让这"白屋"住上不可一世的美国大兵吗？美国的航空母舰还真敢停靠高雄港的码头吗？如果真有那么一天，台湾海峡还能是一个平静的海峡吗？

今天的人民解放军"小艇打大舰"精神依然在，但我们已经用不着在海上同任何一个敌人拼刺刀了。当外部势力危及中国领土完整的时候，十四亿人的吼声会让你丧胆的！

2019 年 5 月 9 日

中美贸易战，绝不是"台独"的机会

南京市仪凤门外的静海寺，是明成祖朱棣为褒奖郑和下西洋而敕建的皇家寺院，也是明朝的十大律寺之一，是中国海上丝绸之路及郑和下西洋的重要见证。

据说，初建时的静海寺规模宏大，供奉着郑和六下西洋带回的佛牙、罗汉画像、玉玩等，种植稀异树种。郑和在洪熙元年任南京守备时，铸造的一尊纪念永乐年间下西洋的铜鼎也供奉在寺内。这座彰显中原王朝"威服四海"的寺院，在明清两代极享荣耀。然而，随着世界政治经济的发展，帝国主义的船坚炮利让静海寺蒙上了耻辱的一页。

1840年，通过工业革命强大起来的英国，把殖民主义的炮火燃烧到中国，我沿海军民奋起抗击。1842年8月，英军70余艘舰船，近万名官兵，侵入南京下关仪凤门外的长江江面。在帝国主义的武力威逼下，道光皇帝委任杭州将军耆英、乍浦副都统伊里布为钦差大臣，前往南京谈判。12日至28日，双方在静海寺谈判四次，29日，耆英、牛鉴等登上停在下关江面的英军"康华丽"号军舰，在割地赔款丧权辱国的《南京条约》上签字。《南京条约》规定中国割让香港给英国，开放广州、福州、厦门、宁波、上海为通商口岸，赔偿英国白银2100万两。这是近代中国遭遇的第一个不平等条约,为西方列强殖民中国、瓜分中国打开了大门,是近代中国走向衰败的开始。

静海寺,这个曾经彰显中原王朝威德的皇家寺院,也成了近代中国走向弱乱的见证者。当殖民者在军舰上狂欢庆祝的时候,静海寺的钟声发出了长长的哀鸣。

以《南京条约》为标志,西方列强掀起了瓜分中国的浪潮。被这个浪潮打翻的,又何止于香港、澳门?第二次鸦片战争,中国又被迫开放了台湾的基隆、打狗(高雄)为通商口岸,殖民者的魔爪再次伸向了台湾。当中国成为列强争食的肥肉时,临近的东洋小国也开始觊觎中国这个曾经的老师了。1874年,日本发动侵略台湾的"牡丹社"事件,开启近代史上第一次对中国的侵略,1894年发动"甲午战争",清廷被迫割让台湾给日本。这也是当今台湾一切悲情愁绪的原点。

日本殖民台湾五十年,无论是对汉民族的镇压,还是对少数民族的屠杀,给台湾刻下的印记都不及殖民者的"皇民化"运动。"皇民化"就是通过消灭台湾人民的母国文化,培养出效忠天皇的不是日本人的"日本人",供日本军国主义驱使。

"皇民化"的遗毒,至今还深深地残害着台湾人民。今天在岛内搞"台独"的人,许多就是当年的"皇民"及"皇民"的后裔。当美国以遏制中国发展为目标,对中国发动贸易战,妄图让中国再签一个丧权辱国的贸易协议时,民进党当局按捺不住内心的喜悦,不惜对大陆背后捅刀子,甘当美国的棋子。他们夸张地宣传贸易战对大陆经济发展的影响,内心希望美国整垮中国,甚至妄言中美贸易战就是台湾的机会,拉台商"鲑鱼返乡",降低台湾经济与大陆的连接度,仿佛中美贸易战正在给"台独"开启一个机会之窗。

其实,台湾是大陆经济发展的最大受益者,无论是台湾每年对大陆千亿美元的贸易顺差,还是台资企业在大陆出口中所占的份额,都在明白地告诉世人,台湾经济离不开大陆。大陆仅电子产业每年就有3000多亿美元的市场,没有这个市场,世界上那些电子产业的大亨巨贾们如何发展?台资企业更不会放弃这个市场。

今天的中国早已不是1840年代的中国了,当年静海寺发生的民族悲剧再也不可能重演了。世界上已经没有任何一个国家通过一个协议就能掠夺中国的财富了。中美贸易战不但整不垮中国,而且会让中国的产业链更完整,企业更强大。就像华为不会因为美国制裁而倒下一样,大陆广阔的市场可以培养出自己的巨无霸企业。民进党当局想从中美贸易战中渔利,"台独"们想在中美竞争中捞到好处,大概是打错算盘了。

中美贸易战不是"台独"的机会。但是,一个历经中美竞争强大起来的大陆一定是台湾的机会。当两岸融合发展的时候,台湾必将分享大陆更多的发展机遇。

1997年6月30日,在香港回归祖国的前夜,南京人民在静海寺敲响纪念香港回归的"警世钟"。强大起来的祖国为静海寺洗刷了落后王朝蒙在它脸上的耻辱。当中华民族走在复兴之路上的时候,台湾,你有什么理由不回来呢?中美贸易战,只是中华民族复兴征程中的一个浪花而已,它挡不住中国的发展,更阻止不了我们海峡两岸的统一。

2019年5月18日

美国正把台湾绑上"印太"战车

今天,台湾的外事部门宣布,将"北美事务协调委员会"正式改名为"台湾美国事务委员会"。美国国务院也表示,新名称更能反映协调美国相关事务的角色。"北美事务协调委员会"是美台"断交"后,台湾方面设立的一个协调联系"台美"关系,与"美国在台协会"(AIT)对应的民间组织。这次改名,直接将"台湾""美国"嵌入其中,虽然是文字游戏,但联系最近美台互动的一连串动作,可以看出,美国在遏制中国的棋局中,不仅是在打"台湾牌",而且已经把台湾绑上了遏制中国的"印太战略"战车。

前几天,台湾所谓的"国安会秘书长"李大维访问美国,与特朗普的国家安全事务助理博尔顿会晤,这也创下了美台"断交"后的首例。据说李大维、博尔顿还一起会见了台湾"邦交国"官员。

随着中国的发展,美国越来越不自信,特别是特朗普上任以来,提出"印太战略",加大了遏制中国的力度。美国以贸易不平衡为借口发动贸易战,企图堵住中国高科技产业发展通道,遏制住中国发展的势头。同时,瞄准中国核心利益,大打"台湾牌",以逼迫中国就范。这两年,美国国会相继出台了"台湾旅行法""台湾保证法"等一系列违反中美三个联合公报精神的"法案"。虽然美国每次也宣称：美国依据美中三公报与"与台湾关系法"的"一中政策"并未改变，不支持"台湾独立"。但是，美国的做法却在不断掏空中美三个联合公报精神，使台湾披上了更多的"国家"色彩，给"台独"壮了胆。现在，随着中美贸易战的开打，台湾更成为美国对中国极限施压的筹码，以支持台湾为名，顺势把台湾绑上了遏制中国的"印太"战车。

把台湾绑上"印太"战车，也是台湾的民进党当局内心所求的。蔡英文上台以来，拒不承认两岸同属一中的"九二共识"，在岛内执行了一条以"去中国化"为主要内容的"台独"路线，改变了两岸关系的现状，必然受到大陆的打击。投靠美日，走一条"倚美抗陆"的路线也就成了蔡英文的必然选择。蔡英文多次表达希望要加入美国"印太战略"，说台湾是"印太战略"一个不可缺少的支点，甚至说"台湾是对抗中国扩张的前线"，就像早年煤矿中测试瓦斯浓度的"金丝雀"。现在，美国终于撕下"贸易不平衡"的伪装，在全世界拼凑遏制中国联盟的时候，台湾当然快乐地上了车。

然而，台湾登上"印太战略"列车，是不能免费的，条件就是台湾必须成为美国的附庸。前几天，岛内媒体披露，美国要求台湾告知潜艇训练区，对这个屈辱的要求，台湾防务部门并未拒绝。潜艇训练区，历来是重大军事机密，它体现作战指导思想和作战能力。据说，美国提出这样的要求但并不打算把美军在台湾周边的活动信息提供给台湾。这种完全一边倒的要求，就是视台湾为附庸。岛内媒体还披露，AIT台北办事处非常关心岛内选举，不断约谈岛内两党竞选人。这种赤裸裸的行径，是只有主子对附庸才有的态度。

所以，当民进党当局不断声称"美台关系紧密""历史上最好时期"时，台湾也正在一步步地沦为美国的附庸，且是一个要交"保护费"、自带"扁钻"为主子站岗的"看门狗"。

美国遏制中国的战略不会成功,美国对中国的贸易战更不会让中国屈服,美国以遏制中国为目标的"印太战略"也注定流产,这是中国人民不畏强权的性格所决定的。当美国把台湾绑在"印太"战车上的时候,也注定台湾必将成为美国遏制大陆的牺牲品。美国为什么频打"台湾牌",就因为特朗普知道台湾是中国的核心利益。当特朗普挥舞"台湾牌"的时候,他能感觉到中国的痛苦,他希望借这种痛苦使中国屈服、让步。然而,特朗普不知道的是,在近代百年屈辱中走出来的中国人是不会拿核心利益做交易的。美国对中国的打压,唤起的是中国人民的斗争意志,唤起的是中国人民早日实现两岸统一的决心。

台湾要做美国"印太战略"的支点,"站在抵抗中国扩张的前沿"做一只测试瓦斯的"金丝雀"吗?这个悲哀的附庸式的选择,我想台湾绝大多数人是不会答应的。

2019年5月25日

台湾问题是中国人的事，美国该收手了

1949年，国民党当局败退台湾。为了解放台湾，我有关部门先后派遣1500多人赴台从事地下工作，由于台湾省委书记蔡孝乾被捕叛变，台湾地下党组织被破坏，1100多人被捕牺牲。2014年，我相关部门在西山建立无名英雄纪念广场，纪念这批为祖国统一事业英勇牺牲的烈士。

烈士们牺牲将近70年了。这70年里，在中国共产党的领导下，我们的国家发生了翻天覆地的变化，人民生活蒸蒸日上，人民军队也迈入现代化行列。然而，当年烈士们为之奋斗，为之抛头颅洒热血的解放台湾的志愿还没有实现。

烈士们的鲜血白流了吗？没有！正因为有了先烈们的热血，我们可以大声告诉世界，告诉台湾人民，两岸的事是中国人的自家事。

在无名英雄纪念广场前的纪念墙上，刻着毛泽东主席的一首诗："惊涛拍孤岛，碧波映天晓。虎穴藏忠魂，曙光迎来早！"这首诗体现了毛泽东诗词一贯的豪迈和浪漫情怀。据说，毛泽东出访苏联前，看到相关部门上报的台湾地下党传来的情报，定下解放台湾的决心，写下这首豪迈之诗。只可惜，彼时美国侵略朝鲜，我国被迫抗美援朝，解放台湾一事被搁置，遗憾至今。当年，如果不是抗美援朝，台湾早就"曙光迎

来早"了！

烈士们用鲜血换来的情报，解放台湾没用上，但是，烈士们的牺牲却说明，两岸的分离是中国内战的产物，台湾只是一个因为东亚局势变化，而耽误了解放的中国领土。现在，两岸的统一，更是我们中国人自家的事，统一是两岸人民共同的责任。

近20多年来，主张"台独"的民进党两度执政，在一系列"去中国化"政策驱动下，台湾分离主义倾向越来越严重，"台独"势力不断坐大，他们妄言台湾是一个"主权独立国家"，妄图"修宪""正名"，严重威胁两岸和平统一。他们忘了，从法理上讲，两岸内战并没有结束，台湾只是一块大陆可以一战而收回的国土。

岛内"台独"势力的猖獗，与外部势力介入台湾，或者说与美国对"台独"的纵容支持是分不开的。

冷战时期，台湾位于第一岛链关键节点，是以美国为首的西方阵营遏制东方阵营的"不沉的航空母舰"，是美国羽翼下的一个附庸而已，美军顾问团才是台湾岛真正的主人。美台"断交"后，美国又制定"与台湾关系法"，维持与台湾的关系，"美国在台协会"（AIT）台北办事处才是台北的"太上皇"。特别是特朗普上台以来，把中国列为主要竞争对手，更是把台湾作为遏制中国的一张牌。这两年美国不断通过各类"友台"法案，甚至声言在AIT台北办事处派驻美国海军陆战队。虽然美国一直声称"一个中国政策没有改变"、美国"不支持台湾独立"。但是，美国的做法却越来越像是要给台湾披上一件"国家"的外衣，这让"台独"分子似乎看到了"台湾独立"的希望，成了"台独"分子最强大的精神支撑。美国给"台独"分子吹出的这个虚幻泡影，严重威胁了两岸的和平统一。

和平统一，是大陆人民以两岸是一家人而对台湾人民发出的巨大善意。这并不是因为美国有"与台湾关系法"大陆就必须做出的保证，更不是大陆给"台独"分子的一个承诺，它只是基于"中国人不打中国人"而对台湾人民的深情呼唤。美国与"台独"相互利用唱和，不断地给台湾披挂各色类"国家"外衣的行为，只能销蚀大陆人民对解决台湾问题的耐心，激起大陆人民的紧迫感，同时也会销蚀大陆人民的善意，激起大陆民众的"武统"声浪。

最近，美国不但批准对台巨额军售，让台湾的"北美事务协调委员会"改了名，还让国家安全事务助理博尔顿在华盛顿会见台湾所谓的"国安会秘书长"李大维，AIT台北办事处也俨然成了"使领馆"的样子，频繁地参加台湾各类官方活动。有美国撑腰支持，民进党当局也似乎有恃无恐，公开发表各类"台独"言论，甚至出台了许多限制两岸交流的政策规定。今天，台湾陆委会就针对福建"海峡论坛"作出限缩规定。

美国与民进党当局的这些倒行逆施政策，将严重威胁两岸和平。两岸人民，特别是台湾人民要认清美国只是把台湾当作遏制大陆的棋子，而民进党当局更是将政党及个人私利凌驾于台湾人民利益之上，大声告诉他们：台湾问题是中国人的事，美国该收手了！

2019年5月31日

美国"挺台"还能走多远?

据外媒报道,美国正在启动一项包括 M1A2 主战坦克在内的 20 亿美元的对台军售。这是美国行政部门最近一系列"挺台"动作的一部分。

今年以来,美国在国会通过"台湾旅行法""亚洲再保证倡议法""台湾保证法"等一系列"挺台"法案的基础上,美国行政部门也开始积极执行相关法案。以"美国在台协会"(AIT)台北办事处新址落成、启用为标志,美国开始派遣高级别官员访问台湾,在台湾各地举办"与台湾关系法"制定 40 周年纪念活动,AIT 台北办事处也开始公开进入台外事部门开展活动,特别是最近,美国同意台湾将"北美事务协调委员会"改名为"台湾美国事务委员会",AIT 理事长还亲自出席了台北的揭牌仪式。前几天,特朗普在出席美军训练基地结业仪式上,与身着台军军服的台军人员握手,主持人更将台湾作为"国家"宣布。如果说,这些仪式性场合,有组织不严谨和一定随意性的话,美国 6 月 1 日发布的《印度太平洋战略报告》中,则公然将台湾称为"国家"。

《印度太平洋战略报告》在"加强伙伴关系"一章中提到"作为印太民主地区,新加坡、台湾、新西兰和蒙古是美国的可靠、得力和固有的合作伙伴。这四个国家都为美国在世界各地的使命作出贡献,并正在积极采取措施维护自由开放的国际秩序"。美国在描述国家战略的正式文件中将台湾称为"国家",应该不是笔误,而是有意为之。联系特朗普上台以来,美国国会、行政部门、军事系统的一系列动作,可以看出,美国在不断打破中美建交时对"一个中国"原则的承诺。如果说"台独"是台湾的乱源,美国的"印太战略"布局已成为台海动荡的另一个乱源。

近年来,美国对中国的发展越来越不自信,特朗普上台后,美国的反华鹰派全面执掌了行政、外交、军事部门,他们把中国列为主要竞争对手,甚至上升到"文明冲突"层面,妄图以贸易战一举封杀中国的发展势头。在全面遏制中国战略中,台湾理所当然成为一张廉价而顺手的牌。当贸易战遭到中国坚定有力的反击时,特朗普把"台湾牌"作为极限施压的一部分,也就一点也不奇怪了。

然而,美国这一系列"挺台"动作已远远超过打"台湾牌"的需要,而是在进行"印太战略"布局了。美国在把中国列为主要竞争对手的同时,也在编织一张遏制中国的大网,即美国的"印太战略"。美国的"印太战略"中,台海、南中国海是遏制中国的两个重要的战略支点。只是,中国在南中国海吹沙造岛成功后,已站稳脚跟,美国鼓动周边国家选边与中国对抗也不那么容易,美军的所谓"自由航行"更是伤不着中国的皮毛。这样就更加凸显出台湾在"印太战略"中的地位和作用。台湾的民进党当局一再声称台湾是美国"印太战略"的支点,相对于南海周边各国,台湾这个中国尚未统一之地实在太方便控制,对中国的杀伤力太大了。所以,美国顺势把投怀送抱的民进党当局纳入遏制中国的"印太战略"是顺理成章的事。

对民进党当局来说,要对抗大陆的统一,投入美国怀抱也是唯一选择。蔡英文这条"投美抗中"的道路,也使台湾在与美国的交往中完全失去了议题的主导权和选择权,只能时时配合美国打"台湾牌"。民进党当局一方面希望美国"挺台"，用各种"亲台"法案、军售编织一张保护网，让"台独"苟延残喘，甚或还能在中美对抗中迎来一个"台独"机遇期，但是，蔡英文也懂得大陆坚守底线的决心和能力，害怕美国突破底线。原来对美国一丁点"挺台"动作就忙不迭要表示感谢的民进党当局，这次对美国在"印太战略报告"中将台列为"国家"，从媒体到行政部门竟一路噤声，没有反应。

两岸分离70年来，美国当然是对台湾最有影响力的国家。但在阻止两岸统一的大战略下，美国也不希望台湾成为"麻烦制造者"，防止台湾把美国拖入两岸战火。当年的美国不支持蒋介石"反攻大陆"，阻止了蒋经国的"原子弹梦"，把陈水扁定义为"麻烦制造者"，维持台湾"不统不独"地位。今天，中美所处的历史环境发生了根本的变化，在中美全面竞争态势下，美国调整对台政策，让台湾有更多"独"的砝码。但是，美国愿意为台湾与中国开战吗？或者说美国愿意与中国打一仗吗？我想，在避免陷入两岸战火这个战略上，美国没有改变，因为，相对于抗美援朝时期，现今的中国更有能力与美国一战。

所以，今后一段时间，美国还会加大对台军售的力度以收取"保护费"，还会时不时地在一些文件、场合中将台湾列为"国家"。但是，我们也要坚定地相信，虽然AIT声称美国海军陆战队人员早已进入台北办事处，但他们决不敢持枪穿军服在AIT门口站岗。虽然台军会到美国的训练基地训练，但美国军舰绝对不敢停靠高雄。美国所有的违反中美三个联合公报的作为，只能激起中国人民维护国家统一的坚强意志和信心，促使中国统一的早日到来。

美国踩踏中国底线的"挺台"动作，也绝对不是台湾的好消息，台湾人民要勇敢地站起来，用你们的选票说"不"，让"卖台投美"的民进党下台。

2019年6月7日

蔡英文正在争当美国的"儿皇帝"

后晋是五代十国时期的一个割据政权,说起后晋,中国人都会自然而然地想到"儿皇帝"石敬瑭。

石敬瑭原是后唐的一员猛将,为河东节度使。公元936年,石敬瑭勾结契丹,起兵反唐。后晋建立后,石敬瑭称比他小10岁的辽太宗耶律德光为"父皇帝",自称"儿皇帝",割幽云十六州给契丹,岁贡帛30万匹。"儿皇帝"自此成为中国历史上最臭名昭著的卖国贼的代名词。

历史时有惊人的相似。台湾的民进党当局正在上演一出争当美国"儿皇帝"的戏码。

前几天,美国国防部印太事务助理部长薛瑞福透露,美国预期大陆将透过社群媒体干预台湾2020年地区领导人选举,"美台在这方面已展开对话,透过专家合作,直接提供台湾所需的能力与技能,以便在选举时能面对这一问题",至于如何帮助台湾则不愿多谈。世人都知道,美国一直是干预和影响台湾事务的力量,从"美台共同防御条约"时期的美军顾问团,到美台"断交"后的"与台湾关系法",美国一直牢牢地控制着台湾。然而,美台"断交"后,美国官员这么毫不掩饰地宣称要介入台湾选举还是第一次。对于美国这种赤裸裸的干涉台湾内部事务的行径，台湾外事部门及蔡英文办公室新闻发言人竟然都忙不迭地表示感谢。

坚持"台独"路线的民进党当局，一直走在"投美抗陆"的路上。像历史上所有割据闹独立的政治军事集团一样，投靠外部势力就必须以出卖祖国和人民的利益为代价。石敬瑭把幽云十六州割让给契丹，使中原地区失去抵抗契丹南下侵略的屏障，民进党当局主动要求加入"印太战略"，使台湾成为美国遏制中国的关键节点。石敬瑭岁贡契丹帛30万匹，蔡英文以巨额军购给美国交"保护费"。石敬瑭接受契丹的册封自称"儿皇帝"，蔡英文选举前到美国"面试"取得背书。石敬瑭对契丹恭敬从命唯恐有失，蔡英文对美国用国内法"与台湾关系法"，规定美国对台湾的权利与义务不以为耻，还不断游说美国国会"反华"议员提出各种国内法来护航"台独"。看看今日台湾的各类政客对美国的媚态，看看民进党当局对美国一个个涉台法案的欢欣，看看美国各色"反华亲台"政客在台湾享受"主子"般的礼遇，台湾与当年美国的各处殖民地有何分别？蔡英文当的不就是个被美国保护支持的"儿皇帝"吗？哎，就是一个现代版的"石敬瑭"呀。

然而，今天的中国，早已不是五代十国的乱世。在中国共产党的领导下，中国人民经过艰苦卓绝的奋斗，也早已走出了被帝国主义殖民欺压的历史，昂首迈步在中华民族伟大复兴的征程上，一个强大的中国已经巍然屹立于世界民族之林。任何挟洋自重妄图从祖国分裂出去的行径，必将遭到沉重的打击。任何企图干涉中国内部事务、破坏中国领土完整的外部势力必将遭到中国人民坚决有力的回击。

其实，台湾人民对外部势力干涉台湾内部事务是警惕的。去年"九合一"选举，美国就做出种种举动，企图影响台湾选举结果。当高雄市民认识到民进党执政20余年让高雄变得"又老又穷"的时候，"美国在台协会"(AIT)台北办事处驻高雄的代表就在脸书上发文,赞扬高雄的可爱与美丽,肯定民进党对高雄的治理。当"韩流"劲吹,民进党候选人节节败退之时,美国故意放出隶属于美国海军的海洋勘察船停靠高雄港补给的新闻,显示美国对民进党的支持。可悲的是,高雄人民看穿了美国的把戏,"讨厌民进党"让高雄出现了少有的高投票率,"北漂"纷纷返乡,使韩国瑜大赢民进党候选人近20万票。今天,美国赤裸裸地介入台湾选举,台湾人民会买单吗?

蔡英文曾经说,台湾愿意做一只对抗大陆的"金丝雀"。这个金丝雀不是美国养在深宫的妩媚鸟,而是早年开矿测试瓦斯浓度的"捐躯鸟"。这是一种对"主子"近乎悲鸣的哀求了。蔡英文是不是真的能做一只测试瓦斯的"金丝雀",我不想知道。我想提醒台湾人民的是,你们愿意为民进党的"儿皇帝"梦,而让你们自己及你们的后代成为美国"印太战略"中的一只"金丝雀"吗?愿意用自己的钱买武器与祖国大陆打一场对抗统一的分裂之战吗?

台湾前途在大陆,统一是历史的必然。任何一个有正常思维的台湾人都应该好好想想,如何走一条彰显民族大义、有利台湾人民发展的好出路。让所有企图干涉中国人家务事的外部势力见鬼去吧!

2019年6月22日

特朗普打"台湾牌"？废"棋"一枚

最近，大陆相继举行数次大规模军演，特别是 7 月 31 日，更是以公告形式暂停了大陆居民赴台个人游。无论是军演的规模，还是叫停个人游的方式，都是前所未见。个中原因，不说也明白，当然是因为岛内"台独"势力在美国的支持下，不断挑战大陆底线，两岸和平发展受到严重威胁。

2015 年，特朗普赢得大选还没有上任，就破天荒地接到了台湾地区领导人蔡英文的电话。从此，这位对中美关系中的"台湾问题"还不甚明了的商人总统，自认抓到了一张与中国讨价还价的牌。同时，远在台湾孤岛，被大陆逼着做"未完成答卷"的蔡英文，也自认为找到"台独"的靠山。自此，蔡英文一头扎进特朗普怀抱，甘愿成为特朗普手中一张最方便、最听话、最廉价还自愿交"保护费"的牌。

最近两年来，特朗普与蔡英文各取所需，互相唱和，你来我往好不热闹。先是美国把中国定义为"修正主义"，是美国最主要的竞争对手，特朗普就势拾起日本"环太平洋印度洋自由民主之弧"的牙慧，搞起"印度太平洋战略"，企图在地缘战略上围堵中国。蔡英文立马表态要加入美国"印太战略"，站在对抗大陆的最前线，做一只舍身试瓦斯的

"金丝雀"。接着台湾不断游说"反华""亲台"议员提出各类"亲台"议案，特朗普也就势签署"台湾旅行法""台湾保证法"等违反中美三个联合公报精神的法案，不断向中国施压。在美国国内全面遏制中国的大环境下，特朗普一方面在贸易战上对中国极限施压，一方面不断地用"台湾牌"威胁逼中国就范。

为蔡英文"过境"提供条件。蔡英文上任后的每次"出访"活动，都是项庄舞剑意在沛公，主要精力都是放在"过境"美国。特别是最近一次出访加勒比海四国，前后十天，竟然在美国过了四夜。美国虽然没有政要出面会见蔡英文，但让蔡在纽约办事处会见"邦交国"驻联合国大使，让蔡在丹佛公开与随行媒体茶聚，故意放任蔡打"主权牌"的擦边球，就是对"台独"的纵容和支持。

用对台军售施压。特朗普上任以来，实施了多项对台军售，岛内"台独"分子欢欣鼓舞，说美国对台军售常态化了。美国对台军售是否"常态化"，这个还要观察，但特朗普用对台军售向中国施压却是实实在在的。G20会议前，美台相关部门公布美国将售台最先进的M1A2坦克，后面又放出特朗普会暂缓批准的风来，为"习特会"营造氛围，施压意图明显。这次中美经贸恢复谈判前，又传出特朗普会暂缓批准美国售台F16V战机的新闻。这些骗小孩子的游戏，美国真是乐此不疲。

把实施"台湾旅行法"作为悬在台海上空的利剑。"台湾旅行法"提供了美台高级别官员互访的空间，提供了美台军舰互停的美国单方面法律保障，一旦实施，将对中美关系造成根本性冲击。美国会不会实施、在什么情况下实施、什么时候实施，将是对中美关系的最大考验。所以，中国将不得不投入很多资源预防和处理相关问题。

在中美全面竞争的态势下，美国打"台湾牌"是一种正常的战略手段，而中国要做的，要么是阻止美国打"台湾牌"，要么就是惩戒台湾，使台湾成为"废棋"一枚。在目前美国综合实力大于中国的情况下,惩罚台湾就是大陆最好的选择。

所以,大陆最近密集的军演,就是警告蔡英文当局,不要因为美国支持纵容而沾沾自喜,不要以为美国会为"台独"与大陆一战。大陆有能力有决心在任何时候、任何地点对"台独"施行毁灭性打击。

大陆以公告的形式叫停赴台个人游,就是告诉民进党当局,大陆比美国更能影响岛内经济发展。民进党如果继续自甘堕落充当特朗普的"台湾牌",大陆惩戒箱内还有更多的工具。

民进党再次执政以来,已经打开了"台独"魔箱,岛内各种"台独"势力利用民进党执政创造的"台独"空间蠢蠢欲动,"台独"已成为两岸关系中最大的风险。这次大陆出手,就是警告岛内一切"台独"分子,两岸关系的主导权在大陆。这个局势不会因美国的干涉而改变,更不会因为岛内"台独"势力的增长而改变。"台独"势力想利用大陆和平统一的良好愿望而冲撞两岸和平的底线,只会导致早日被押上历史的审判台。美国想利用"台湾牌"遏制中国,只能让台湾更快地成为一枚"废棋"!

2019年8月4日

要遏止美台军事关系的进一步发展

今年是中美建交40周年，也是美国国会制定"与台湾关系法"40周年。特朗普上台以来，将中国列为最大竞争对手，中美关系进入竞争时代。与此对应的是，美国加大了支持台湾的力度，美台关系特别是美台军事合作出现了重大变化。我们必须采取有力措施防止美台以军事合作为突破口，给两岸关系造成不可挽回的损失。

美国通过立法为美台军事交流确立了法律基础。特朗普上任后，先后批准了国会通过的"台湾旅行法""国防授权法""亚洲再保证倡议法""台湾保证法"。这些法案环环相扣，为美台交往特别是军事交流提供了法律基础。"台湾旅行法"为美台高级别官员互访去掉了因中美建交而受到的限制，甚至可以理解美国为台湾地区领导人正式访问美国松了绑。"台湾保证法"则为美对台军售常态化护航。"国防授权法"则对美台军事协作、美台军舰互停提出了具体要求。"亚洲再保证倡议法"则把台湾列入了美国的"印太战略"，并把台湾与美国其他盟国并列，大有暗示美台"同盟"关系的意味。美国的这一系列法案连同早期的"与台湾关系法"及"六项保证"，严重违反了中美三个联合公报精神，美国以国内法削弱了中美联合公报的效力。

美国通过对台军售，已接近完成台军新一代战力提升。最近，美国展开了新一轮密集的对台军售。继美国帮助台湾升级1992年老布什时期售台的150架（现仅剩140余架）F16战机，特朗普又宣布售台66架F16V战机，这批战机在2023年前完成移交后，台湾的F16V战机将达到200余架。前段时间，美国批准售台108辆号称"地表最强战车"的M1A2坦克。海军方面，早前美国售台的4艘"佩里"护卫舰经美国升级后已于去年年中成军。另外，针对台湾所谓的"国舰国造"中潜艇计划，美国已批准向台出售"红区"设备。可以看出，通过军售，美国正在帮助台湾实现新一轮的战力提升，这也正是蔡英文上台以来提出的新的所谓"国防"战略，叫嚣"以武拒统"的底气。

岛内媒体报道，美台商定，明年5月台军将以所谓的"国名"派仪仗队赴美参加2020年世界仪仗队锦标赛，以往台湾军队都是以个人名义参赛，如果真的成行的话，这又是美台军事交流表面化象征化的一个例子。中美建交后，美台军事交流一直没有停，但都是在台面下进行。近两年来，在美国的操纵下，美台军事合作逐渐表面化了，象征性意义非常浓厚。借着对台军售，美国公开了台空军飞行员在美国的训练基地。美国的电子侦察船也分别停靠高雄、基隆两港，有为美国军舰停靠台湾试水的样子。台湾海军的医疗船也半遮半掩地参加美国海军的军事演习。这种"切香肠"式的公开交流活动，为美台深化军事合作探路，任其发展下去，后果不堪设想。

美台军事关系发展到如此严重的地步，是由中美关系的现状决定的。特朗普上台以来，把中国列为第一竞争对手，采取遏制中国战略，发展与台湾的关系是这个遏制战略重要的一环。短期看，美国打"台湾牌"逼迫中国在贸易战中屈服，长期看，美国实施遏制中国的"印太战略"，台湾作为第一岛链的重要节点，战略分量加重，加强美台关系特别是军事关系有其必然性。对台湾的民进党当局来说，美国的保护是推行"台独"路线的保证，是对抗大陆的底气所在，配合美国打"台湾牌"，也是必然的选择。所以，美台军事合作是双方内在的战略需求，我们如不采取坚决的遏止措施，就会导致得寸进尺、愈演愈烈。在当前要特别防止美台军事关系同盟化，甚至美国在台部署中程武器。

美台军事合作，美国是主导方，台湾只是一个等着施舍与掏钱的"凯子"而已。大陆对美国主导的"军售"及军事合作，要坚决进行斗争。目前看，美国是铁了心要用"台湾牌"遏制中国，外交斗争不一定能立竿见影，这就更要求我们讲求斗争策略。要在国际上进一步宣传中美三个联合公报，把当年中美建交的条件告诉全世界，把美国逐步减少对台军售的承诺告诉全世界。通过宣传，即使目前不能改变美国对台军售，但也要让中国站在反对美台军事合作的道德高地上。要制裁参与对台军售的企业和个人，这个已经说出来的斗争手段一定要用，不能患得患失。

美台军事合作中，台湾虽然没有能力主导，但却是主动配合者，让台湾付出代价，是当前遏制美台军事合作最有效的办法。只要美台提升军事合作，我们就要升高两岸军事对抗，增加岛内的不安全感，使岛内资本流出。我们不与美国搞军备竞赛，但要拉着台湾发展军事力量，台湾的经济实力还不如大陆的经济强省，用军备竞赛拖垮它。要敢于出手，对台湾所谓的"国舰国造"计划，要提前做好应对，对美国军舰停靠台湾等突破底线的行动，要有军事上的应对预案。

2019年9月8日

"台北法案",美国的"外交恐怖主义"?

美国国会又出台了一部涉台法律"台北法案"。这是美国继"台湾旅行法""台湾保证法"之后出台的又一部干涉中国内政、为"台独"打气撑腰的涉台恶法。与"台湾旅行法""台湾保证法"不同的是,"台北法案"用恐吓的手段威胁与台湾"断交"后与中国建交的小国,企图用"外交恐怖主义"为台湾"固邦"。

"台北法案"全称"2019年台湾友邦国际保护及加强倡议法案",旨在支持台湾维系"邦交",强化"对外关系",内容包括美国政府应鼓励世界各国发展与台湾的"外交关系"与非正式伙伴关系,支持台湾参加国际组织或者在国际组织中充当观察员。

这是逆历史潮流的法案。中国恢复在联合国的席位后,奉行"一个中国原则"已经是当今世界各国的主流共识。世界上绝大多数国家都与中国大陆建交,只有加勒比海、南太平洋等少数小国还维持着与中国台湾的"外交关系"。近几年,又有部分国家与台湾"断交"后与大陆建交。民进党当局因拒不承认两岸同属一个中国的"九二共识",已无力维持"邦交"。执行"投美抗中"路线的民进党当局把巩固"邦交"的希望寄托在美国身上。而美国自己早已在1979年与台湾"断交"后与中华人民共和国建交。现在，美国却阻止与它作一样选择的国家与中国建交，这完全是一种自打耳光的逆历史潮流的行为。

这是一个宣扬"外交恐怖主义"的法案。法案强调，美国政府应支持台湾强化与印太地区及全世界各国的正式"外交关系"以及非正式伙伴关系，对于严重损害与台湾关系的国家，要在外交、安全及经济援助上进行惩罚。这是一种赤裸裸的外交恐吓行为。现在与台湾维持"邦交"关系的，基本集中在被美国视为后院的加勒比海及南太平洋地区。这些国家规模小、经济发展滞后、国防能力弱，迫切需要外部援助，美国的制裁大棒可能会是他们的不可承受之重，降低安全、经援对这些小国犹如恐怖主义袭击。

然而，"台北法案"看似气势汹汹，实则暴露了美国国际霸权地位的下降，暴露了美国平衡台海两岸的能力在下降。

恃强凌弱是美国霸权的一贯作风。想当年，中美洲、南太平洋这些小国有几个不唯美国马首是瞻？近年来，随着世界多极化特别是中国的发展，美国对国际事务的影响力在下降，小国也开始围绕自己的国家利益、围绕国际正义独立做出自己的选择。去年8月，萨尔瓦多与台湾"断交"，美国大动作召回驻萨尔瓦多大使，白宫国家安全事务助理博尔顿扬言制裁，但萨尔瓦多不畏美国施压，毅然与中国大陆建交。所罗门群岛等国与台湾"断交"，也都遭到美国施压，但都没有能阻挡这些国家与中国大陆建交的决心。"台北法案"正是在这种背景下推出的。美国国会通过立法的形式为制裁及向这些小国施压提供制度上的支持，它意图制造一种寒蝉效应，让"台北法案"就像一把剑悬在那里，使那些想弃台湾而去的小国必须再三掂量。这并不能说明美国强大了，而恰恰证明美国虚弱了，原来一句话一个眼神一笔援助就能办妥的事，现在不行了，它要花更大的力气，花更大的成本，可能还办不到。

"台北法案"也暴露了美国对台海事务的影响力在下降，美国早已不是台湾问题的主导者了。特朗普上台以来，美国明确将中国列为主要竞争对手，台湾当然地成为美国遏制中国的棋子。在这个氛围中，作为反华大本营的美国国会成为"反华挺台"先锋。他们先是将里根时代的对台"六项口头保证"书面化决议化，继而又制定了"台湾旅行法"，为美台高层互访护航，制定"台湾保证法"强化美台军事安全关系，现在又炮制了"台北法案"为台湾"固邦"。但这一系列法案，也说明美国早已失去了两岸事务的主导能力，说明了美国在台湾问题上的黔驴技穷。有了"台湾旅行法"，美国敢让蔡英文去华盛顿吗？有了"台湾保证法"，美国军舰会停高雄基隆等港吗？有了"台北法案"，就能护住台湾"邦交"吗？也许，美台再多走一步，两岸统一的时候就到来了。

所以，"台北法案"只是美国"外交恐怖主义"的一个手段而已，就如恐怖主义不能使世界屈服一样，美国的这种"外交大棒"同样不能阻挡"世界上只有一个中国，中华人民共和国是中国唯一代表，台湾是中国一部分"的历史大势。在中国越来越发展的今天，任何打"台湾牌"及"挟洋自重"的行为，都注定失败！

2019年11月1日

加入"印太战略"?
台湾正走在一条危险的道路上

今年以来,蔡英文以对抗大陆为选举主轴,不断挑战两岸关系,使两岸形势更加严峻复杂。民进党依仗在民意机构的多数,从年初强修"刑法""两岸人民关系条例",到年中修改所谓的"国安五法",现在又订立"反渗透法",把大陆视为"敌国""敌人""境外敌对势力",在对抗大陆的路上可谓是动足了脑筋,使尽了力气。

民进党对抗大陆,一方面是他们的"台独"本性使然,另一方面,也是他们看到了中美竞争趋势,企图抓住"台独"战略机遇期而作出的必然选择。

美国总统特朗普上台以来,中美关系正在发生结构性的变化。2017年底,美国出台《国家安全战略》报告,正式把中国定义为"修正主义国家",列为美国第一竞争对手,中国的发展成为美国的国家安全课题,遏制中国发展成为美国对华战略的主调。美国一方面企图以"贸易战"打垮中国经济,一方面企图编织"印太战略"网困住中国。中美竞争早已超越两国关系,成为世界的共同课题。

当世界各国为中美竞争而忧虑的时候,台湾的民进党当局却见猎心喜。民进党认为,"印太战略"活化了台湾这艘"不沉的航空母舰",中美竞争是"台独"的战略机遇。蔡英文一方面积极策应美国对华贸易战,一方面主动要求加入"印太战略",可怜地表示愿意像早期煤矿测试瓦斯浓度的金丝雀一样,站在对抗大陆的最前沿。民进党的战略是,"台独"必须对抗大陆,对抗大陆必须投靠美国,投靠美国必须显示出台湾在"印太战略"中的分量。而对抗大陆,既是"投名状"又是台湾分量的体现。所以,蔡英文真的像一只"金丝雀",不停地向大陆扑过来了。

美国当然知道台湾对中国的意义,打"台湾牌"也成了中美博弈中的一道风景线。去年以来,美国国会不断出台了"台湾旅行法""台湾保证法""台北法案",为美台高层互访、美台军舰互停、美国对台军售、干涉小国与中国大陆建交提供法律依据。蔡英文一方面不断地表示"感谢",一方面高价"军购"交"保护费",对抗大陆的劲头更足了。

然而,出于"冷战"思维的"印太战略",比"冷战"时期的"岛链"战略高明不到哪里去。所不同的是,为了应对中国越来越强大的"破网"能力,"印太战略"这张网要织得更广、联盟的国家要更多、消耗的资源要更大。也正因为如此,美国对织这张"印太"网越来越力不从心了。

上个月,在泰国曼谷召开了第35届东盟峰会及东亚合作领导人系列会议。这届峰会有两个重要成果。一个是东盟及中日韩澳新十五国决定加速推进《区域全面经济伙伴关系协定》(RCEP)。另一个是《南海行为准则》(COC)磋商不断加速。这两个成果说明东盟国家不愿成为美国的棋子,更不愿意在中美两强之间选边站。新加坡总理李显龙在接受专访时说,如果亚洲国家要在中美之间选边站,他们都会非常不高兴,因为那会是痛苦的选择,"如果你要求他们选边,且说必须与最大贸易伙伴(中国)切断各种关系,我认为你是在为难这些国家"。美国在会上推销"印太战略"遭冷遇就是最好的说明。

不要小看了东盟国家的态度。美国的"印太战略",必须以美日澳同盟为起点,以南海为抓手,以印度为牵制。抓住了南海,从能源、交通、贸易上,甚至在军事安全上陷中国于战略被动,才能有效遏制中国发展。所以,东盟不在中美间选边,而进一步加强与中国的合作,就意味着美国的"印太战略"在关键部位破了个大洞,甚至可以说,这张网根本就没有织起来。台湾虽然也是"印太战略"的一个节点,但在大陆越来越强大的今天,已经起不到关键的枢纽作用,相对于南海,台湾单纯而脆弱,大陆能更好地运用各种实力解决问题。对美国来说,台湾还真的是一只中看不中用的"金丝雀"。这也是为什么美国会不断地派军舰到南海"航行自由",而给台湾的只是口惠而实不至的各种法案的原因。南海太重要,老板要亲自上阵,台湾可抛弃,鼓励当炮灰。

其实,又何止是东盟各国不愿在中美之间选边。东亚的中日关系在不断改善,中日韩自贸区谈判不断取得进展,澳大利亚国内对华也有多种声音,印度虽然暂不加入 RCEP,但中印关系也在各领域合作,美国拉印度对抗中国也是一个高难度动作。说白了,世界早已进入全球化时代,没有人愿意走"冷战"的老路,世界需要美国也需要中国。当世界拥抱中国的时候,台湾还想当那只对抗大陆的"金丝雀"吗?

那真是死路一条,即使民进党要走,我想,台湾人民是不会答应的。

2019 年 11 月 29 日

紧抱美国,台湾经得起"印太"风暴吗?

蔡英文连任了,美国国务卿蓬佩奥第一时间发文祝贺。其实,这次选举,美国因素才是蔡英文赢的主要原因。在美国围堵中国的态势下,相对于"亲美和中"的国民党及韩国瑜,"投美抗中"的民进党才合美国心意。美国通过用"亲台法案"、高额对台军售、高规格"过境"、高层互访、智库放话等手段表达对民进党当局的支持,一路护航蔡英文再次赢得选举。

只是,请问投入美国怀抱的民进党,台湾经得起中美竞争的"印太"风暴吗?

美国围堵中国是美国的霸权本质决定的。中美竞争不是意识形态之争,更不是美国妄想改变中国而不得的失望之举,无论中国怎么改变,只要中国变强大了,美国就必然遏制中国。维护美国的霸权,才是美国遏制中国的根本原因。所以,美国遏制中国,是中国发展道路上一个绕不过去的坎。

而用"台湾牌"遏制中国,这既是美国的传统做法,又是由台湾的特殊地缘决定的。台湾是中国的核心利益,台湾位于第一岛链的战略节点,这个棋子有足够分量。台湾一直以来都被美国用有形或无形的手段控制着，用起来成本低。说到底，美国遏制中国，需要台湾这个棋子，需要一个"投美抗中"的政党及领导人来执政台湾。今后一段时间内，小布什时代视民进党陈水扁为"麻烦制造者"而管控台湾的场景很难再现，而民进党当局配合美国的战略步骤挑衅大陆将是常态。

长期以来，民进党在美国大力经营，他们以"反中抗陆"的坚定性赢得了美国的信任。这个过程中，他们也更早地感知到中美关系即将到来的变化。他们坚定地认为，这是实现"台独"理想，在岛内长期执政的"机遇期"。这几年来，民进党自觉配合美国遏制大陆的每一个步骤，从打压华为到购买美国农产品，种种媚态令人作呕。为了表忠心，蔡英文还自誉矿井中测试瓦斯浓度的"金丝雀"，主动要求加入"印太战略"，站在对抗大陆的"最前沿"。美国的支持，是蔡英文在岛内打压异己、消灭政敌的底气，是蔡英文在两岸放言"台独"、对抗大陆的心理支撑。蔡英文赌的是中美必将陷入"冷战"，美国必将赢得对抗，在中美竞争中渔利是民进党的普遍心态。

中美是否会"冷战"，这取决历史发展大势和中美领导人的政治智慧。但是，中美竞争决不是"台独"的"机遇期"，这也是台湾的地缘决定的。因为事关国家领土完整，大陆维护国家主权的意志更加坚定不移。因为战略位置重要，大陆绝不能让"台独"分裂势力长期控制台湾。美国越打"台湾牌"，大陆对台湾的反制力度就越大。不要指望中美"冷战"，真发生的话，站在"最前沿"的台湾是最早被"冷战"风暴掀翻的那一个。中美竞争，充其量是"台独"势力的发展期，台湾的这次选举就是例证。但是，中美竞争不是"台独"的实现期，美国一再重申不把台湾看作"主权国家"就是证明。这一点，民进党当局必须有清醒的认识。

前天，中美贸易第一阶段协议在华盛顿签署，中美贸易战画出一个休止符。这个协议当然离解决中美关系中的重大核心问题还有很长的距离。但是,它告诉我们,中美虽然已经是一种对手型的竞争关系,然而在利益交替纠缠的现实世界里,中美总会找到共同利益,找到共识,找到妥协。在互相斗争中,双方都能更加清醒地认识对方、理解对方。而台湾在中美竞争的过程中,只能随着波涛而起伏,当美国需要的时候挑衅一下大陆,而被大陆打击时却只能独自在墙角舔伤口,"棋子"的命运总是如此。

蔡英文在选后第二天接见"美国在台协会"(AIT)台北办事处处长时说"台美现在是全球战略伙伴关系了",这是表态要全身心投靠美国了。选后才几天,蔡英文已经说了不少疯话,连任让蔡英文自我膨胀得找不着北了。

写这篇小文,希望蔡英文冷静一下,太平洋很深,台湾很小,每次台风过后岛内总是满目疮痍,你还不嫌事大呀?

2020 年 1 月 18 日

"友台法案"?
是美国给蔡英文设定"反中"路标

美国国会又出了个"台北法案",说是要协助台湾"巩固邦交国","支持台湾参与国际组织"以及增强美台经贸关系。

"台北法案"并不是个什么新鲜玩意儿,早在2018年9月,由美国反华议员贾纳德、卢比奥等4人共同提出。当时的背景是由于蔡英文当局拒不承认"九二共识",2016年以来一连失去巴拿马、多米尼加等多个"邦交国",陷"断交潮",但该法案当年未能排入议程。2019年5月,贾纳德等再次抛出该法案并于10月29日在参议院通过。前几天美国众议院也通过"台北法案"。不用怀疑,特朗普肯定会签署让其成案。

"台北法案"是2017年以来,美国通过的一系列"友台法案"中的一个。特朗普上台以来,美国把当年里根时代对台湾口头的"六项保证"书面化了,通过"台湾旅行法"为美台高层互访铺了路,"台湾保证法"也为提升美台军事关系破了障。可以说,"台北法案"既不是第一个,更不会是最后一个。只要美国还把中国视为"最主要的战略竞争对手",时不时地给台湾一些甜头是很自然的事。

然而,这些所谓的"友台法案"又能给台湾带来什么呢?有了"台湾旅行法",蔡英文也只能"过境"美国,有了"台湾保证法",台湾的军舰去不了夏威夷，美国军舰更不会停靠高雄港。台湾能得到的就是花大价钱购买美国的二手武器。现在，台湾的F-16V战机成军了，二手的"佩里"级也列装了，M1A2坦克也订购了，台湾俨然已武装到牙齿了。但是，美国的专家们还是批评台湾的"兵役"体制，说台湾"没有保护自己的决心"，言下之意，二手的垃圾武器还是买少了，要多买。台湾的民众更没有因为有了F-16就有了安全感，美国武器买得越多，美国的"友台法案"出得越多，他们越认为一旦发生"武统"，美国应该来救。在台湾百姓的眼里，高价买美国二手武器，就是台湾向美国交"保费"，那一个个"友台法案"就是一张张保单，美国是要理赔的。

只是，台湾有点想多了。美国采取的遏制中国战略，并不是为了帮台湾出头，而是中国已经成长为一个世界性的强国，放眼未来，能挑战美国一超独霸地位的只有中国。虽然中国并没有改变世界秩序的打算，但美国人向来看得远，想及早把中国扼杀在成长阶段。所以，美国帮助台湾增强对抗大陆的力量，并不是要帮助"台湾独立"，而是要台湾站在美国遏制大陆的最前线，成为美国手中一张有力的"抗中牌"。所以，美国明确把台湾纳入遏制大陆的"印太战略"，把台湾作为"印太战略"的重要节点。

"印太战略"是一张至今没有织成的网，像民进党当局这么死心塌地为美国效劳的并不多。印太重点地区的南中国海，美国一直想打菲律宾这张牌，结果在杜特尔特那里碰了一鼻子灰。现在美国只能赤膊上阵搞"自由航行"。但中国造岛后，美国已难撼大局。如果在台海地区，没有台湾对抗大陆的话，那什么岛链呀、"印太"呀大概就是废话了。所以，美国要的就是用台湾对抗大陆，通过维持台湾一定的"国际空间"，保持台湾一定的战力，使台湾成为"印太战略"的支点，防止台海像南中国海一样破了口。所以，这一个个"友台法案"，又是美国为民进党设定的路标，沿着对抗大陆的路往前走，你别无选择。

台湾走对抗大陆的路，是当前美国遏制中国的战略需要。但是，这对台湾来说可能是一条"断头路"。中美关系可能在今后相当长的一段时间内是对抗多于合作的关系，这个过程有多长，就看中国的发展。中国发展越快，这个过程就越短。当中美关系回归合作与对抗的时候，台湾就成了一个可议价的"标的物"。请放心，只要在中美对抗期间，大陆还没有解决台湾问题，这一幕一定会发生的。走"投美抗中"的路，民进党当然也有自己的盘算。这些年，台湾虽然在内部营造"台湾认同"有成效，但真要实现"台独"，没有美国的支持，没有重大的国际社会机遇是不可能的，美国遏制中国让他们看到了一线希望，他们妄图利用美国的"以台遏中"来掩护"倚美谋独"。

只是，历史的剧本恐怕不是民进党能写的，对抗大陆这条路的尽头肯定不是"台湾独立"。民进党千万别玩过头，等美国理赔就迟了，何况，美国也赔不起！

2020 年 3 月 8 日

"以疫遏中",警惕美台勾连升级

3月18日,美台共同发布了"台美防疫伙伴关系联合声明",宣布美台在防止新冠肺炎议题上将展开四方面合作,包括在快筛检验试剂、疫苗和药品的研发,追踪接触者的技术与科技,专家交流及防疫医疗用品的生产等方面加强合作。从合作内容看,这是一份专业合作协议,然而,协议签署形式却暴露出美台利用世界范围内不断严峻的新冠疫情升级勾连,"以疫遏中"的图谋。

这份联合声明是由台湾外事部门负责人吴钊燮与"美国在台协会"(AIT)台北办事处处长郦英杰共同签署的。这里有两个问题是1979年美台"断交"后的首次。一是首次以"美国与台湾"的官方名义公开发表联合声明,二是首次由台湾外事部门与AIT公开签署文件。这对没有"外交"关系的美台来说,有着极大的象征意义。

1979年美台"断交"后,美国单方面出台"与台湾关系法"规定美台关系。根据"与台湾关系法",美国成立"美国在台协会"(AIT)来处理美国与台湾的民间事务。AIT虽然实际上处理的是美国与台湾之间的"外交"事务,但它法人性质的民间组织外衣,就是表明美国与台湾不是外交关系。所以,在最初的时候,AIT台北办事处的人员是不能在公开场合与台湾外事部门交往的，连去台湾外事部门办公室都是禁止的。相应地，台湾成立"北美事务协调委员会"，驻美单位称"台北经济文化代表处"（TECRO），处理台湾与美国的民间事务。过去，美台之间的合作都由台湾的台北经济文化代表处与AIT或AIT台北办事处这两个民间组织签署。这一次，破天荒地以"美国与台湾"的名义并由台湾外事部门负责人签署，它似乎在向外界说明，美台关系正在发生变化，它正由民间的、非官方的关系向半官方的、准"外交"的方向发展。

其实，升级美台关系，是美国遏制中国战略的一部分。特朗普上台以来，美国正式公开把中国列为"主要战略竞争对手"，遏制中国的发展成为美国对华战略的主流。所以，有了我们现在看到的美国企图织一张"天网"把中国罩住的"印太战略"，有了美国对华贸易战，有了美国对华科技封杀战。然而，随着中国的发展，美国想用当年对待盟国小弟的那种予取予求战术是不可能取得成功的，而用台湾来"围点打援"，也就成了美国的惯用战法。所以，美国同意台湾将"北美事务协调委员"会更名为"台湾美国事务委员会"，这个把"美国与台湾"并列的机构名称，让民进党当局感激涕零、欣喜若狂。去年，AIT台北办事处处长郦英杰在台湾外事部门办公处与吴钊燮共同宣布成立"印太民主治理咨商机制"。美国国会更是通过"台湾旅行法"，鼓吹美台高层互访，最近，又通过"台北法案"要帮台湾维护"邦交"。现在，美台以防疫为由，进一步勾连对抗中国，也就一点也不奇怪了。

美国不断地在台湾问题逼近中国的底线，既是美国遏制中国战略的需要，又是美国对在两岸问题上边缘化的恐惧造成的。首先是与中国争夺"一个中国原则"的定义权。中美建交时，美国有着定义台湾现状的绝对自信，然而，近年来中国的发展不仅彻底改变了两岸的力量平衡，更有了定义"一个中国原则"的实力。美国当然不能把这个权力这么顺当地交给中国。现在，它就是妄图通过不断改变原来的做法对原先定义进行再造。其次是向国际社会发出提升台湾地位的信号。美国通过提升与台湾的关系，向其他国家表明美国帮助台湾维护"邦交"是认真的，鼓励日本等盟国一起改善乃至升级与台湾的关系。再次是给民进党当局打气鼓劲。调动民进党当局对抗大陆的冲劲，遏制中国的"台湾牌"才能发挥作用。提升美台关系，既表明美国是台湾对抗大陆的靠山，又是对民进党当局对抗大陆的奖励。

以防疫为名，美台共同演绎了"以疫抗中""以疫遏中"的把戏。美台这点小伎俩虽不足以改变两岸现状，但却会不断在岛内掀起"反中抗陆"浪潮，鼓起"台独"声浪，切不可等闲视之。我们必须以其人之道还治其人之身，美国通过提升美台关系的动作来改变两岸现状，那我们也要通过新的动作来定义什么是"一个中国"，比如近来进行的海空演练就能起到这样的效果。

2020年3月20日

警惕，美国正在成为两岸麻烦的制造者

3月30日，美国国务卿蓬佩奥在与媒体记者举行的电话圆桌会议上表示，美国国务院将"完全遵守""2019年台湾友邦国际保护及加强倡议法案"（简称"台北法案"），"竭尽全力"帮助台湾在WHO中发挥"合适的作用"，支持台湾以观察员身份参加世界卫生组织大会（WHA）。

"台北法案"是美国总统特朗普3月26日刚刚签署的一个涉台法案。2017年以来，美国已连续通过了"台湾旅行法""台湾保证法"等涉台法案，为台美高层互访、军事合作提供了法源基础。而"台北法案"，则是要求美国行政部门帮助台湾维护所谓的"邦交"，帮助台湾加入国际组织并获得观察员地位。这些由美国国会议员发起的"友台法案"对美国行政部门并没有约束力，从前面几个涉台法案看，特朗普更多地是把它们放入遏制中国的工具箱，成为引而不发的筹码，负责实施的国务卿这么高调表态要坚决执行还是第一次。看来，围绕世界卫生组织及世卫大会，中美及两岸的一场比往年更激烈的战斗即将开始。美国在直接出手给两岸关系制造麻烦了！

毋庸置疑，美国是当今世界唯一能影响两岸关系走向的国家。1949

年以来的70多年间，美国按照其自身的国家利益，通过"协防"台湾制造了两岸分裂、通过"与台湾关系法"维持了中美建交后与台湾的关系、通过对台军售保持两岸军事力量相对平衡，用"不统不独"在两岸谋利。甚至，为了美国的利益，美国对冲击两岸现状的"台独"行为也会出手管制，起到"台独"刹车皮的作用，如当年叫嚣"大陆台湾一边一国"的陈水扁就被小布什总统斥之为"麻烦制造者"。

美国从两岸关系的幕后直接跳到前台，是美国遏制中国的大战略决定的。2017以来，美国公开把中国定义为"修正主义"国家，是美国"最大的竞争对手"，遏制中国的发展成为美国国家战略。在美国遏制中国的"印太战略"中，台湾是一个重要的战略节点。台湾在上世纪的"冷战"中就被誉为是第一岛链"不沉的航空母舰"，在"印太战略"中，台湾既是武器（棋子）又是平台（阵地），相较于"冷战"时代，分量更重，在两岸综合力量不平衡的今天，仅靠美国在幕后支持，台湾已难以当此大任了，直接挑战中国也就成为美国的必然选择。

在两岸关系上给中国制造麻烦，对美国来说既方便又廉价。坚持"台独"路线的民进党当局有着挑战"一个中国原则"，改变两岸现状的内在冲动，而美国又是他们内心的最大靠山。美国需要民进党挑起两岸纷争，民进党利用美国遏制大陆的机会制造"台湾独立"。民进党当局投美国所好，通过挑衅大陆讨"主子"欢心，美国在民进党力量不够时及时出手相帮，双方已有默契。近三年来，美国不仅出台了"台湾旅行法"等提高美台交往层级，通过扩大对台军售来提升台湾"以武拒统"的能力，而且每次大陆舰机绕台演训后，都立马派出海空力量逼近大陆沿海，充满着浓浓的"助台"意味。仅今年3月下旬，美国就在25日、26日、27日、31日连续派出战略轰炸机、电子侦察机在台湾周边飞行。事实证明，美国已经从民进党当局对抗大陆的教唆者、演武者，发展为两岸关系的麻烦制造者。

美国现身两岸关系的前台，必然加剧两岸关系的风险。一方面，美国的支持提升了岛内"台独"分子"挟洋自重"的信心。岛内的"台独"势力一直把中美竞争看作是谋求"台独"的机遇，中美竞争越激烈，美国运用台湾遏制大陆的需求也就越大，对"台独"的支持力度也就越大，岛内各种挑战"一个中国原则"的"台独"活动必然越多，将两岸置于险地。另一方面，美国的直接出手，加大了大陆维护两岸关系的成本，增强了大陆解决台湾问题的紧迫感，近来大陆民间"武统"声浪叠起就是例证。

然而，美国无论是在幕后支持民进党当局，还是走到前台给两岸关系制造麻烦，台湾的角色却始终是一个"棋子"而已，台湾无论是主动挑战两岸关系现状，还是借中美竞争掩护"台独"，其最终都必须为美国国家利益服务。当今世界格局下，美国已经没有了迫使中国屈服的能力，无论是在南海还是在台海，美国都必须自己操刀上阵对抗中国，就说明了中国已经有了足以抗衡美国的力量。美国直接出手帮台湾，大陆也必将反击打"台独"。民进党当局欢欣鼓舞感谢美国的时候，做好挨打的准备了吗？挟洋自重，决没有好下场！

2020 年 4 月 1 日

美国"枪骑兵"来台海，
不是给民进党当局护航的

据专门追踪飞机动态的"飞机守望"显示，5月6日下午，两架美国B-1B超音速"枪骑兵"战略轰炸机、一架KC-135空中加油机，从关岛安德森空军基地起飞，掠过台湾东北海域抵近东海后返回。这是继5月1日、4日以来，美国"枪骑兵"战略轰炸机第三次光顾台海周边。岛内民进党当局认为，今年以来大陆舰机绕岛，美国舰机频繁来到台湾周边，是为反制大陆保护台湾。

B-1B"枪骑兵"战略轰炸机来台海是为民进党当局"护航"吗？联系美国在亚太军事部署的调整，民进党当局应该要失望了。

今年新冠肺炎爆发后，美国因防抗不力变成了疫情"震中"，美国海军也成为重灾区。据报道，目前有40多艘战舰上官兵被感染，部署亚太地区的四艘航母全"趴窝"。4月17日，美国关岛基地的5架B-52轰炸机飞回美国本土，结束了长达16年的"轰炸机持续存在"部署。美军在西太洋的兵力部署出现"真空"。在这种情况下，美军为了显示其在西太平洋的存在，从万里之外的本土派遣飞机是唯一选择。

相对于B-52轰炸机来说，我们对B-1B有点陌生。这款"枪骑兵"，虽然在2016年至2018年间也曾部署关岛执行"轰炸机持续存在"

任务，但到台海还是这一周的事。B-1B战略轰炸机比B-52轰炸机有更大的载弹量、更好的隐身性、更快的飞行速度。过去，美国一直把航母编队作为威慑中国的主力，但随着中国"东风21"等反航母武器的发展，航母在西太的作用在下降，而隐身、多弹量、快速抵达撤回的B-1B等新型战略轰炸机，将对大陆形成新的威慑。美国这个时候把"枪骑兵"暂时部署到关岛并持续飞临台海，可以说是把老底子都搬出来了。

所以，美国"枪骑兵"到台海周边，民进党当局应该感到危机才对。这件事说明了美国一方面要把全球60%的兵力部署到亚太以夯实"印太战略"，另一方面，随着中国军力发展，作为西太战略基地的关岛已不再是安全的地方，美已经开始逐步撤出了。大陆攻台美军必救，这是"台独"最大的心理支撑，这样的态势下，美军来救的谎言不是不攻自破了吗？"台独"还能撑下去吗？

也正因为美国在西太的力量捉襟见肘，美国更需要盟友出大力。美国在压迫日本、韩国出更多"保护费"的同时，也卖给他们更多的武器，支持他们研制新武器，让他们在"印太战略"中发挥更大的作用。而台湾就必须是一个更驯服更听话更好用的棋子。

在美国视中国为"最大竞争对手"的当下，民进党当局越"反中抗陆"就越"投美求保"，就越得是一个用起来顺手的工具。所以，用支持"台独"来引诱民进党当局全面倒向美国，使台湾走上一条"反中抗陆"的不归路，就是美国当前的对台战略。今年初，蔡英文连任后，"美国在台协会"（AIT）理事长莫健就到台湾，要台湾做战争准备，美国"2049计划研究所"研究员易思安要台湾给青年发放武器，这等于是用战争恐吓民进党了。最近，美国国务院、AIT台北办事处脸书都推文支持台湾加入世卫组织，甚至说支持台湾加入联合国，就是要民进党顺着"反中抗陆"的路走下去。现在，许多为两岸形势着急的人，都希望蔡英文在"520"就职演说中，能降低"反中抗陆"调门，甚至表达一点善意，能使紧绷的两岸关系降温，而这也正是美国所担心的。美国"枪骑兵"不远万里来到台海，不是给民进党护航的，而是来导航的——对抗大陆才能吃糖。

也许，这正是"台独"们求之不得的，"枪骑兵"指引的路，正是他们内心的方向。然而，在美国认为关岛都不是安全之地的时候，要"独立"的台湾还能有什么安全保证呢？诚然，在相当长的一段时间内，美国仍然是超级强国。但是，美国追求的是全球霸权，要在全球部署军力，而中国只是维护自身核心利益，只需要在局部形成相对优势。当美国感到在西太已不具备绝对优势而没有安全感时，中国就可以适时出手了。

所以，台湾人民要想好了，美国的保护能长久吗？台湾交得起"保护费"吗？"台独"之路走得通吗？千万别被眼前的喧嚣迷了眼睛。

2020年5月7日

用"美国"威吓大陆?"台独"心虚了

今年以来,台湾岛内弥漫着一股"大陆将要对台动武"的悲情。先是台湾地区领导人蔡英文年初接受媒体采访时说:不排除大陆对台动武的可能。蔡英文连任后,"美国在台协会"(AIT)主席莫健在与"绿营"人士聚餐时警告大陆有对台动武的可能。美国"2049计划研究所"研究员易思安要台湾给青年男女发武器。特别是大陆"两会"后,台湾地区外事部门负责人吴钊燮说,大陆"港版国安法"制定后,下一步就会对台湾动武。台湾地区防务部门负责人在回答大陆是否会对台动武时说:这个大家都能感受到。就在美台唱和"大陆要对台动武"时,台湾又冒出一股"美国引诱大陆对台动武"的论调,说大陆如果对台动武正中美国下怀,美国将就势介入,打败大陆,取得中美竞争的决定性胜利。

"大陆要对台动武"和"美国引诱大陆对台动武",这两个看似矛盾的论调,其实反映了"台独"同样的一种心情:对走"台独"之路后大陆"非和平"手段的恐惧。不同之处在于,前者直接表达了恐惧,而后者,则拉出"美国"来壮胆。

民进党当局全面执政以来,拉着台湾社会走上了"台独"之路。拒不承认"九二共识"动摇了两岸交流的政治基础,通过修改教科书等

"去中国化"行动斩断了两岸历史文化的联结,通过所谓的"转型正义"清算岛内坚持两岸联结的政党和人士,通过修订"反渗透法"阻挡两岸交流。特别是去年,民进党当局插手香港事务,向岛内贩卖"芒果干"(亡国感),使岛内"恐中拒中"情绪发展为"反中抗中"民粹。今年以来,赢得连任的民进党当局对"反中抗中"没有松手,利用新冠肺炎进一步煽动"仇中"情绪,妄图"以疫谋独",取得加入"国际组织"的突破。可以说,当前是"台独"势力最猖狂的时候。

但是,民进党当局对"台独"的后果是知道的,对大陆"非和平"手段内心是恐惧的。所以,他们一方面拉台湾人民来"垫背",通过宣扬"大陆要动武"进一步激起"反中"民粹,用所谓的"民意"来对抗大陆。另一方面,则进一步倒向美国怀抱"倚美抗陆"。虽然,民进党当局对"大陆攻台,美国会不会来救"内心也并不是很确定,但他们知道当今世界也只有美国有能力救"台独"。

对大陆强硬万分的民进党当局,在美国面前可谓是卑躬屈膝,主动要求加入美国遏制中国的"印太战略",站在对抗大陆的第一线。同时,不断加大对美军购,高价购进美军淘汰武器以向美国交"保护费"。民进党当局对受新冠疫情影响的民众发点福利可谓是精算百遍,但对美国高于常规价格数倍的军购却从来都是感谢。最近,美国宣布向台湾出售一批鱼雷,售价竟涨了一倍。GDP已落后于福建省的台湾,不知还有多少钱让民进党当局挥霍。岛内有识之士批民进党当局甘当美国"棋子",置台湾于险地,蔡英文脸上挂不住,说"台湾也是棋手"。这次,岛内有人宣扬"美国引诱大陆对台动武",大概就是斗胆当一回"棋手",用"美国牌"恐吓大陆一番,也为"台独"壮一下胆。

其实,大陆会不会"对台动武",并不需要猜测。《反分裂国家法》规定的"非和平"手段的条件明明白白写着呢。民进党当局如果心有恐惧的话，经常拿着对照一下，看看自己的作为是否突破了底线，是否达到了大陆启动"非和平"手段的标准。不要指望美国，在国家统一的问题上，大陆没有退让的空间，美国介入与不介入，不是大陆启动"非和平"手段的决定因素，而是大陆面对的斗争条件和环境，改变的只是军力部署和战争的残酷程度，对台湾一丁点儿好处都没有。

所以，与其做打"美国牌"威吓大陆这种无用功，还不如认真地现实地思考两岸关系怎么走对台湾有利，台湾的出路到底在哪里。大陆"一国两制，和平统一"方针没有变，大陆为两岸人民谋福祉的初心没有变，《反分裂国家法》维护的是国家统一两岸和平。

民进党当局，你们该停一停脚步了，"台独"之路走不通，美国更救不了，这是不需要证明的铁律。

2020 年 6 月 6 日

民进党当局不要把台湾玩成美国"印太战略"的炮灰

6月11日,美国参议院军事委员会通过2021年国防授权法,针对中国的"太平洋威慑倡议"也正式获批。

"太平洋威慑倡议"主要内容一是要在印太地区重建美军对中国的军事优势,二是因应近年来美国把中国列为"主要竞争对手"的定位,加快印太地区战略地位超越欧洲的进程。现在看,美国遏制中国的"印太战略",更多的还是立足于军事,企图用强大的军事力量将中国围堵在东亚大陆,而"太平洋威慑倡议"就是落实"印太战略"最直接最现实的抓手。

自从特朗普提出"印太战略"以来,美国已经开始调整全球军事部署。美国不顾伊拉克内战仍频坚持从伊撤军,甚至与阿富汗塔利班签订了一个并不光彩的协议,留下一地鸡毛撤离了阿富汗。最近,又扬言从德国撤出部分驻军,扩大了美德之间的矛盾。美国的这些做法既是特朗普"美国优先"的自私,更是为了实现"印太战略"把60%军力部署亚太的规划。然而,面对力量日益强大的中国,美国似乎有一种无力感,随着中国军事力量的快速增长,美国在西太平洋的各式基地都在中国"东风快递"射程内,关岛已经不是美军的安全港,数量的增加已经难以形成压倒性优势，加速军事转型势在必行。所以，不同于2014年克里米亚及乌克兰事件后应对俄罗斯的"欧洲威慑倡议"，"太平洋威慑倡议"更注重美军能力的转型提升。今年4月，美国结束了关岛基地"B-52"战略轰炸机的定期部署，改派速度更快、载弹量更大、作战半径更远、隐身能力更强的"B-1B"战略轰炸机频繁地从美国本土起飞，到西太平洋及南海执行任务，就是这种能力转型的尝试，达到"战略可预判，战术不可判"的威慑力。

为了推销"印太战略"，凸显美军军力部署转移亚太的正当性，美军加大了在台海、南海的行动强度。在台海，美国军舰频繁穿越台湾海峡、"B-1B"战略轰炸机越过冲绳、巴士海峡飞临大陆沿海预设攻击阵位，甚至，军事运输机沿台湾岛西侧上空飞行，挑战大陆底线。在南海，美国军舰不断侵入西沙、南沙进行"自由航行"，逼迫周边国家"选边站"。然而，美国的努力并没有得到盟友的积极响应。前几天，日本宣布放弃部署陆基反导系统。美国想在亚太部署中程导弹，中国周边各国并不愿意。新加坡总理李显龙就呼吁中美放下分歧，避免祸及"亚洲世纪"，强调亚太各国不想"被迫选边"。

与东亚各国态度截然不同的是台湾岛内的民进党当局。2018年底，美国通过"亚洲再保证倡议法"，正式把台湾纳入"印太战略"，把台湾作为遏制大陆的战略前沿。民进党当局当然没有辜负美国的希望，一面倒地投入美国怀抱，企图"依美制陆""倚美谋独"。为了对抗大陆，民进党当局不顾自身财力加大了对美"军购"力度，组建F-16V战机部队，购入号称"地表最强"的M1主战坦克。今年，美国又给刚刚胜选连任的蔡英文送上贺礼，高价卖给台湾18枚重型鱼雷，民进党当局又顺势提出购买"鱼叉"岸舰导弹。然而，不断感谢美国的民进党当局注意到没有，美国都认为关岛不安全了，把轰炸机撤回去了，一旦两岸燃战火，台湾的机场还有用吗？美军舰机在台海挑衅大陆"护台"，大陆必定出手惩罚台湾。炮击金门时，面对美蒋护航编队，大陆只打蒋军不打美舰，台军忘了这个教训吗？

美国的军事力量比中国强大，这可能是在相当长的时间内都不会改变的现实。但是，美国要在东亚与中国打一场一面倒的胜仗也是不可能的。"印太战略"确实增加了中国的军事压力，但现在看来，很可能是美国的"独角戏"，"独木难支"将是美国的未来困境。"印太战略"会改变吗？肯定会，"印太战略"给了俄罗斯喘息的机会，普京不会甘于做一个二流配角，近来，俄罗斯战略轰炸机飞临美国本土，战略核潜艇重启巡航，修改核武运用规则，不断试射超高速武器，就是在宣示俄罗斯的实力。美国削弱北约驻军有利于欧洲作为一极的崛起。到那时，美国会突然发现中国只是维护自身的利益，并不威胁美国的霸权，重返欧洲又是迫切需要了。在这种风云诡谲的世界格局中，"笔尖"一样大的台湾还有多大价值？要么是中美交易的筹码，要么就是中美竞争的炮灰。到那一天，蔡英文们乘专机飞美国飞日本了，台湾人民呢？

台湾同胞，千万别让民进党当局把台湾玩成美国"印太战略"的炮灰！

2020 年 6 月 19 日

且看美国把"台湾牌"出尽

近日,台湾防务部门罕见的证实美国特种兵部队在台湾岛与台军联合训练的消息,称"皆属正常的军事交流"。美台军事交流严重违反了中美建交华府对台必须"断交、撤军、废约"的原则,过去一直是只做不说,甚至极力掩饰的事,现在,美台却经常刻意地公布出来。事出反常必有妖,这是美国手里抓着一把遏制中国的牌,不时地亮一张出来给对手看看,威吓、刺激对方,意图打乱对方思维,让对手出错牌,或干脆认输投降。

特朗普上台以来,把中国定义为危及美国霸权的"修正主义国家",是"头号竞争对手",连续打出各种遏制中国的牌。但是,无论是贸易战还是高科技脱钩,都是"杀敌一千自损八百"的买卖。特朗普举头四顾,还是"台湾牌"廉价、方便,是一本万利的交易。打"台湾牌"对中国有足够的杀伤力。台湾事关中国主权、领土完整,能对中国政府及人民形成强大的心理冲击力。打"台湾牌"能把民进党当局牢牢绑在美国的战车上。民进党当局把美国当作"台独"的靠山,美国打"台湾牌"也成为民进党"谋独"的机遇。打"台湾牌"能使"印太战略"早日成形。"印太战略"虽以美日澳印为支柱,但南海、台海才是遏制中国的关键地区，抓住台湾还能带动南海。打"台湾牌"让美国把主要军力集中于亚太有了理由。美国要把60%的海空兵力集中亚太对付中国，必然冲击其在中东、欧洲的兵力部署，影响盟友关系，鼓吹亚太特别是台海危机，美国就对盟友有了交代。打"台湾牌"还能收保护费。对台军售，既是"台湾牌"，又是收保护费的最佳途径。

于是，在遏制中国的过程中，打"台湾牌"已经是美国从国会到政府、从特朗普到反华议员的共同特征。这几年，美国的"台湾牌"一张一张不停打出来，特朗普签署了"台湾旅行法"，企图开禁美台高官互访，通过了"台北法案"，意在为台湾"固邦"，通过了"亚洲再保证倡议法"，明确把台湾纳入"印太战略"，连续数年的国防授权法都鼓吹对台军售、军舰互访。除了这些赤裸裸的明牌，特朗普还常常把暗牌变明牌以威慑中国。美国把里根时代对台口头"六项保证"变成了书面文件，不时地公开一些台面下的美台"军事交流"，如在西点军校毕业典礼上，特朗普故意接见穿军装的台军学员，故意公开台空军飞行员在美国基地训练的画面。

然而，特朗普的"台湾牌"越打越频，力道越来越大，除了台湾的民进党当局越贴越紧外，并不能伤到中国皮毛。美国帮台湾"固邦"，但蔡英文四年连丢七个"邦交国"。对台军售常态化，但改变不了两岸军事力量的对比。美国军舰在台湾海峡"自由航行"换来大陆战鹰绕岛飞。更主要的是，大陆民众对美国干涉中国内政、阻挠中国统一、遏制中国发展有了深刻的认识，对民进党当局坚持"台独"路线、拒绝两岸统一的本质有了深刻的认识，"丢掉幻想，准备战斗"的呼声越来越高。

认清了美台互唱的实质，也就知道了美国打"台湾牌"的路数，连美军特种兵在台联训这种不上台面的暗牌都翻为明牌了，说明美国"台湾牌"已没有多少了，大概也就剩下几张底牌了。这几张底牌无非就是，经济上美台签署"自由贸易协议"助台"经济脱中"，交往上促成台湾地区领导人正式访问华盛顿形成所谓"外交突破"，军事上美国军舰访问台湾，甚至美军进驻台湾。但是，这几张会彻底改变中美关系甚至改变世界秩序的牌，美国能出吗？美国敢出吗？

中美交往几十年，美国过去在军事上没有征服中国，现在更不可能对中国打一场一边倒战争，打"台湾牌"绝不会得到什么便宜。中国要做的就是坚定地发展自己，当中美力量越来越接近、两岸力量对比差距越来越大的时候，台湾还想往哪里去呢？解决台湾问题的关键因素在大陆自身的发展，这是颠扑不破的真理。

所以，美国要打"台湾牌"就让特朗普打吧，冷眼看着它的那把牌一张一张地出尽。我们只要紧盯着统一的目标，美国每打一张牌，我们就对台湾收紧一点绳索，美国打得越多，就越让台湾喘不过气。有时，美国的牌更是对我们的提醒。比如，现在美国三个航母编队在菲律宾海演练，我们做好了同时打三个航母编队的预案了吗？我们从发现预警跟踪定位到打击的体系完备了吗？

这是多好的练兵机会呀。

2020 年 6 月 30 日

"军购"可能是压垮台湾的最后一根稻草

前几天,美国相关部门就"爱国者三型导弹重监测"6.2亿美元(约182亿元新台币)对台军售案"知会国会",此案可望在一个月内生效。所谓"爱国者三型导弹重监测",就是原来购买的"爱国者三型导弹"到期了,要测试是否合格并更换部分过期的零件。美国于2008年出售4套爱国者三型系统及330枚爱国者导弹,2010年又出售3套爱国者三型系统及114枚导弹给台湾,这些系统及导弹在台服役十多年了,该翻修延寿了。只是这个标签你不能自己换,要付费给有认证资格的机构来换,收费当然不会低。

特朗普上台以来,美国对台军售呈常态化之势,这次军售案是特朗普任上的第七次对台军售,也是今年的第二次。美国对台军售,一方面是通过提升台湾军事力量在中美关系中打"台湾牌",另一方面,通过军售向台湾倾销淘汰的武器装备,收取"保护费"。所以,我们总是看到,在民进党当局一片"感谢"声中,美国把一批批淘汰货以高得离谱的价格倾销到台湾。

只是,在美国军火商赚得满盆满钵的时候,台湾还付得起这高额的"保护费"吗?

据岛内媒体报道，截至今年6月底，台湾负债5.68万亿元新台币，平均每个台湾人背负24.1万元新台币债务。今年以来，受新冠肺炎影响，岛内综所税和营所税比去年同期下降17.2%，而各级政府举债舒困已成常态，债务将快速增长。在民进党当局举债"交保护费"的时候，事关民生的劳保、健保、长照，却都面临入不敷出的破产状况。据估算，岛内劳保今年收支缺口达到181亿元新台币，虽已挹注200亿元新台币止血，但两年后缺口将高达522亿元新台币，2026年缺口更将达到1320亿元新台币。全民健保，2017年开始每年都亏损100多亿元新台币，今年缺口将超过600亿元新台币，2022年更有可能超过1000亿元新台币缺口。长照方案，一年只能提供300亿元新台币财力，但现在有失能人口80万人，几年之内将有百万失能人群，估计需每年耗费1200亿元新台币。就在这些民生项目将要破产之际，民进党当局又不断加大对美"军购"，加大了债务负担。

据推算，自2017年到2030年岛内军事投资预算规模达到4000亿元新台币，2021年起将进入支出高峰，当年度需编列1161亿元新台币支出，2022年需882亿元新台币，持续支付到2030年。

近年来，台湾经济一直低位成长，早已没有了当年"四小龙"的荣光，在大陆经济快速成长的光芒下，台湾实在是一个不太大的经济体，去年台湾的GDP已经排在福建省之后了。以台湾有限的财力，摆出"战力防护、滨海决胜、滩岸歼敌"的架势，妄图"以武护独"，真是有点自不量力。

蔡英文上台以来，走上了"投美谋独"的"独木桥"，去年又通过煽动"反中仇中"民粹连任成功。不断升高两岸对立，已成了民进党选举、维持政权的工具。然而，靠这种方法在岛内赢得越多，在两岸就越没有安全感，越没有安全感就越想找"保护伞"。渴望对美"军购"交

"保护费"，成了民进党当局自我安慰、提升"安全感"的主要途径。只是，台湾经济能支撑多久呢？民进党当局为了选举，政策性买票要大撒钱，为了巩固政权，各项民生更不能减，也许，不断加码的"军购"将是压垮台湾经济的最后一根稻草。

其实，两岸关系才是台湾安全的"法门"。民进党当局与其花钱买"安全感"，不如反思如何改善两岸关系。"挟洋自重"只能成为美国遏制大陆的一颗"棋子"，"以武谋独"更是螳臂挡车自取灭亡。

2020 年 7 月 13 日

台军兄弟,你不要误认同胞

1894年"甲午战争"后,中国被迫割让台湾给日本。日本殖民台湾50年,屠杀了近50万台湾人。为了更好地统治台湾,日本殖民者在台湾开展以消灭台湾人的祖国文化为目标的"皇民化"教育,培养"台湾日本人"以效忠天皇。太平洋战争后期,日本国内兵员补给不上,开始在台湾征兵,约有20万经过"皇民化"教育的台湾青年成为"台籍日本兵",其中有4万人战死太平洋战场。然而,现在的台湾社会却有浓厚的日本情结,媚日更是"台独"分子的重要特征,蔡英文甚至说出"台日皆为同胞"的错乱认知。

台军兄弟，你不要误认同胞

台湾屏东是中国近代史上一个决不能遗忘的地方。1874年，日本以琉球岛民被台湾少数民族杀害为由，出兵攻打台湾。5月10日，日军在屏东社寮（今屏东县车城乡社寮村）登陆，遭当地少数民族抵抗。5月22日，日军佐久间左马太大尉率陆战队在石门（今牡丹乡石门村）攀石崖占据有利地形，大败台湾少数民族，牡丹社头领阿禄古父子阵亡。这就是中国近代史上著名的"牡丹社事件"。"牡丹社事件"是中国近代史上第一次遭受日本侵略，也是日本明治维新后第一次对外发动侵略战争。"牡丹社事件"对中日近代史有着深刻的影响，是中日强弱互换的标志。"牡丹社事件"后日本不再仰视中国，是日本侵华的开端。"牡丹社事件"5年后的1879年，日本吞并了中国的藩属国琉球，20年后的1894年，日本发动"甲午战争"，迫使中国割让台湾，赔偿白银2亿3000万两。日本依靠中国的赔偿进一步壮大，一步一步地疯狂实施灭亡中国的战略。

"牡丹社事件"不仅是日本侵略中国的开端，还为日本侵华培养了大批侵略人才。率领日军侵台的西乡从道，"牡丹社事件"后积极发展日本海军，后任日本海军大臣，是中日"甲午战争"的主要策划指挥者。"牡丹社事件"中先行赴台侦察收集情报的桦山资纪、水野遵，都是甲午侵华的骨干，他们成为日本殖民地台湾的第一任总督和民政长官。那个刀劈牡丹社头人父子、被誉为"生蕃克星"的佐久间左马太大尉，后来成为殖民地台湾的第五任总督，也是台湾殖民史上任期最长的总督。佐久间左马太任总督时执行了残酷的"理蕃"政策，镇压了台湾少数民族的反抗。1895年日本殖民台湾后，在屏东建造了纪念西乡从道的"西乡都督纪念碑"，宣扬日本对台湾的占领，纪念佐久间的神社更是遍及全台各地。

1945年台湾光复后，牡丹乡民众推倒了当年日军在虱母山顶修建的"忠魂碑"，将"西乡都督纪念碑"改为"澄清海宇还我山河"纪念碑，日本神社也被捣毁。

然而，2016年民进党上台以来，屏东人似乎要回到日本殖民时代。先是屏东县政府拆掉了"澄清海宇还我山河"碑文，想恢复"西乡都督纪念碑"。前不久，又借故拆掉了抗日名将孙立人纪念馆的展板。这几天，更发生了一件令台湾民众愤怒的事。台湾空军位于屏东县的空训中心发出的"大圣西营区公共艺术品甄选案"招标书，竟然要为当年残酷杀害雾社起义中的台湾少数民族赛德克人的日军航空第八联队设立雕像。

日军航空第八联队是一支臭名昭著的杀害两岸人民及东南亚人民的部队。1927年9月，日本第八飞行联队从日本九州移防至台湾屏东大圣西营区。1930年，台湾少数民族发动雾社起义，起义的赛德克人利用深山峭壁，顽强抗击前来镇压的日本军队和警察。久攻不下的日本殖民者，调来第八飞行联队战机，从10月28日至11月21日共投下一千多枚瓦斯弹、毒气弹，赛德克人被迫投降。第二次世界大战爆发后，第八飞行联队不断扩编改编，投入到中国及东南亚战场，最后在琉球战役中被美军消灭。就这么一支双手沾满大陆及台湾人民鲜血的部队，台湾空军竟说是"航空史脉络下的屏东一件大事"。

台湾防务部门发言人说，希望官兵了解前辈筚路蓝缕的艰辛过程。为曾经屠杀包括台湾人民在内的中国人民的日本军队立碑，台军绝对是错认了先贤和同胞，简直是认贼作父了吧！

然而，在屏东这个近代日本第一次侵华的地方发生这类不堪之事，在当前的台湾又有着深刻的社会根源，甚至是某些人的政治选择。

2016年6月，刚刚就任台湾地区领导人的蔡英文为坐落于冲绳南端的"台湾之塔"撰写碑文，蔡英文在这座纪念战死于二战冲绳战役中的台湾人的碑文中写道："当年日台战士皆为同胞，生死与共、荣辱同担。"哦，原来台军屏东营区错认同胞的根源是在蔡英文这里。

了解日本殖民台湾历史的人都知道，日本人从来都没有把殖民地台湾人当作同胞。二战前期，低日本人一等的台湾人连为天皇战死的权利都没有。后来日本太平战线吃紧，败象已露，才征经过"皇民化"教育的台湾青年人去当炮灰。对台湾人来说，当"日本兵"是走"皇民"之路的捷径，当"日本兵"就不被日本人欺负了，而与日本人是"同胞"，大概想也没想过吧？现在蔡英文说他们是日本人的同胞，如果他们地下有知，大概也只会苦笑而已。

然而，民进党当局上台以来，坚持走"台独"路线，一边倒的"倚美日抗大陆"，挟洋自重，企图勾连外部势力为"台独"护航，"倚美媚日"和"台独"是民进党蔡英文当局的一体两面，殖民地台湾人高攀主子为"同胞"也就成一种政治正确了。屏东的台军把屠杀台湾人民的日本航空第八联队认作先辈，还要立碑纪念，这不过是民进党当局"媚日"政治正确的一个表征而已。

只是，台湾人民的真正同胞，1874年被佐久间左马太杀害的牡丹社头人阿禄古父子同意吗?1930年死于日本人屠杀的雾社赛德克人同意吗？那些死于抵抗日本殖民统治的台湾人同意吗？还有牺牲于14年抗日战争的三千万同胞同意吗？

　　中日是近邻，中日关系的许多矛盾终会化解。民进党当局想认日本做"同胞"为"台独"壮胆，永远不会得逞。屏东的台军，应该为日军航空第八联队立一个耻辱碑，碑文要记下1930年它是如何"英勇"地把毒气弹投入雾社山林的。

2018年11月4日

"台日关系"?
你就是日本的一盘"菜"而已

台湾媒体报道,台湾当局驻日代表、民进党前主席谢长廷,发表"设置慰安妇像、禁日本核食,毁台日关系"等媚日言论而引起岛内舆论炮轰,被誉为"助日代表"。其实,谢的言论代表了民进党当局的一贯思维。媚日是岛内"台独"分子的重要特征,从李登辉、陈水扁到蔡英文,哪一个不是"认日作爹"的媚日分子呢?然而,在日本眼里,台湾又是什么呢?

位于台北市凯达格兰大道1号的台北宾馆,是日本殖民时代的总督官邸。这幢巴洛克式建筑,即使在现在看来,也还透着一种威严的气势。据说,1899年建造时,台湾人民反抗日本占领的战斗方兴未艾,台湾总督府的财政还要日本国内补助才能维持,日本议会反对台湾花巨资修建这么一个建筑。殖民当局的第四任民政长官后藤新平回国争取,在议会,后藤用"不知皇室状,焉知皇室尊"说明在殖民地修建这么气派的建筑的重要性。1901年,这幢当时台北城内最高建筑修成后,不仅是总督官邸,更是总督府接待重要客人、举办重要仪式的场所,统治者的威严确实也慑服了许多台湾人的魂。

在1901年至1945年间,殖民当局在这幢建筑中,接待的最重要的人物当然是1923年代表大正天皇巡视台湾地区的裕仁皇太子了。

1923年4月16日，裕仁在基隆码头登岸，在随后的12天里，裕仁以巡视日本领土的姿态，从基隆到屏东，从本岛到澎湖，所到之处军警列队、学生摇旗、百姓夹道、奉迎牌楼耸立，借此彰显台湾在日本殖民下的秩序教化。裕仁在台湾除了巡视外，当然也要吃饭，他的饮食都是特别准备的，12天中台湾菜只吃了一餐，而这顿台式大餐就是在总督官邸用的。

据说，为了准备这餐台式饭，当时台北餐饮界的两颗巨星"江山楼"和"东荟芳"受到征召，东荟芳负责陪食官员的餐点，而江山楼专门负责皇太子的御膳。一周前，老板带着厨师共8人就开始被隔离，斋戒沐浴。

4月24日中午，裕仁回到总督官邸，享用这顿当时台湾最高水准的美食。菜共12道，除燕窝、鱼翅、海参等台式名菜外，还有红烧鳖、炸春卷，最后的甜点是八宝饭和杏仁茶。这八宝饭是用蒸熟的糯米拌入肥猪肉、莲子、银杏、冬瓜、柿饼、花生和砂糖等7种食材而成。据记载，裕仁每道菜都下箸了，特别是八宝饭"尤用八分"。可见，皇太子对这餐台湾菜吃得还是满意的。

95年前的这顿饭可谓意味深长。那时，日本统治台湾已经近30年，台湾人民壮烈抵抗侵略的烽烟在殖民者的残酷镇压下已经远去，但是，台湾人要的"内（日本人）台平权"却永远也没有到来。裕仁带来的，只有把台湾"土番"改为"高砂族"，台湾少数民族由"番"为"人"，以示恩隆。台湾在殖民者眼里，仍然是产出茶叶、樟脑、砂糖的一盆"野菜"，合口、高兴了就多下几箸，不合口、不高兴就倒掉而已。

今天的"台日关系"，又何尝不是如此？民进党当局拒不承认"九二共识"，采取"亲美日抗大陆"的一边倒战略，把自己送上门去成了美日口中的一道"菜"。在这种战略下，民进党当局就像当年"江山楼"的老板一样，只能斋戒沐浴，有时恨不能把自己也变成一道菜送给主子去，就这样还未必能讨到主子欢心。对设"慰安妇"像、"拒核食公投"这些往菜里洒土的事，当然是恨之入骨，骂声连天了。

民进党当局这种"被殖民心态"还充分体现在刚刚通过的高中历史教改中。这次教改，无视大陆才是台湾的文化之源，把大陆列为像日本一样的，是仅对台湾产生影响的东亚文化之一，并且竭力淡化日本对台湾的殖民统治，美化日本对台湾的积极影响，企图把"媚日"也植入台湾青年人的基因中。

其实，所谓的"台日关系"永远是"中日关系"的边角料，它在日本的全局战略中有多大的作用，完全是由"中日关系"决定的，这点民进党当局应该是清楚的。"中日关系"自有它内在的规律，这是任何台湾当局都无法改变的。所谓的"台日关系"，也有它的规律，就是台湾这碗"菜"好吃吗？值得吃吗？民进党当局能做到的，就是把自己这碗"菜"用更多料、更好料，做得"色、香、味"俱全，等着主子下箸罢了。

在两岸关系越来越严峻的今天，民进党当局是铁了心要当美日的"菜"啦，"台独"分子们也许甘愿成为其中的"点心"，他们希望在主子满意的"咂吧"中，也赏他们一点残羹剩饭。

只是，这样的"台日关系"是台湾人民需要的吗？

2018年8月25日

台湾永远是日本眼里的那条"比目鱼"

日本殖民台湾时期的第四任民政长官后藤新平,是台湾殖民史上任期最长的民政长官。当年在论及台湾人与日本人的分别时,后藤曾说过这么一句形象的话:"要让台湾人变成日本人,就好比要让比目鱼长出金鲷鱼的眼睛。"这个被许多台湾人称为"台湾现代化之父"、雕像至今还立在台湾历史博物馆的殖民者,对台湾人的歧视可见一斑。

在台湾摆脱日本殖民,光复70多年后的今天,日本人对台湾人的优越感,特别是那种主子般的气息,一点也没有改变。最近发生的日本右翼团体脚踹台南"慰安妇"铜像事件,就是最好的说明。

"慰安妇"是日本侵略史上最可耻的一页。台南"慰安妇"铜像碑文写道:"抗战初期日军在亚太各地设立慰安所,强征妇女供日军奸淫,受害妇女约20万至40万人,台湾至少1200人……"这是铁一般的事实。近年来,中韩及东南亚国家都就"慰安妇"问题与日本交涉,要求赔偿道歉,还受害者以公道。特别是韩国,民间在世界各地树起"慰安妇"铜像,声讨日本军国主义罪行,批判日本政府在"慰安妇"问题上不负责任的态度,几经酿成两国外交事件。

然而,台湾在"慰安妇"问题上一直低调处理。特别是民进党当局更是小心翼翼地避开"慰安妇"问题，甚至出现"慰安妇自愿"说。本届民进党政权的首任行政部门负责人林全，在民意机构回答质询时就说，"慰安妇"有自愿的有强迫的。这次日本右翼分子来台"踢馆"下战书，气焰嚣张，民进党当局更是不敢说一句重话。

日本右翼分子不敢去立"慰安妇"铜像最多的韩国"踢馆"，却到台湾大刺刺地如入无人之境抬脚就踹，就是看中民进党当局是一个"媚日"政权。民进党当局为了"联日抗陆"，在对日交往中除了出卖台湾利益的"媚脸"外没有任何本钱。他们想卖身加入日本倡导的"印太战略"，成为美日遏制大陆的一环、他们想通过日本加入"TPP"，在经济上彻底"脱陆南进"。更重要是，他们幻想有朝一日大陆攻台，日本能越洋来救。为此，台湾的渔民的渔权可以放弃，日核食应该开放。"慰安妇"吗，那就更不是问题啦，连日本奴役殖民台湾，新的历史教科书中都找理由合理化了，这几个过两年人都没有了的嬷嬷，就为"台日关系"作点贡献得了。有这样的政府在，你台湾怎么可以像韩国一样揭日本这个见不得人的伤疤呢！日本右翼分子在心理上，可以接受韩国在"慰安妇"问题的死磕，即使韩国民间团体在日本驻洛杉矶领馆门口立上"慰安妇"铜像，把日本的丑态宣扬到美国，宣传到世界，他们也不敢去韩国下战书。但是，台湾就不一样了，你自己都说"台日是夫妻"，虽然我们日本只觉得你是个小妾而已，怎么能学韩国呢？这种愤怒可想而知。

所以，日本右翼分子藤井实彦的一脚踹在阿嬷身上，更是踹在民进党当局的脸上。因为"媚日"而遭打脸，因为"亲密"而被予取予求。

后藤任民政长官时，日本刚强占中国台湾不久。其时，台湾军民的抵抗此起彼伏。后藤用低等鱼类"比目鱼"来比喻台湾人的低劣，既有说台湾人素质比日本人差的成分，又有对台湾人不屈服的无奈。说实话，那时的台湾人并不想成为日本人。而今天的民进党当局采取一面倒的"倚日抗陆"战略，在自我意识中早已把台湾当作了日本的附庸，低眉顺眼博主子欢心倒是成了正常的心理状态，违逆主子的事哪还敢去做？不是吗？民进党的驻日代表，除了回岛内与政敌打口水仗外，就是帮日本人推销"核食"，或者批评自己的渔民调皮引得日本执法船动用水炮，早已是"助日代表"。

而日本一方面要利用台湾遏制大陆，一方面又不能违背中日关系的大趋势，经常显得三心二意。另一方面，就是前宗主国对殖民地的居高临下的优越感，台湾越是巴结，它就越是傲慢。民进党当局手中无牌可打，整天媚态十足地喊"台日夫妻"，最后在日本眼里只能是越来越丑的比目鱼了，侵门踏户不是很正常吗？

2018年9月12日

蔡英文要把台湾带回到日本殖民时代吗?

昨天(3月2日),日本产经新闻刊登台湾地区领导人蔡英文专访。蔡英文在访谈中表示:"处于东亚的台湾与日本都面临同样的威胁","提升安全保障合作对话的层级非常重要"。希望与日本政府进行安保对话、共享解放军情报。日本与台湾没有外交关系,虽然在中日两国交往中经常打"台湾牌",但要像蔡英文说的那样"克服法律上的障碍",与台湾开展所谓"政府间的安保对话",恐怕是痴人说梦。蔡英文大概是以为还活在1940年代的殖民地台湾吧。

在台湾最南端的鹅銮鼻灯塔的右对面有一个令游客喜欢的猫鼻头公园,公园的旁边有个叫"潮音寺"寺院。这个潮音寺是一个名叫中嶋秀次的日本老兵出资修建的。1944年,在美军强力攻势下,日军在菲律宾及南太平洋战场节节败退。当年8月,中嶋秀次所在部队搭乘"玉津丸"号运输船增援马尼拉,在经过风高浪急的巴士海峡时被美军潜艇击沉。中嶋秀次在海上漂流了12天,被救生还。

太平洋战争时期,菲律宾及东南亚是联军反击日军的主要战场,而鹅銮鼻及猫鼻头脚下的巴士海峡是日军南下的必经之路。战争后期,美军已掌握海空优势,潜伏于巴士海峡的美军潜艇成为日本舰队特别是运输船的梦魇，巴士海峡由此被称为日本"运输船的坟场"，大批日军葬身于此。上世纪 80 年代，中嶋秀次在紧邻巴士海峡的猫鼻头出资建造潮音寺，据说就是为了给这些葬身鱼腹的日本军人举行"慰灵祭"。

其实，葬身于菲律宾及南洋战场的何止于日本军人。第二次世界大战后期，日本已穷途末路，兵力捉襟见肘，开始在殖民地台湾征兵。从 1942 年起，约有 20 万台湾青年被编入日军部队投入太平洋特别是菲律宾战场。由台湾少数民族青年组成的"高砂义勇队"在日军攻击巴丹岛的战役中立下汗马功劳。在日本军国主义的驱使下，4 万多台湾青年葬身异乡。

这大概是台湾有史以来与日本最大的安保合作了吧。当然，那时的台湾是日本的殖民地，台湾青年人无论是主动还是被动加入日本军队，总体上都是一种无奈的选择。前有"大米与白糖"的诱惑，后有"刺刀与警棍"的驱赶，你敢不为天皇效忠吗？

然而，在台湾回归中国七十多年后的今天，蔡英文企求日本"安保合作"，如不是时空错乱，就是别有用心了。

首先是"告洋状"破坏中日关系改善的良好势头。中日关系因日本将"钓鱼岛收归国有"闹剧而跌入谷底。这两年，在中日共同努力下，两国关系逐步改善。中日关系的改善，极大地压缩了民进党当局渔利的空间。其实，蔡英文心里很清楚，日本如何发展与台湾的关系，主导权在日本一方，日本虽然对台湾有殖民地情结，但不可能冒着与大陆决裂的风险与台湾发展"政府间的安保对话"，蔡英文鼓吹所谓的"台日直接面对相同威胁"，只能是"告洋状"、挑拨中日关系而已。

其次是形塑两岸敌对关系争选举话语权。"九合一"选举惨败后，蔡英文为了选举连任，开始在两岸制造对立，企图以此挑起台湾民众的民粹主义情绪，掌握选举话语权。前几天，蔡英文在接受美国 CNN 访问时,宣称"台湾能承受大陆第一波攻击",哀求国际社会共同应对"中国威胁"。这次接受日本产经新闻专访,蔡英文又大肆鼓吹大陆打压台湾,企求日本开展"政府间安全合作",把两岸关系恶化的责任推给大陆,把大陆塑造成台湾的敌人。在这种敌对气氛中,蔡英文抓住了岛内两岸关系的话语权,压缩了其他候选人的两岸论述空间,为选举造势。

台湾社会,选举多如牛毛。为了选举,各类人物常抛出许多让人讶异的怪论。但是,蔡英文为了选举连任,一再挑衅两岸关系,企图置台湾于险境而让她后生,真是无耻之极。在中美贸易战即将达成协议、中日关系逐渐回暖的今天,台湾还有多大的"国际空间"可以让民进党当局渔利?在要经济要和平的主流民意下,台湾社会还有多少"民粹"热情可以让民进党当局挑动?

台湾人民应该像"九合一"选举一样,用选票教训民进党了!

2019年3月3日

拉殖民者对抗祖国，
当年被日军砍头的台湾人答应吗？

台湾苗栗的南庄老街是一个游人喜欢的去处，在最热闹的桂花巷有一所南庄小学，校内有一棵一百多年的枫香树。据说这棵树下是当年日本殖民者处决"南庄抗日事件"中抗日分子的刑场，当地人也叫它"义民树"。

南庄抗日事件发生在日本殖民台湾后的1902年。1894年甲午战争后，中国被迫割让台湾给日本。日军攻占苗栗时，在南庄一带的马那邦山区遭到汉人与台湾少数民族的英勇抵抗。1902年，日本人又看中了南庄一带的樟脑，企图霸占，当然引起当地人的激烈抵抗。台湾总督府警务局编纂的《理蕃志稿》称，南狮里兴社头目日阿拐"制脑获利数万金，役使汉人垦地于水田，佃户数十，称雄于一方，后因该地方有人企图开垦山场而使其不满"。樟脑是重要的化工原料，特别是生产火药的重要原料。台湾盛产樟树，近代以来一直是重要的樟脑出口地，苗栗所在的台湾中部地区是台湾樟脑的重要产地。当时南庄一带是台湾少数民族赛夏人的领地，山林繁密，樟树甚多，以北狮里兴社（今南庄乡南江村）、南狮里兴社（今南庄乡蓬莱村）、狮头驿社（今南庄乡东河村）为势力最大的番社。南狮里兴社头目日阿拐、北狮里兴社头目丝大尾、狮头驿社头目张有准靠向进山伐木的垦民收取山工银而成富户。日阿拐还因协助"抚番"有功,台湾设省后的首任刘铭传为其奏请军功六品、国子监大学士。日本殖民台湾后当然不能让日阿拐们独占山林资源,于是出现了"因该地方有人企图开垦山场而使其不满"的情形。这里"有人"当然不是随便什么人,而是日本人企图抢夺山林。日本人在南庄成立抚垦署,攫取樟脑。日阿拐怒道:"彼等日人为抢夺吾人祖先所传下之土地,而欲陷吾人于国厄者。"

1902年7月6日,日阿拐率领800人包围南庄支厅,7日凌晨袭击隘勇监督所,并乘风雨之际切断隘寮间的电话线。南庄事件发生后,台湾总督儿玉源太郎下令日军混成第一旅前往镇压。日军依恃武器精良,赛夏人则运用险要地形抵抗。日本人烧毁赛夏人村庄房舍,日阿拐逃至深山,直至当年年底才放弃抵抗。日本人没收了赛夏人的土地山林,南庄一带的樟脑尽入日人之手。

殖民者历来都是以掠夺为目的的。清朝时,南庄赛夏人因樟脑致富,到日本殖民时期,赛夏人却因樟脑而失去生命和家园。南庄如此,台湾其他地方何尝不是如此?日本殖民时期,台湾修了铁路,修了环岛公路,修了日月潭水力发电站,修了乌山头水库,但它运走了台湾的大米,运走了台湾的蔗糖,运走了台湾的煤,运走了台湾的黄金。在"工业本岛,农业台湾"的方针下,台湾成为日本扩张的原料基地,太平洋战争后期还成为东南亚战场的兵源基地。

民进党上台以来,台湾走了一条"倚日抗中"的路,为日本殖民台湾辩护甚至歌功颂德成为政治正确。最近,蔡英文为了竞选连任更是到了不知羞耻、辱没先人的地步。前几天在接受日本媒体《产经新闻》采访时,竟然向日本呼唤开展"台日安保对话",共同对抗"中国威胁"。要与昔日杀害台湾人民的殖民者结盟对抗自己的祖国,曾经的大清军功六品、国子监大学士，台湾赛夏人日阿拐地下有知会同意吗？那些在"义民树"下被日本殖民者砍头的赛夏人会同意吗？那些被日本殖民者剥夺了土地山林的赛夏人会同意吗？

民进党及"台独"分子们，为了对抗大陆，数典忘祖，已经到了令人不齿的地步。李登辉就说他自己是"日本人"，蔡英文在为建于琉球的"台湾之塔"撰写碑文时称"台日同胞"，既是"同胞"为什么还要分"台""日"呢？为了"媚日"，他们表现得比日本人还"日本人"，在日本努力改善中日关系的今天，蔡英文竟然要拉着日本"抗中"，被日本打脸是意料之中的事吧。

那天，我们一行人来到南庄的田美村，这里是清嘉庆年间由广东客家人黄祈英所开垦，他的"田尾公馆"后来成为清政府"开山抚番"的抚垦局。两岸同文同种，同属一个中国，这是在日本殖民台湾时许多台湾人都不愿忘记的。在中华民族伟大复兴的今天，台湾某些人还要自外于民族复兴的征程吗？

2019年3月10日

从昭和到令和，台湾需要怎样的日本观？

4月1日，日本宣布新年号"令和"。现任天皇明仁将于4月30日退位，皇太子德仁于5月1日继位。日本将告别"平成"，进入"令和"时代。

当两岸人民对"令和"出自《万叶集》提出质疑时，台湾的民进党当局纠结的却是，日本改元会在通知其他国家的同时告知台湾吗？

作为日本曾经的殖民地，台湾的近代史与日本有着千丝万缕的联系。1895年，甲午战败的清朝政府被迫割让台湾给日本，日本殖民台湾50年，历经明治、大正、昭和三朝，给台湾人留下最深印记的，大概应该是昭和时代了。

1923年4月16日，日本皇储裕仁皇太子，来到殖民地台湾，对这个被称为"天皇之岛"的殖民地进行了为期12天的"巡幸之旅"。当时，日本占领台湾已近30年，残酷镇压之下，台湾汉人已从占领之初的武装抵抗，转变为争取生存权利的温和之争。台湾少数民族也都放下武器归顺了殖民者。殖民者按照"工业日本，农业台湾"的规划，将全台建成日本的原材料供应基地，蔗糖、大米、樟脑、木材源源不断地运往日本。裕仁皇太子从基隆下船后，足迹遍及全台，甚至还去了澎湖列岛。各地为了迎接裕仁的到来，在车站、码头、街道，建造了高大的"奉迎牌楼"，建造供裕仁住宿的行馆，组织民众及学生组成盛大的欢迎队伍，让台湾少数民族进行表演。裕仁在总督府给辜显荣等12名帮助日本占领、统治台湾的台湾人颁发勋章，将台湾少数民族由"生番"改称"高砂族"，以示恩隆。

这位裕仁皇太子就是1926年即位的昭和天皇。正是在他的统治下，日本军国主义发展到登峰造极的地步，给亚洲人民特别是中国人民造成了深重的灾难。作为日本的殖民地，台湾当然也是这些灾难的承受者。

1930年，台湾少数民族不满日本殖民统治，发动雾社起义。总督府不仅调动飞机大炮，而且投放毒气弹进行镇压，对雾社地区少数民族进行了惨绝人寰的屠杀。在对台湾民众进行奴化教育的基础上，全面侵华战争开始后，又在台湾开展了消灭中国文化的"皇民化"运动，把经过"皇民化"洗脑的20多万台湾青年送往侵略战争的前线，台湾成为日本侵略战争的兵员基地、物资供应基地。

1945年，日本战败，台湾回归祖国。然而，由于中国的内战，台湾没有与大陆统一。近年来，随着岛内政治的变化，主张"台独"的分裂主义势力越来越成为两岸统一的障碍。

在台湾，主张或支持"台独"的人，都有着浓厚的日本情结，有着对当年殖民者的感恩或感怀。他们主张"台日一体"，甚至说"台湾是日本的"。他们主张恢复殖民时代的日本文化，而对祖国的文化欲去之而后快。他们希望"联日制中"，把日本视为"台独"的靠山。其实，这一点也不奇怪，看看台面上的"台独"分子，他们要不是当年受裕仁颁勋的助日有功分子的后代，就是当年"皇民化"运动中"皇民"的后代。前者如辜宽敏之流，后者如李登辉、蔡英文、苏贞昌之流。他们的父祖辈都是当年日本殖民统治下的既得利益者，对祖国有一种天然的仇恨，当然希望搞"台独"了。还有一部分人，他们"媚日"，只是捡当年殖民统治中"好"的一面，来衬托国民党统治的坏，用"前朝"反今朝，如早期的部分民进党人。还有许多人，在岛内"统独"恶斗中，他们只是"媚日"政治正确的跟风者。所以，如何看待日本殖民台湾的历史，内心对日本寄予何种希望，是主张"统独"的分水岭。如此，民进党当局这么看重日本何时把改元之事告知台湾，也就一点也不奇怪了。

然而，日本如何处理对台关系，则是由中日关系的大局决定的。其实，说白了，要日本当台湾的一个不用负责的"情哥哥"可以，做一个谈婚论嫁的"对象"则就免了。前段时间，蔡英文在接受日本媒体访问时呼吁日本开展"台日安保对话"，当即遭日本打脸否定。日本当然希望台湾亲日，但是，日本对台湾的态度，不但受中日关系制约，也代表了对当年侵略战争的反省，即将退位的平成天皇就一直坚持不参拜靖国神社。在中日关系大局下，日本当然不会无底线地发展"台日关系"。

所以，不管日本何时将改元之事告知台湾，也不用讨论其中的联想，台湾应该有客观的符合人类正义的殖民史观，认识到两岸必将统一的历史大势，认识到中日关系大局，明白任何"拉日抗陆""倚日抗中"都不可能成气候。

2019年4月6日

没有"台日亲善",日本只要利益

自称"务实'台独'工作者"赖清德,前几天又到日本走了一遭。赖在日本见到了三位卸任的前首相,与一干日本国会议员座谈。赖清德的"高人气",仿佛在与蔡英文的竞争中又赢了几分。临回台,迫不及待地开直播,大谈"台日亲善",承诺当选后推动台湾进口日本"核食",一副十足的媚日嘴脸。

日本与台湾的交往中,从来都是"利"字当头。对这个曾经的殖民地,日本从骨子里有股优越感,"亲善"只是盖在"利"字上的遮羞布而已。

高雄旗山糖厂社区的"银发乐龄学堂"就设在原旗山糖厂内,跟嬷嬷们聊天,知道这座当年满负荷生产的糖厂,早就荒废了。这里的居民多是当年糖厂的职工,社区也就向有关部门申请,在糖厂开办了这个老年乐龄学堂,成了社区老人交流交友的地方。

在台湾,由于产业转型,有好多像旗山糖厂一样的工厂废弃了,其中有一些成为了文创中心,有一些成为了附近社区的活动场地。然而,糖厂对台湾来说,并不意味着甜蜜,它更是当年殖民者掠夺台湾的象征。

甲午战争后，日本强迫清政府割让台湾，在"工业日本，农业台湾"的政策下，台湾成为日本的农产品供应基地。其时，日本人喜食甜，每年花费大量外汇进口白糖。1901年，总督府制定了《糖业改良意见书》，改良甘蔗栽培，推广新的制糖工艺。总督府补助拥有新型机械设备的大型糖厂，吸引日本财阀涌入台湾制糖业，台湾传统的糖厂无法与其竞争，糖业落入日本财团手中。为了保证原材料的供应，总督府又实行了"原料采取区域制"，台湾农民被迫减少水稻种植，大量种植甘蔗。然而，甘蔗的丰收并没有给台湾农民带来财富，每到甘蔗收获季节，他们只能把甘蔗卖给规定的糖厂。垄断了甘蔗收购的糖厂，不仅压低收购价，还在称重的地磅上做手脚，当时台湾就有流行谚语：台湾第一憨，卖甘蔗给会社磅。台湾农民辛苦种植甘蔗换来血汗钱，再去买从日本进口来的高价米，肚子也就永远填不饱了。著名的"二林事件"，就是台湾蔗农不堪会社糖厂的压迫而奋起抗争。

台湾糖业的血泪史，只是日本欺压台湾人的一个例子而已。为了把阿里山的桧木运回台湾，殖民者修了阿里山铁路，让嘉义变成了一座木材加工厂，阿里山千年桧木林被砍伐殆尽。今天，一些台湾人津津乐道的嘉南大圳，灌溉的也只是为日本糖厂提供廉价原料的甘蔗。殖民时代的记载显示，台湾的糖为日本节省了大量外汇，但台湾人并没有因为灌溉面积的增加而吃饱饭。"台独"分子们大肆宣扬日本人帮台湾建构了现代工业体系，而事实是，一直到日本占领台湾25年后的1920年，台湾的工业仍然是制糖、凤梨加工等食品加工业，这些占了台湾工业总产值的80%。到1934年，台湾的工业基本上还是以食品加工为主。太平洋战争爆发后，日本占领菲律宾等地，提出"工业台湾，农业南洋"，要把台湾建成"前进基地"，把东南亚的铝矿运到台湾加工成铝锭，同时消耗掉日月潭水力发电厂的电力，这时台湾才有了一点现代工业。

现在，台湾从北到南，日本殖民时代工业遗存最多的就是当年日本会社糖厂的烟囱了。就像这个旗山糖厂，当年只是个小厂，但蒸馏车间高大的厂房还在，一排排的仓库还在，厂长的办公楼还在，特别是，糖厂的标志性建筑，54米高的黄铜烟囱在阳光下耸立，告诉人们这里曾经是台湾蔗农谈"磅"色变的糖厂。台湾从来都是日本予取予求的下等地方而已。

所以，虽然赖清德现在只是一介平民，但日本的一干政要还是要敦促他买日本"核食"，因为这是日本的利益所在。其实，这是日本告诉台湾，台湾的政治人物要争取日本的支持，要日本为你背书，你就要关心日本的利益，满足日本的需求。蔡英文在2016年选举前访问日本，与安倍首相偶遇，当选地区领导人后，就置台湾渔民权益而不顾，将争议的"冲之鸟礁"去"礁"留"鸟"，称为"冲之鸟"了，导致台湾渔民再也不能去那里打渔了。

媚日是台湾政客的一种普遍心态，政治人物访日似乎也是选举的一门功课。只是，为了政治人物的私利，台湾人民就应该吃"核食"吗？渔民就应该放弃应有的权利吗？台湾还有多少利益可以让他们去"朝贡"呢？

台湾同胞，可要睁大眼睛，盯着那些争着去日本的政客哟！

2019年5月20日

且看民进党当局的"小妾""外交"

台湾屏东的后湾村，是台湾海峡边一个偏僻的渔村。台湾海峡在屏东海边形成多个凹进的海湾，成为避风良港，后湾就是一个岸缓沙细水波不扬的天然港湾。小村人依海而生，即使现在的后湾，退潮时到海边礁石上采集的天然海盐，仍是赠送客人最珍贵的礼物。

后湾村平静而名不见经传，但后湾人的祖先可是大历史的见证者。

在后湾边上的海洋生物馆旁，有一座残碑。看介绍，这里原来是"牡丹社事件"时，侵台日军的扎营地。1874年，日本借"牡丹社事件"侵略中国台湾。当时，日军沿保力溪河口登陆占领社寮村，后因保力溪涨水淹没营地，日军便翻过海拔仅80米的龟山到后湾村扎营。后湾村人在村旁的龟山上看日军沿着四重溪进攻牡丹社，看日军趾高气扬地出入营地，看日军不服台湾水土而瘟疫蔓延，看日军在后湾海边焚烧战死病死的尸体，看日军爬上那艘从美国租来的商船撤离台湾。

不要小看了"牡丹社事件"，这是日本明治维新后的第一次对外侵略战争，它是日本对外扩张的开始。它是近代史上日本的第一次侵华战争，它更像是日本并吞琉球王国、发动"甲午战争"、逼迫中国割让台湾的序曲。

也许，145年前的这场战争离今天已很遥远，当年被杀的牡丹社头人阿禄古父子的尸骨早已作朽，今天的民进党当局似乎忘了这段历史。看看他们对日本如同奴才见主子般的媚态，了解中日近代史、了解日本殖民台湾历史的人，不禁心酸和作呕。

台湾的立法部门负责人苏嘉全访日时媚态十足地说，"台日如夫妻，日本哭台湾哭，日本笑台湾笑"，说得日本人都笑了，那是嘲笑。台湾外事部门负责人竟在公务上称日本驻台代表为"大哥哥"，自称"小弟"，让人笑掉大牙。最近，更有拿着日本首相假贺电邀功的，那更是丑态毕露了。

日本东京都前知事石原慎太郎，在谈到日本外交时说，"日本如小妾般看美国的脸色"。日本经济虽强，但作为美国的侍从国，外交从来都是以美国的标准站队，这是一种选择，更是一种深入骨髓的自觉。如果说日本作为战败国还有无奈，那么，民进党当局则是要背叛自己的祖国，而主动把自己的媚脸贴到日本的屁股上，是个妾都不如的"小三"而已。

民进党当局为了媚日，在历史问题上不断合理化日本对台湾的侵略，美化日本对台湾的殖民统治，甚至，连日本在台湾强征的慰安妇，都变成是"自愿"的了。在现实问题上更是不敢与日本争台湾的利益，蔡英文一上台，国际上都不承认的"冲之鸟礁"变成了"冲之鸟"了，蔡英文去"礁"留"鸟"，台湾渔民的渔权就没有了。在"钓鱼岛"、日本"核食"等问题上，莫不如是。

是民进党当局真的不知道日本侵略台湾的历史吗？答案是否定的。

在后湾村不远的另一个山头上，也立着一座"残碑"，这座碑是日本殖民台湾时期，为了纪念当年率领日军侵台、制造"牡丹社事件"的西乡从道而修建的。这个"西乡都督纪念碑"在台湾"光复"后，被改成"澄清海宇还我河山"碑。2016年蔡英文上台后，绿色执政的屏东县凿去"澄清海宇还我河山"，企图恢复"西乡都督纪念碑"，只是慑于舆论而未敢，造成了今天看到的"残碑"。可见，民进党当局为了当日本的"小妾"，是花了何等的心机。

民进党当局争当日本的"小妾"，是由他们的"台独"本质决定的。搞"台独"必须找靠山寻支持，中日在东亚的竞争态势，中日在海洋领土上的矛盾，中日在历史问题上的分歧，使民进党当局有机可乘，加上日本殖民台湾"皇民化"改造培养起来的台湾人对日本的亲近感，使民进党当局自觉地把昔日的"主子"当成了卖身投靠的"哥哥"，丑态也就自然地流露出来了。

民进党当局想玩一把暧昧的"小妾外交"来为"台独"壮胆，只是，在中国崛起，中日关系不断改善的大势下，"哥哥"大概是不会有多少温情回应的了。用升高两岸对立来为"台独"造势，只会在国际社会上撞得头破血流，用"芒果干"（亡国感）来骗选票，更可能加速灭亡。

2019年10月13日

后记

时间过得真快，眨眼间离我出版第一本评论集《在台湾的历史角落》已过去两年了。

2018年7月，我将2015年开始写作的、在主流媒体公开发表过的两岸关系评论文章结集出版。以后，我又利用工作之余，以每周一评的写作频率，撰写出我对两岸关系发展过程中的许多事件及人物的感想。我发现，写作已经是我生活的一部分，而且是重要的一部分。写作让我专注，当我的思维集中于两岸关系发展的时候，外界的喧嚣于我如浮云了。写作让我快乐，我一直告诫自己，我的评论决不人云亦云，分析判断都要经得起历史的检验，我对韩国瑜高雄选情的判断及后来选地区领导人的分析、对蔡英文连任将遭民进党内挑战的预判等，事后证明都是非常准确的，这种富有挑战性的写作给我带来了极大的精神愉悦。写作让我增长知识，两岸关系的走向有其必然性，了解两岸连接的历史、了解台湾及台湾先民走过的路，才能真正地了解台湾、了解台湾人，所以，写作的过程就是一个学习的过程。写作让我充满爱心，台湾是个不大的地方，相对于大陆五千年文明史，台湾有文字记载的历史太短，但你去得越多、越深入台湾人的生活，你就会越喜欢这个岛屿、觉得台湾人的可爱。虽然我的评论批判性的多，那是爱之越深责之越切，真诚地希望那些事不要发生。

我的这本评论集集结了2018年7月至2020年8月两年间发表过的129篇评论。这两年，岛内历经2018年年底的"九合一"选举、2020年年初的地区领导人大选，岛内政治版图发生了根本性的变化。特别是随着中美竞争加剧，民进党蔡英文当局一边倒"倚美谋'独'"，两岸关系也发展到了历史上最坏的时期。我虽然没有对两岸特别是对岛内所有标志性事件进行评论，但也基本上记载了这些事件，所以，我写的评论同时也是在记录这段两岸关系发展的历史。

两岸统一是历史的必然，但是，这个过程是困难、艰苦、曲折的。这个必然不会自己到来，更不会从天上掉下来，它需要包括台湾人民在内的全体中国人的共同努力。两岸统一的历史进程中，"台独"势力的坐大、"台独"势力对统一的激烈抵抗也是必然的历史现象，与"台独"势力进行坚决的斗争也就成为我们这代人的必然使命。我对自己有机会投身祖国的统一大业、能为这个伟大的事业尽一点绵薄之力而感到自豪！

在这里，我要衷心地感谢我的夫人，我的节假日及周末时间都用来学习和写作了，是她的理解和承担，让我能潜心于写作之中。她常常抚着我的头发说白发又多了，但她更知道，不潜心写作我的头发可能会白得更快。谢谢我的女儿，她的鼓励和赞扬，常常使我信心大增。

在这里，我要衷心地感谢国务院台湾事务办公室新闻局局长、新闻发言人马晓光先生，他对我的写作提供了很多帮助和鼓励，并欣然为本书作序，此乃荣莫大焉！

在这里，我要衷心感谢上海市书法家协会大型活动和志愿服务委员会秘书长、上海市普陀区文学艺术界联合会副主席兼秘书长马秋明先生为本书题写书名，感谢我的同事、朋友常志康先生为本书提出宝贵意见。

衷心感谢华东师范大学出版社，是他们的努力让本书顺利出版。

2020年9月